U0782279

IS IT TRUE?

是真的吗

张卉妍◎编著

天津出版传媒集团

天津科学技术出版社

图书在版编目（CIP）数据

是真的吗 / 张卉妍编著 . -- 天津 : 天津科学技术
出版社 , 2019.7（2021.7 重印）

ISBN 978-7-5576-6310-0

Ⅰ . ①是… Ⅱ . ①张… Ⅲ . ①科学知识—普及读物
Ⅳ . ① Z228

中国版本图书馆 CIP 数据核字（2019）第 071398 号

是真的吗
SHI ZHENDE MA
策划编辑：杨　譞
责任编辑：杨　譞
责任印制：兰　毅
出　　版：天津出版传媒集团
　　　　　天津科学技术出版社
地　　址：天津市西康路 35 号
邮　　编：300051
电　　话：（022）23332490
网　　址：www.tjkjcbs.com.cn
发　　行：新华书店经销
印　　刷：三河市万龙印装有限公司

开本 720×1 020　1/16　印张 20　字数 350 000
2021 年 7 月第 1 版第 2 次印刷
定价：75.00 元

　　脑袋大的人更聪明；能通过指长比来识别人的性取向；狗尿会导致爆胎；睡得越多，死得越快；男人不能喝豆浆；微波炉食品会致癌；一天只能吃一个鸡蛋，不然胆固醇超标；有伤口时不能吃深色的食物；无籽水果是用避孕药种出来的；圣女果是转基因产品；桌上放盆绿色植物能防电脑辐射；小心公交卡里的钱会莫名被"挤丢"……

　　在这个信息铺天盖地的自媒体时代，每天，我们的眼中、耳边总充斥着诸如此类的所谓知识、结论和告诫。这些真假难辨的信息有很多与我们的生活密切相关，每当它们刺激到我们的神经时，我们总是希望以最快的速度确定其真假。因为在真真假假的社会中，每个人都希望活得明明白白，不然就会感到迷惑，就会觉得没有安全感。

　　然而在现实生活中，并非人人都是专家，所以对一些似是而非的说法，总是会有人相信并传播。很多人相信道听途说，以为自己找到了答案，但最终发现真相完全不是这回事。而如果在一些重要问题（如健康问题）上不分真假，那就很可能会吃大亏、倒大霉。

　　的确，科学精神和理性思维正是当今中国的重大缺失。民间流传的很多传言其实都是假的，甚至一些向来被人们视为"真理"的说法也没有什么科学依据。当把一个个我们一直以来信以为真的所谓常识，放在科学的显微镜下进行求证的时候，往往能从实验中看出其破绽，顺着科学手段的指引，我们才能看到问题的真相——原来"常识"也会撒谎，原来我们都被骗了。尤其在健康领域，愚昧的思想、欺骗的信息还在堂而皇之地成为指导大众的主角。比如"亚健康"这样的概念，经科学考证，不过是药企营销炒作出来的概念，却忽悠了国人20多年。再如"以形补形，吃啥补啥"的说法，很容易让人信以为真，但在科学上大多缺少有效的证据，更多的只是一种牵强附会。"大忽悠"是如此之多，所以我们不得不时常警惕，多问几句"是真的吗"。

本书收录了很多生活中备受关注的真假问题，它们充斥于商业消费、日常生活、医疗保健等各个领域。我们将通过专业验证与科学实验，从新的角度入手，将每种事物令人吃惊的一面呈现出来，去戳穿那些谎言、谣言、骗局、假象，让人明白事情的真相。

是的，理性思维的培养必须从现在开始，在科学面前，我们必须"较真"！因为"较真"，我们不必为"WiFi杀精"的传言而忧心忡忡；因为"较真"，我们不会盲目地陷入商家的营销套路；因为"较真"，我们不会受困于"这不能吃那不能吃"……而这些幸福经验传播出去，或许就能复制成千上万的幸福。

澄清传言是件有趣的事情。只要我们时不时地准备好科学的"铲子"去挖掘真相，传言就会还原为真实。小伙伴们，还等什么呢？马上行动起来，开始我们的生活扫盲之旅吧！

Contents **目录**

第一章　那些令你深信不疑的生活常识

左撇子更聪明，是真的吗？ /2

脑袋大更聪明，是真的吗？ /5

蚊子有偏爱的血型，是真的吗？ /8

能通过指长比来识别人的性取向，是真的吗？ /12

高压电下不能打手机，是真的吗？ /14

长时间嚼口香糖有害，是真的吗？ /16

啤酒肚是喝啤酒造成的，是真的吗？ /20

"迷你猪"永远长不大，是真的吗？ /23

狗尿会导致爆胎，是真的吗？ /25

维生素 B1 可驱蚊，是真的吗？ /28

吸氧能助考，是真的吗？ /30

晚睡晚起更聪明，是真的吗？ /33

一次醉酒相当于得一次轻度肝炎，是真的吗？ /36

睡得越多，死得越快，是真的吗？ /37

在国外，只有快死的人才能输液，是真的吗？ /40

进口疫苗性能更好，是真的吗？ /43

人的大脑只利用了 10%，是真的吗？ /45

皮肤会耐受，只能使用更贵的护肤品，是真的吗？ /49

竹炭食品能排毒养颜，是真的吗？ /52

减肥要分血型，是真的吗？ /55

怀孕不能养宠物，是真的吗？ /58

运动健身会让女性变成肌肉女，是真的吗？ /61

洗发水中的硅油能造成脱发，是真的吗？ /64

第二章　饮食养生方法，哪些是真的？

早上起床应该喝一杯淡盐水，是真的吗？ /68

空气污染多吃"清肺食物"，是真的吗？ /69

饭后一瓶酸奶可助消化，是真的吗？ /72

生食更健康，是真的吗？ /75

水果要早上吃才好，是真的吗？ /78

贫血就需要"补血"，是真的吗？ /80

以形补形，吃啥补啥，是真的吗？ /83

豆浆和鸡蛋不能同食，是真的吗？ /88

男人不能喝豆浆，是真的吗？ /90

牛奶与香蕉同食会拉肚子，是真的吗？ /93

隔夜菜中亚硝酸盐超标，是真的吗？ /95

可乐能消除胃结石，是真的吗？ /98

"宿便"是可怕的健康杀手，是真的吗？ /101

运动饮料更健康，是真的吗？ /104

一天只能吃一个鸡蛋，不然胆固醇超标，是真的吗？ /108

微波炉食品致癌，是真的吗？ /110

牛奶本身就致癌，是真的吗？ /113

除菌香皂比普通香皂更有效吗？ /115

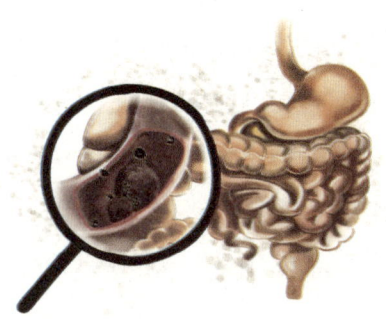

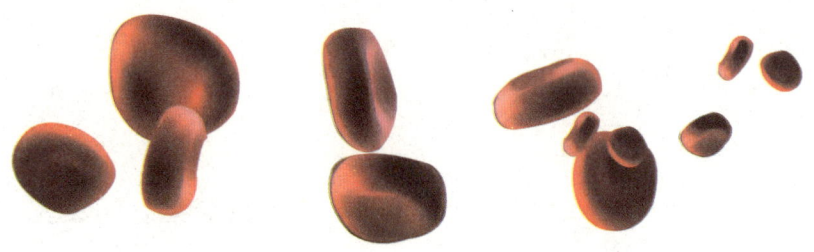

第三章　健康知识要学会去伪存真

不同的血型易患不同的疾病，是真的吗？ /118

酸性体质致病是真的吗？ /121

"发物"影响伤口愈合，是真的吗？ /125

有伤口时不能吃深色的食物，是真的吗？ /128

洗牙会使牙齿变松，是真的吗？ /130

心脏不得癌症是因为温度高，是真的吗？ /133

"致癌植物"不能养，是真的吗？ /136

喝小分子水治心血管病，是真的吗？ /139

维生素 C 预防感冒是真的吗？ /143

糖尿病是吃糖多造成的，是真的吗？ /145

常服抗生素会降低免疫力，是真的吗？ /147

含氟牙膏致癌，是真的吗？ /149

要对反式脂肪"赶尽杀绝"吗？ /153

针刺疗法可做急救用，是真的吗？ /157

第四章　食品安全，你必须知道的真相

家用臭氧机能去除肉类中的激素和添加剂吗？ /160

橄榄油是最好的食用油，是真的吗？ /162

浸出油不安全，是真的吗？ /166

催熟的香蕉会导致性早熟，是真的吗？ /169

无籽水果是用避孕药种出来的，是真的吗？ /172

真有所谓"打针西瓜"吗？ /176

吃一碗泡面需要 32 天解毒，是真的吗？ /179

罂粟壳火锅会让人上瘾，是真的吗？ /183

蘑菇越贵越好，是真的吗？ /185

掉色的食物是被染色的，是真的吗？ /187

面粉越白越好，是真的吗？ /192

胡萝卜吃多了会维生素 A 中毒，是真的吗？ /195

鸡蛋也可以造假，是真的吗？ /198

可凭外貌判断一种作物是不是转基因，是真的吗？ /200

土豆切开不变色就是转基因的，是真的吗？ /205

甜玉米是转基因玉米，是真的吗？ /209

圣女果是转基因产品，是真的吗？ /213

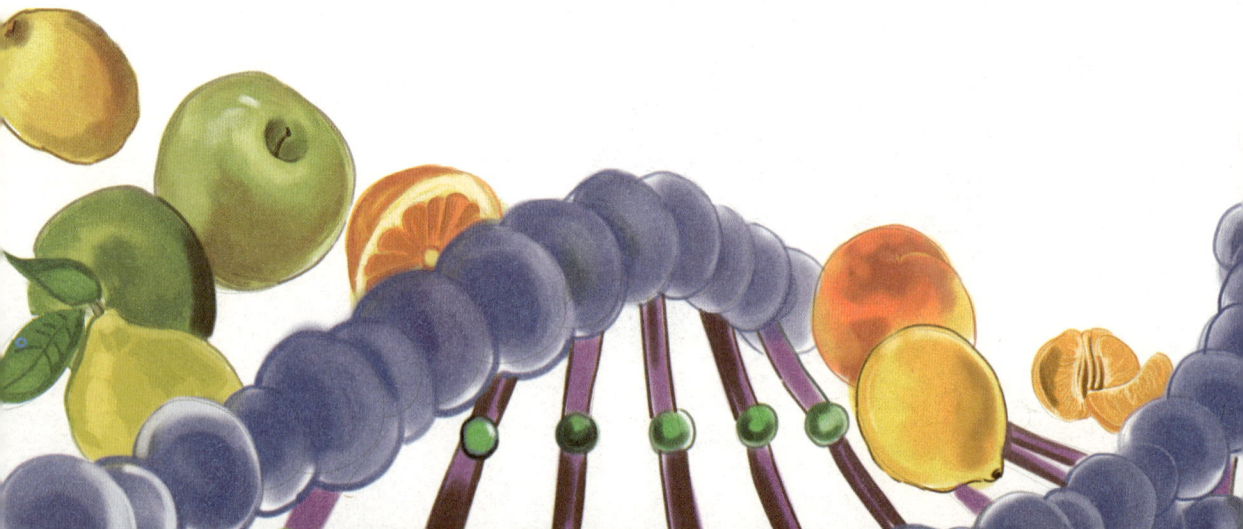

第五章　电子时代，这些事真会发生吗？

手机一格电时辐射最大，是真的吗？ /218

手机会使各种卡消磁，是真的吗？ /221

手机会导致飞机失事，是真的吗？ /224

用手机号能复制 SIM 卡窃听电话，是真的吗？ /228

手机充电时接电话可能会触电，是真的吗？ /231

节能灯对健康有重大影响，是真的吗？ /234

将电脑背景色设成"豆沙绿"可护眼，是真的吗？ /240

高铁辐射很大，是真的吗？ /243

电吹风是高辐射杀手，是真的吗？ /247

盆栽能防电脑辐射，是真的吗？ /250

U 盘"缩水"都是骗子行径吗？ /252

信用卡透支，真的那么轻松吗？ /256

汽车遥控钥匙真的万无一失吗？ /258

第六章　这些高冷传言，是真的吗？

鱼的记忆只有 7 秒，是真的吗？ /262

7 年间全身的细胞会被全部换掉，是真的吗？ /266

激光手术矫正近视是医学界的一个惊天"阴谋"吗？ /269

声波驱蚊真的有效果吗？ /272

2033 年带人到火星上定居是真的吗？ /276

快餐店用无毛鸡和多翅鸡用作生产原料，是真的吗？ /280

瓶中草能活 40 年，是真的吗？ /283

人真的可以一天只睡 2 小时吗？ /286

鸟妈妈会抛弃被人类摸过的幼鸟，是真的吗？ /289

龙涎香是鲸的呕吐物，是真的吗？ /292

枪能把人打飞，是真的吗？ /294

鲨鱼会怕自己的影子，是真的吗？ /296

遇到熊时，躺下装死能逃生，是真的吗？ /298

加油员反复开关油枪会缺斤短两，是真的吗？ /301

公交卡里的钱会莫名被"挤丢"，是真的吗？ /304

 第一章　那些令你深信不疑的生活常识

左撇子更聪明，是真的吗？

德国神学与哲学博士赫尔曼·约瑟夫·左赫有一本书叫《我是左撇子》，书中专门讲述了左撇子作为一种特殊的生理现象，一直受到人们关注。因为他们与众不同的习惯，曾经倍受压制（特别是在欧洲，历史上曾称左撇子为"与魔鬼为伍者"），也因为独特的天赋，他们对人类文明的贡献比例远远大于他们在世界总人口中的比例。之后奥地利小说家彼得·汉德克的《左撇子的女人》，法国小说家弗兰克·蒂利耶的《左撇子的杀意》等书籍，以"左撇子"为噱头大量进入了我们的视野。

那么，是否真如传闻所言，左撇子就更聪明呢？据统计，在政治领域，美国的近7任总统中就有4位左撇子——福特、老布什、克林顿和奥巴马。在科学、文化、艺术、经济等领域，也出现过大量举世瞩目的天才，如：相对论提出者爱因斯坦，万有引力定律的发现者牛顿，镭的发现者、诺贝尔奖获得者玛丽·居里，美国讽刺小说家马克·吐温，著有《变形记》的奥地利著名小说家弗兰兹·卡夫卡，德国国宝级诗人歌德，喜剧大师卓别林，英国甲壳虫乐队保罗·麦卡特尼，世界首富比尔·盖茨，石油大王、有史以来首位亿万富翁约翰·洛克菲勒，等等。

正因为如此多的左撇子在不同领域取得了卓越的成就，所以，越来越多的人认为"左撇子"会更聪明，会比常人有过人之处。美国堪萨斯州托佩卡市的一群左撇子，甚至还建立了名叫左撇子国际的组织。在英国，也有类似的伦敦左撇子俱乐部。

那么，事实的真相是否就是"左撇子"更聪明呢？

剖析 »

"左撇子"究竟是怎么一回事？

在最早的研究中，左撇子形成的原因，是以环境决定论为基调的。北爱尔兰研究人员最新的一项研究则表明，其实，人们成人后以哪只手为利手是在胎儿时期就决定了的。当然，这种胎儿时期决定利手的证据也并非将以前的环境决定论完全推翻。它只是认为，是基因决定了人们习惯使用哪只手，左、右利手其实在母体子宫中就决定了，这个时期大约是胎儿发育的第10周。

按照左撇子形成原因的多样性，习惯上可将左撇子分为四种类型：先天型、后天型、病理性左手倾向和伪左手倾向。先天型即基因型左手倾向，也就是与生俱来的左手倾向；后天型即表现型左手倾向，指后天被迫成为左手倾向的人，如一次事故、一次病患之后导致右手不能再被使用的；病理性左手倾向指从出生起大脑左半球就受到了干扰，导致了左半球的功能障碍，右半球不得已而负担了大部分的工作；伪左手倾向是指一些被改造成左撇子的右撇子，这种类型较少出现。

在各种研究中，主要是以先天型为研究对象的，但也不得不承认，就目前对它的各种研究，仍旧处于初级。正如遗传学家克莱德·弗兰克斯所说："这真的很神秘，我们对导致大脑不对称性原因的理解还很初级。"美国加州大学洛杉矶分校医学院的人类遗传学、神经学和精神病学教授丹尼尔·格施温德博士也曾直言："用手习惯有一定的基因基础，像身高、体重一样，它同样也是错综复杂的。并且，除了简单的基因因素外，环境成分也有很强的影响力，这是一个很棘手的问题。"因此，藏在用手习惯后面的谜团仍未解决。

动物是否存在"左撇子"？

人类有左右撇子之分，那么动物是否也会存在这种现象呢？我们先从最亲近人类的猫和狗来看看吧，据相关资料显示，人类中大约有10%是左撇子，家猫的左右撇子几乎各占一半，狗则有8成是右撇子，2成是左撇子。可见，在动物中左右撇子的比例并不平衡。人总是用一只习惯的手写字，而灵长类动物则通常爱用某只"手"进行复杂的活动。但其实猫和狗的左右撇子并不容易看出来，因为它们不像人类或灵长类动物那样，常用前肢进行目的性很强的活动。宠物们往往是出于对环境的本能反应，比如不管是左撇子还是右撇子猫，如果有耗子从左边来，猫们会伸左爪去抓，从右边来，就伸右爪。

不过不管是动物还是人，左右撇子都是因为大脑某个半球处于支配地位造成的。

测测你的猫是左撇子，还是右撇子

很多朋友看到上面的文字，一定很想知道自己养的爱猫究竟爱用哪只爪，这其实也不难。下面我们就来做做这些有趣的实验吧。科学家们在研究时，会用一些比较复杂的设备来进行试验，不过我们自己在家进行的话，做几个相似的简单小实验就差不多了。重点是，这些实验需要一个安静没干扰的房间，一本记事本，一根线头，几个纸团。

第一个实验，在安静的房间里，拿根细线，让线垂在猫鼻尖前十几厘米的地方，猫通常会用爪子抓线头玩，记下它先伸哪个爪子，记得重复 10 次。

第二个实验，将线放在猫面前，在地板上拖动，猫一般会扑线头玩，还是要记下它先用哪个爪子扑，重复 10 次。

第三个实验，找个猫能把爪伸进去但是却钻不进去的缝儿，拿个小纸团给猫看看，然后一下丢到缝里去，猫多半会伸爪子去掏，记下它先伸哪侧的爪子，这个只需要重复 5 次就好了。或者，也可以让猫在瓶子里取吃的作为测试。

然后，你就可以根据实验结果，知道自己的爱猫是左撇子还是右撇子了。

如果是狗怎么测试左右撇子呢？

很多人可能会觉得，猫是左撇子还是右撇子，其实没啥实用价值。狗就不一样了，左撇子或是右撇子，对训练的影响就比较大。特别是在对警犬的训练上，意义就更不一样了。警犬通常在警员左侧随行（警员的右手估计是腾出来拔枪用的），而在这个位置左撇子警犬更容易训练，表现也更好，所以备受青睐。

重新回到怎么测试狗是左撇子还是右撇子的话题，这其实和上面测试猫的原理是差不多的。用一些狗喜欢吃的食物，如狗粮、骨头，放到沙发底下（不能让狗钻进去），看狗先用哪个爪去掏，多重复几次就能够比较出来了。还有一种测试方法，就是找一个漏食球，装满狗粮，放在狗的面前，绝大多数狗是非常乐意拨拉漏食球玩的，然后认真数数狗用爪拨拉漏食球 100 次，左右爪各用了几次，就能测出来。

真相是这样的 »

研究显示，习惯使用左手的人比使用右手的人智商要高，每 5 个杰出人士中就有 1 个左撇子。在具有超感能力的人中，很多是左撇子。曾经被认为是一种缺陷的左撇子现在成了天才的象征。古往今来，很多扭转乾坤改变历史的伟大人物都是左撇子，左撇子在当代政治经济生活中的作用也远远高于他们在人口中的比例。所以，左撇子更聪明的说法是正确的。

脑袋大更聪明，是真的吗？

自从人类开始研究大脑以来，大脑如何与智慧挂钩就成了让科学家们最感兴趣的话题之一，其中显而易见的一个假定便是智慧程度直接决定于大脑的尺寸——大脑越大，脑细胞就越多，人不就越聪明吗？

一些科学家们也以此来解释为何我们比近亲黑猩猩要更聪明。然而持反对意见的科学家们亦不在少数，他们的理由也看似无懈可击——倘若大脑越大动物就越聪明的话，为何大象没有展现出高于人类的智慧呢？随着对大脑了解的不断加深，我们终于找到了一种机制能够同时解释以上两种看似无法统一的现象。

剖析 »

脑袋的大小与智商真的有决定性关系吗？

德国解剖学家弗雷德里克·泰德曼在 19 世纪 30 年代初通过研究，认识到"一个人头脑的大小与他所能拥有的精神能量大小之间有一定关系"。这应该是最早研究头的大小与智商关系的。那之后，科学家们又进行了大量研究来证实泰德曼的主张是否真的正确。大多数的研究都是针对脑袋大小与智商高低之间的关联进行的。

研究人员通过核磁共振成像扫描的方法研究了这一课题，并发表了研究结果。麦克·丹尼尔分析了 20 项有关此课题的研究结果，其中囊括了 1530 个研究样本。研究结果显示，一般来说，脑容量大的人会比较聪明。麦克·丹尼尔还说这种现象在女人和成年人中比在男人和小孩中明显。在一次访谈中，麦克·丹尼尔透露，他也不明白为什么在成年人和女人身上会比较明显。之前的研究显示，一般状况下，女人的大脑都比男人的小，可是在智商测验中的分数却并不低于男人。麦克·丹尼尔坚持认为脑袋大智商就高的说法并不适用于所有人。"很多脑袋比较小的人有很高的智商，"他说，"但是普遍来讲，脑袋大的人智商会比较高。"

看看脑细胞怎么说

接下来，我们从神经细胞入手分析，具体看看是怎么回事吧。

人的大脑约有数十亿个神经细胞。它们就像是一颗正在发芽的种子一般，往一边伸出无数的"根系"（树突），而往另一边长出"树干"（轴突），又在树干的顶端分叉出许多小"树枝"（树枝末梢又可称为突触）。与自然界中的树不同，一个神经细胞的突触会与另一个神经细胞的树突相连（树梢与树根），借以传导信息。神经细胞是实现大脑功能的主要部分。当神经细胞发生病变后，人的大脑功能就会受损，甚至会引发帕金森症、阿尔兹海默症等疾病。之所以认为大脑尺寸会影响智商，核心就在于这些神经细胞。

辛辛那提大学医学院的金·迪特里希教授通过研究后发现，当五六岁的儿童接触到铅后（主要是带有铅涂料的玩具），神经细胞会受到损伤。相应地，当这些儿童成年后，大脑前叶的灰质（神经细胞富集区）体积会有明显的减小。这项研究虽不能证明大脑尺寸小就一定会减少神经细胞的数量（影响人的认知能力），但至少告诉我们大脑尺寸偏小可能是神经细胞受损后的结果。

然而神经细胞虽然重要，却也只占了大脑体积的 10% 左右，剩余的大多由胶质细胞组成。在谈到大脑尺寸对智商的影响时，便离不开这些胶质细胞的功能。长久以来，人们以为这些细胞只是起了填充大脑的作用，最近许多研究则表明，它们在传递信息的能力上虽不及神经细胞，却有自己的一份贡献。

加州大学伯克利分校的玛丽安·戴蒙德教授，在1985年对爱因斯坦的大脑进行分析后指出，这位科学巨匠的大脑中，胶质细胞的数量就多于常人。以现在的眼光看来，这项研究在对照组的选择上并非十全十美，却也让人意识到了胶质细胞在大脑中扮演的新角色。

怎么看待数量与质量的关系？

比较极端的南非沃特威德斯兰德动物科学系教授保尔·曼格，认为聪明与否同脑袋的尺寸无关，而与脑细胞能否组成一张有效的信息传递网有关。在他眼里，大脑和人类差不多尺寸的海豚由于脑部结构并不复杂，几乎"和一条金鱼一样蠢"。海豚大脑的尺寸也被他归因于为了保持冷水中脑部的温度而增生出大量胶质细胞。

曼格的言论立刻引起了轩然大波。埃默里大学研究鲸豚大脑演化的洛丽·马里诺教授指出，数十年来对于海豚行为的研究表明海豚是具有相当智慧的动物，而曼格的观点无疑与这些事实相违背。她认为海豚与金鱼的大脑结构很类似，并不意味着两者的智力水平就一定接近。她推测说，海豚作为哺乳动物，其脑部的功能区域与其他种类（如鱼类）有着很大的不同，简单地比较两者的结构相似程度恐怕并不能说明什么问题。

2008 年，来自英格兰的两位科学家理查德·埃姆斯与塞斯·格兰特在《自然》杂志的子刊《自然·神经科学》上发表了一篇论文，从分子生物学的层面上统一了这两种看似矛盾的观点。他们分离出小鼠突触处（不同神经细胞相连的节点）可能起传递信息作用的 651 条基因，并在另外 18 种生物中寻找这些基因的身影。他们发现随着生物复杂程度的提升，这些基因的数量也有所提高。与人相比，小鼠、狗、猩猩等哺乳动物中的这些基因数量大约只减少了 5%；斑马鱼、爪蟾等非哺乳类的脊椎动物其基因数量则只有人的大约 90%；而果蝇、蜜蜂等非脊椎动物的这些基因更只有人的一半左右。

基因的突触功能是否有决定性影响？

埃姆斯与格兰特认为，参与高等生物突触活动的蛋白质更多，单个突触传递信息的能力也就更强。倘若再考虑不同大脑尺寸带来的突触绝对数量的差别，就能解释为什么有时脑袋大的生物聪明，有时脑袋大的生物并不一定聪明了。

大脑中的突触就好像是电脑中的处理器，尺寸则决定了处理器的数量，大脑越大，这些处理器也就越多。但问题的关键是这些处理器的性能却天差地别，如果说人类的处理器是当下最新产品的级别，那么那些鱼类、昆虫的处理器或许就只有 10 年或者 20 年前处理器的性能了。

真相是这样的 »

大脑袋有大智慧有着一定的道理，但却不是必然的条件。如果不考虑脑中突触功能的水平差异的话，单纯比较脑袋的尺寸并没有意义。所以说，这个说法不攻自破。

蚊子有偏爱的血型，是真的吗？

夏日来临，蚊虫渐多，经常听到身边朋友抱怨："我是 O 型血，最招蚊子了！""和别人在一起，蚊子只叮我，A 型血伤不起啊！"他们都认为自己的血型最招蚊子，但结论却不统一，几乎囊括了所有血型。生活中有的人更容易招蚊子的原因究竟是不是像大家说的那样，蚊子有偏爱的血型呢？

剖析 》

20 世纪的趣味实验

科学家曾做过蚊子叮咬与血型相关与否的实验。研究成果曾发表在著名的科学期刊《自然》上面。实验过程是找来 102 个不同血型的人，让他们把胳膊伸进装有 20 只蚊子的密封箱里 10 分钟，之后通过检验蚊子肚子里的血液的血型来判断叮咬情况。

通过分析 100 多次实验的结果发现，被叮咬次数最多的是 O 型血的人，因此实验者得出结论——O 型血可能最招蚊子。对于原因实验者并不明确，但推测可能由于决定血型的抗原在皮肤表面和汗液中也有分布，因此造成血型间对蚊子吸引力的差异。

这是一个 20 世纪 70 年代的实验，那时对于蚊子的研究还在探索中。这个有趣实验结果可靠吗？就让我们先了解一下蚊子到底怎么锁定叮咬目标的吧！

谁是蚊子的最爱？

指引蚊子找到我们的物质有很多。只要我们在呼吸、出汗或是散发热量，我们的体温，我们释放出的水蒸气、二氧化碳，还有我们汗液中的丙酮、辛烯醇、乳酸等化学物质都在诱惑着蚊子，让它们循着这些细微的踪迹找到我们。

蚊子找到我们的主要线索中，最重要的就是二氧化碳。但吸引蚊子的又不单纯是二氧化碳，而是二氧化碳的气流。通过辨别气流方向，蚊子才能锁定目标。在野外实验中，添加了二氧化碳的捕蚊器可以比没有添加二氧化碳的同类捕蚊器多捕捉 8 ~ 45 倍的蚊子。而给人戴上一个装有碱石灰（以中和呼出的二氧化碳）的面罩，则可以让他被蚊子叮咬的概率大幅下降。当然，不同种类的蚊子之间略有差异，但基本上通过二氧化碳气流它们就能找到你，如果再辅以其他主要身体

气味物质，如乳酸、丙酮和辛烯醇，寻找起目标来会更加容易。更有研究指出，众多驱蚊产品中所含的避蚊胺（DEET）驱蚊的原理就是通过抑制蚊子感受这些线索让蚊子迷失了寻找你的方向。

如此可见，刚运动完的大汗淋漓的人就是蚊子最爱的大餐，因为大口喘气呼出的二氧化碳和汗水中的化学物质都对它们有强烈的吸引力。同理，一些二氧化碳排出量比较多的人，比如新陈代谢较普通人快的孕妇等，也可能会比其他人更易被叮咬。

那么，还有没有其他吸引蚊子的线索呢？有人经常提到深色衣服易招蚊子，也是有道理的。当蚊子离目标较近时，视觉就开始起作用，甚至对蚊子最终会不会落在这个目标身上有很大影响。蚊子的视觉系统在阴暗的环境中最活跃，太充足的光线或者完全黑暗都非它所爱，所以反光效果较弱的黑色最吸引它们。也正是因为这种视觉偏好，在白天，蚊子更喜欢黑色的温暖且潮湿的物体，比如你身上略带汗水的黑色 T 恤。所以想躲避蚊子的话，出门时可要择衣而穿了！

O 型血更吸引蚊子？莫衷一是

让我们继续探讨之前的趣味实验吧。做这个实验的科学家叫伍德，是一位研究疟疾的专家。1972 年她提出了蚊子叮咬与血型相关这个新颖的想法，设计了实验并给出了血型抗原的解释假说。实验设计和数据的统计分析并没有考虑和排除其他影响因素的干扰。之后，伍德改进了她的实验，通过观测蚊子的着陆和吸血进行了区分（因为蚊子着陆在皮肤上并不一定会吸血），并且进一步考察了肤色、湿度、皮肤温度、相同血型中的分泌型和非分泌型（分泌型，即血型抗原会出现在汗水、唾液等体液中的人；非分泌型，则是汗水、唾液等体液中不含血型抗原的人。如果汗液中的血型抗原对蚊子确实有吸引力上的差异，那么不同血型的分泌型之间、分泌型与非分泌型之间应当会表现出吸引蚊子程度的不同）等因素的影响。得出的结论是，肤色、湿度、皮肤温度并不影响蚊子叮咬的次数，与假说吻合，O 型血的分泌型比 O 型血非分泌型、A 型血的分泌型都更受蚊子青睐。

当然，这些实验也没有排除诸如出汗、二氧化碳这样重要的变量。这些不足在桑顿的实验中得以补充。

桑顿和他的团队为考察血型、出汗情况、肤色、体毛对蚊子叮咬的影响，精心设计了一系列实验。这些实验消除了实验对象呼出的二氧化碳产生的影响，在单独考察某种影响因素时最大可能地排除其他变量的影响。桑顿系列实验得出的结论是，没有发现蚊子叮咬与血型存在必然联系，并且肤色和体毛也对蚊子叮咬没有影响，而出汗的影响则很显著。在分泌型和非分泌型的比较实验中，也没有显著的不同。

这个结论和之前伍德的实验结论完全不同，桑顿给出了解释，他认为伍德得到的结果很可能受到志愿者呼出二氧化碳（吸引蚊子的重要因素）的影响而带来误差，并指出伍德的文章中存在两处统计错误。

二十年后，日本科学家白井于 2004 年重新开始研究这个问题。出于人道主义，这次的实验使用的都是被锯了嘴的蚊子，但这样也就混淆了着陆和吸血的情况。亮点则是针对血型抗原假说进行了手臂涂抹血型抗原的实验。结果显示，O 型血对蚊子的吸引力除了较 A 型血而言有明显优势，较 B 型和 AB 型则不明显，与伍德的结果（O 型血较 A 型和 B 型都有显著优势）并不完全相同，但相同血型的分泌型和非分泌型之间并不具有统计上的显著差异。手臂涂抹血型抗原的实验则显示，O 型血的 H 抗原较 A 型血的 A 抗原更吸引蚊子，A 抗原较 B 型血的 B 抗原更受到蚊子的喜爱，这点与伍德的结论类似。

对于实验结论，白井认为，即使是血型抗原实验也无法作为蚊子对血型存在偏爱的实证，因为实际情况中抗原在人体表面分布的浓度低到蚊子侦测不到的程度。综合来看，白井认为自己的研究并不能证明血型与吸引蚊子的程度有关。白井推测，与伍德实验结果之所以会有差异，可能是因为蚊子的品种不同。

目前比较明确的认识是，蚊子在寻找目标时，主要依赖的是二氧化碳、热量以及一些挥发性的化学物质，这些线索在空气中易于传播的特点大大提高了它们觅食的效率和成功率，是更好的选择。相比之下，身为糖脂的抗原不具备这个优势，目前也的确没有发现血型抗原对蚊子有什么确切的作用。

综合而言，蚊子叮咬和血型的这些研究都还停留在较为粗浅的阶段，并且都存在诸如样本量不够大、各血型人数相差巨大、对各种变量的控制和比较存在不足等这样那样的问题。针对血型吸引蚊子的研究还是不多，并且这些研究之间存在诸多分歧，使得目前并不能得出不同血型的人对蚊子的吸引力不同的结论。

真相是这样的 》

目前还没有可靠的证据可以证明不同血型对蚊子的吸引力有差异。而蚊子侦测和定位目标的主要因素是二氧化碳、热量和挥发性化学物质等，虽然在 20 世纪 90 年代关于蚊子的一些基础研究已经大致明了，可在教科书中却没有提及任何血型对吸引蚊子发挥作用的结论。主要的原因可能是目前的研究尚不能得出明确的结论。

蚊子偏爱某种血型的说法，并不正确。

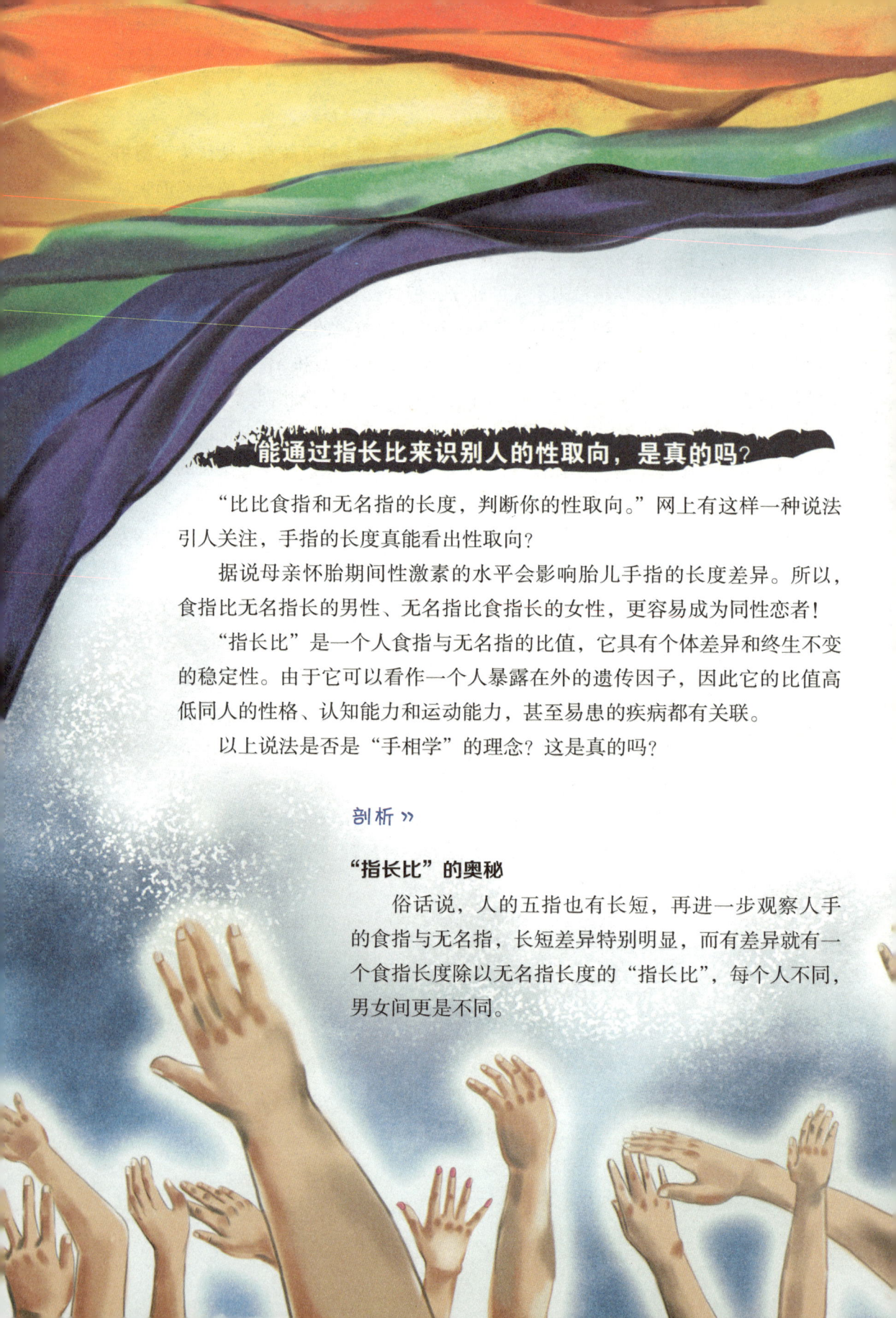

能通过指长比来识别人的性取向，是真的吗？

"比比食指和无名指的长度，判断你的性取向。"网上有这样一种说法引人关注，手指的长度真能看出性取向？

据说母亲怀胎期间性激素的水平会影响胎儿手指的长度差异。所以，食指比无名指长的男性、无名指比食指长的女性，更容易成为同性恋者！

"指长比"是一个人食指与无名指的比值，它具有个体差异和终生不变的稳定性。由于它可以看作一个人暴露在外的遗传因子，因此它的比值高低同人的性格、认知能力和运动能力，甚至易患的疾病都有关联。

以上说法是否是"手相学"的理念？这是真的吗？

剖析 》

"指长比"的奥秘

俗话说，人的五指也有长短，再进一步观察人手的食指与无名指，长短差异特别明显，而有差异就有一个食指长度除以无名指长度的"指长比"，每个人不同，男女间更是不同。

　　其实，食指与无名指长度之比（2D：4D）是一个曾经的研究热点。早在 1930 年就有研究者发现不同性别的人"2D：4D 值"不同。1998 年，曼宁发现"2D：4D 值"可以作为间接测算出生前性激素水平的参考。目前，在科学界已经基本达成一致的认识是，这一比值与人出生前周围环境的雄激素水平有关，而且右手的"2D：4D 值"比左手的"2D：4D 值"更能体现这一水平。

　　因为决定"指长比"大小的是一个名为 HOX 的"建筑师"基因，奇妙的是这种基因对脊椎动物的指趾发育有影响，同时又对生殖系统及荷尔蒙有影响。在医学上已知此基因的突变会造成多指症及导致手脚及生殖器病症。另一个重要因素是胎儿若在母体内接触到的雌二醇浓度高，其食指长度生长便加快以对增加的雌激素产生应答，而胎儿浸润在睾酮多的氛围里，其无名指受刺激，加快变长。由于长短是个相对的概念，两指长短之比才有研究价值，所以才出现"指长比"的概念。指长比高说明食指比无名指长。女性指长比普遍高于男性；在男性中，指长比越低就越有男性气质，但也易患男性疾患。

指长比与性取向无关联

　　2010 年，盖瑞博斯等人发表在《行为神经学》上的一篇论文总结了前些年发表的与"2D：4D 值"以及性取向相关的多个独立研究结果。收集的研究都经过严格挑选。最后的统计数据来自 34 个独立样本，一共包括 1618 个异性恋男性，1693 个异性恋女性，1503 名同性恋男性与 1014 名同性恋女性。根据这些数据的统计结果显示：异性恋女性相比同性恋女性，双手的"2D：4D 值"均较高，意味着食指相对较长。但男同性恋与男异性恋的"2D：4D 值"则没有显著差异。

　　然而，盖瑞博斯收集到的研究主要来自欧洲和北美两地，参与研究的人群种族资料许多已经不可考。而亦有许多研究显示人种可能影响"2D：4D 值"。因此，他的研究结果是否适用于亚洲人群尚不可知。另外，由于测量手指长度的方法众多，有的研究直接测量，有的研究则是将手拍照后测量照片，这些都可能给实验结果引入误差。

真相是这样的 》

　　食指和无名指长度差可能确实会体现人在出生前所处环境的一些特征。但目前没有任何可靠证据证明它与人的性取向有关系。最后也是最重要的是，统计学上的相关，与实际生活中的应用是两回事。想通过"手相"来了解某个特定人物的性取向堪称风马牛不相及。

高压电下不能打手机，是真的吗？

曾有新闻报道称，青岛建筑工地的一名男子在高压线下接电话时手机突然爆炸，造成身体烧伤面积达 70%。事后，工友猜测是因为靠近高压电线接电话导致了惨剧的发生。

如此的惨剧，让人唏嘘不已，但是这种情况真的会发生吗？

剖析 »

高压电与打手机是冤家？

这条消息很容易给人这样的感觉：在高压电线下接电话是危险的事，手机的信号辐射会在无形中把高压线上的高压电引下来。事实是不是这样呢？

我们日常生活中最常接触到的高压线是三相高压交流输电线路。目前高压线缆在城市中大量以"遁地"形式出现，这种线缆是带有绝缘层的。但还有一种架空高压线，使用的是裸露的导线，而直接将空气作为绝缘介质。对于这种架空高压线，发生的很多事故都是由于直接触摸或误闯非绝缘区造成的（也许你们看过触摸电力机车接触网直接致死的视频），因此与高压线路保持安全距离是保命的诀窍。

为保证线路和人身安全，国家对高压线缆的架设有详尽的规定，并将高压线缆周围一定距离设置为安全区域。我国《电力安全工作规程》给出了操作人员与通电高压交流线路的安全距离，而《110 ~ 500kV 高压架空线路设计技术规程》则对国内高压线路架设的实际距离给出了限值要求：

高压线电压等级	安全距离（m）	居民区导线对地最小距离（m）	边导线与建筑物之间的最小距离（m）
110kV	1.5	7.0	4.0
220kV	3	7.5	5.0
330kV	4	8.5	6.0
500kV	5	14	8.5

可以看到，架空线路的距离限值与安全距离相比还有很大余量，小巧玲珑的手机只有十几厘米，拿着手机还不如举起手对缩短距离的贡献大，由于手机金属外壳和内部电路的导电性而接触高压电的情况并不会发生。不过，在高压线下放置或者搬运长的金属物体（如铁管、铁棒）时，应始终保持物体水平放置，不能指向高压线，以免跨越安全距离引来高压电。

既然不用担心因使用手机直接被高压电电到，那它是否有其他方式向我们伸出邪恶的双手呢？这就不得不提到间接产生的感应电压。通电的高压交流线会在周围产生低频的变化电场和磁场，暴露在这个电场和磁场中的导体会感应出电压，但同样因为架空高压线有一定高度，人体作为一个导体，长度有限，实际感应出的电压等级往往很低，处在人体能承受的安全范围内，所以不会造成触电的伤害。对于比较长、比较大的导体，通常会在导体上连接一根地线，将电流引向大地，使导体保持与大地等电位，避免触电的危险。

绝对不可能发生的原因

不过和其他物体不同的是，手机在使用的时候会向外发送无线电波。会不会是手机发出的信号主动把高压电"勾引"下来呢？

首先，手机信号使用的无线电波频率为 1 ~ 2GHz，而高压电线产生的电场和磁场的频率是 50 ~ 60Hz，两者相距很大，手机的天线不具备接收高压电辐射出的能量的能力。

其次，可能有人会怀疑，手机发出的电磁波会不会让头顶上的空气发生电离，增加空气的导电性，给高压电建一个"绿色通道"呢？这也不会发生，除了一部手机的无线电波能量太低外，手机本身使用的电磁波波段电离空气的能力也太弱了。一般来说，电磁波的频率越高，电离作用就越强。频率很高的宇宙射线对空气有很强的电离作用，10 ~ 15Hz 的太阳紫外线也可以使空气电离产生臭氧。相比之下，手机无线电波的频率太低了，在电离空气方面，它连打酱油的都算不上。

真相是这样的 »

谣言破解。在高压电线下拨打手机并不会增加自己被电到的概率，而手机发生爆炸的事故多半是手机电池自身故障，与高压电线无关。

长时间嚼口香糖有害，是真的吗？

嚼口香糖是很多人的习惯，但有一种言论认为，长时间咀嚼口香糖，会反射性地分泌大量胃酸。特别在空腹时，可能会出现恶心、食欲不振等症状。研究发现，经常嚼口香糖会损坏口腔中用于补牙的物质，使其中的汞合金释放出来，造成血液、尿液中的汞含量超标。

长时间嚼口香糖真的坏处多多吗？

剖析 »

巴甫洛夫和他的狗

在研究这则传言之前，让我们先回顾一下巴甫洛夫和他的狗。在他设计的著名试验中，狗的消化道被手术刀切开并置入各种瘘管，以统计试验中各种消化液的分泌量。巴甫洛夫其实一开始是想向我们揭示进食过程中各种消化液分泌的不同特点的，结果最后人们是用它来说明条件反射这一生理现象，他则以此而获得

了巨大的成就。

根据所做试验的结果，巴甫洛夫将头期、胃期和肠期作为进食过程中胃液分泌的三个不同时期，即指当食物进入头部、胃和肠时，胃液的分泌会有不同特点。试验结果表明，在胃酸分泌的头期，也就是食物进入口腔和食道而尚未进入胃内时，视觉、味觉、嗅觉等多种感官受到刺激，促使胃部分泌大量胃酸含量高、消化能力强的胃液。巴甫洛夫的这一发现也是很多人相信长时间咀嚼口香糖会引起胃酸大量分泌的原因。遗憾的是，极为严谨的巴甫洛夫当年在做试验时，虽然给狗喂食了大量不同种类的食物，并证实糖类和脂类食物可以促使头期的胃液分泌，而生理盐水、苦味食物、胡椒和芥末等则没有这种作用，但是他并没有试过口香糖。咀嚼含糖口香糖也许可以促进胃液分泌，但就目前市面上极其畅销的无糖口香糖，连巴甫洛夫也不能告诉我们，到底有没有促进胃液分泌的作用。

口香糖对消化道的作用

巴甫洛夫不能给出的答案，是否其他科学家可以帮我们解答呢？美国一批麻醉医生设计了一个试验，研究手术前嚼无糖口香糖会不会引起胃内液体增多、增加术中麻醉的风险。研究的结果表明（样本量达到了77例），术前30分钟开始嚼无糖口香糖直至手术开始或不嚼口香糖，麻醉后探查到的胃液的量以及pH值并没有明显的区别。也就是说术前嚼无糖口香糖达30分钟之久也不会刺激胃分泌更多的胃液和胃酸。

就此，也有研究提出了相反的意见，认为嚼口香糖也能促进头期的胃液分泌。研究者让12位罹患十二指肠溃疡的患者咀嚼芝士汉堡或口香糖满15分钟，发现两者促进胃酸分泌的能力不相上下。可惜的是，这个试验并未说明所用的口香糖是否含糖，而且样本量也实在太小了（仅12例）。前面提到的麻醉师们做的研究其说服力远高于此项研究，毕竟77例和12例，还是有很大区别的。

这里还有一个特殊的例子，就是让戒烟者使用含尼古丁的戒烟口香糖。这种口香糖对帮助吸烟者戒烟有非常好的效果，并且通常引起的戒断症状也较小，但戒烟者们常常会出现胃肠道的不适反应。研究者认为，这有可能是戒断症状，也有可能是尼古丁口香糖本身的副作用。咀嚼普通无糖口香糖一般不会引起这样的问题。

口香糖，护齿还是害齿？

在上面，我们分析了口香糖可能会给口腔健康带来的一些作用，在这里我们来说说口香糖是否会给口腔健康带来危害。假设，嚼口香糖可以促进胃酸分泌，那么多余的胃酸从胃内反流到口腔内的话，会腐蚀牙齿。在前面我们已经讨论过，一般认为嚼无糖口香糖并不会促进胃酸分泌。但是即使胃酸的分泌没有增加，如果嚼口香糖可以诱使本应在胃内的胃酸反流至口腔，那么一样会增加牙齿受伤的风险。还有科学家对此专门进行了研究，他们给病人服用容易诱发胃酸反流的食物，餐后咀嚼口香糖半小时，此后监测病人食管内胃酸反流的情况。结果令人意想不到，咀嚼口香糖非但没有增加胃酸反流，反而使其减少了。科学家推测这可能是因为咀嚼口香糖可以促进吞咽活动，继而增加食管的向下蠕动，抑制胃酸向上反流。这说明长时间咀嚼口香糖（半小时）反而从某种程度上可以减少胃酸对牙齿的腐蚀，保护牙齿。

在解决了胃酸问题之后，还有一个问题困扰着我们，那就是咀嚼口香糖是否会使补牙材料中所用的汞释放出来，毒害人体呢？曾经最常用的补牙材料是汞合金，现在已经逐渐被更为轻便美观的树脂材料所代替。有些研究者认为含汞的材料可能会增加使用者受汞影响的风险，而另一些研究者则认为汞合金是安全的。但至少到目前为止，还没有禁止牙科使用汞合金作为补牙的材料。虽然口腔内有汞合金的人嚼口香糖确实会增加口腔内的汞含量，不过其含量仍然能保持在安全水平以内。而且不止嚼口香糖，吃饭、刷牙等行为都会增加口腔内的汞含量。而人既不能不刷牙，也不可能不吃饭，所以也不必太过紧张。

事实上，人们往往过于关注口香糖的害处，而忽略了口香糖对健康其实也是有很多益处的。虽然含糖口香糖会增加口腔牙菌斑的量，降低其 pH 值，增加龋齿的风险，但是无糖口香糖却能减少牙菌斑，提高口腔 pH 值，减少牙龈炎的发生，对口腔健康大有裨益。此外，对于术前需要禁食的病人来说，嚼口香糖可以帮助他们克服食欲；结肠手术后病人咀嚼口香糖可以减少术后肠梗阻的风险；含尼古丁的口香糖则是老烟枪们的戒烟良药……长时间咀嚼口香糖对健康的好处未必比其健康风险要少。

真相是这样的 »

咀嚼含糖口香糖可能对口腔健康不利，但长时间咀嚼无糖口香糖并不会刺激胃酸分泌，也不会额外增加汞合金补牙材料对健康的风险，反而能减少胃酸向口腔反流，在一定程度上保护口腔健康。此外，口香糖还在其他很多医学领域发挥作用，帮助维护患者健康。

啤酒肚是喝啤酒造成的，是真的吗？

当今时代，人们的生活水平越来越高，最为显著的后果就是很多男性高高撅起的大肚子，也就是我们常说的"啤酒肚"。这名字听起来让人们觉得其发胖是啤酒造成的。

啤酒真的有这么厉害吗？与"啤酒肚"说拜拜，是该拉黑啤酒还是该给啤酒平反呢？

剖析 》

啤酒：高热量让人胖？

啤酒，是以大麦芽、酒花、水为主要原料，经酵母发酵作用酿制而成的饱含二氧化碳的低酒精度酒，是人类最古老的酒精饮料之一，也被称为"液体面包"。虽然啤酒会产生一定热量，但把啤酒与发胖联系在一起未免太过牵强。对比白酒、啤酒和葡萄酒，后两者除了酒精之外还含有一定量的氨基酸、蛋白质、糖、微量元素等物质，但蕴含物质种类多并不意味着啤酒和葡萄酒的热量更高。事实上，各种酒精类饮品的能量主要还是来源于酒精本身，一般酒精度数越高能量就越高。

我们能够看出，单位质量啤酒所含的能量比其他常见酒类饮品都低，着实算不上高热量饮品。不过，酒桌上的人通常喝啤酒都要比喝白酒喝得更多，许多人把啤酒当成了一种普通的低酒精浓度的饮料。美国农业部（USDA）提供了各种常见食品所含热量的数据，使人们能够更精确地了解身边的食品，我们从中也能发现啤酒与其他饮料的能量比较。根据这些数据我们可以得出结论，单论所含能量，啤酒确实不比其他常见饮料更多，说它热量高容易导致肥胖实在是冤枉了它。

啤酒、白酒、葡萄酒，谁是凶手？

从酒精度数来说，烈酒所含能量最高，难道烈酒更容易让人发胖？实际上，酒精在人体内的反应作用是比较复杂的。当酒精进入人体时，首先它本身会被分解从而产生能量，其次它还可能影响其他物质的代谢，例如刺激人体内胃液分泌，增加食欲。另外，不同人群饮酒习惯的不同也会带来代谢上的差异。科学家们为了揭开酒与肥胖尤其是腹部肥胖之间的神秘面纱，进行了大量的研究统计。

不过，科学家们到最后也没有得到确切的结论。有些研究表明，啤酒、烈酒与葡萄酒相比，前两者确实对"啤酒肚"的产生有促进作用，而葡萄酒却能够使腰围变小；有的结果则显示，葡萄酒并没有类似这种神奇功效；欧洲研究者通过调查发现，不喝啤酒的人出现啤酒肚乃至肥胖的概率并不比好饮啤酒者低。有的英国和捷克的科学家专门找了2000位捷克人（捷克的人均啤酒年消耗量居世界第一）做样本，他们仔细挑出了滴酒不沾和只喝啤酒的人，希望借大规模的摸底调查来找到啤酒和"啤酒肚"的联系，但结果显示啤酒跟大腰围"啤酒肚"也没什么关系。从目前的各种调查研究来看，并不能很确切地断定哪种酒才是造成"啤酒肚"的元凶。

科学家们又想到白酒、啤酒、葡萄酒等都是酒精饮品，因此他们对各种不同酒类之间的差异忽略不计，直接针对酒精对肥胖的影响进行了研究。

酒精与肥胖

啤酒肚又叫"罗汉肚"，由体内脂肪增加并聚集于腹部造成，是腹部肥胖的俗名。世界卫生组织认为，腹部肥胖很可能成为影响健康的最危险的杀手之一。很多高风险的疾病都与腹部肥胖有着不可分割的联系，比如高血压、2型糖尿病、心肌梗死、脑栓塞、肝脏衰竭以及一些癌症。而造成腹部肥胖的原因有很多，和不健康的饮食习惯（如不吃或少吃富含纤维的食物，偏爱脂肪含量高的肉类等）、长时间坐着工作缺乏运动、巨大压力下的糖皮质激素紊乱等都有关系。

从身体代谢的角度来说，酒精虽然是一种能量物质，但当它进入人体之时，有识别功能的人体会发现其存在潜在的毒性，故而它会被优先分解而不是贮存体内。肝脏是身体中最重要的解毒器官，酒精和脂类的代谢都依赖于肝脏，酒精会抑制身体对脂类的代谢，使脂肪堆积在肝脏，这是造成脂肪肝的重要原因，也就为肥胖埋下了隐患。这时，好的饮食结构和生活习惯就显得更为重要。

在餐桌上如果需要饮酒，应减少其他能量物质（如碳水化合物、高脂肪类食物）的摄入，或者增加运动强度，特别是腹部运动的锻炼，以此消耗因为饮酒累积下的多余能量。如果喝酒不加节制，再加上暴饮暴食，时间久了，肥胖一定会不请自来。

针对腹部肥胖的研究指出，酒精可能是通过影响内分泌系统导致脂肪在内脏累积的。例如，酒精能够通过刺激神经分泌系统或直接刺激肾上腺促进糖皮质激素（糖皮质激素会促进脂肪在腹部堆积，是肾上腺分泌的一种激素）的分泌，因此过量饮酒会加大腹部肥胖的风险。

不过与原理研究有异的是，针对酒精与肥胖（包括腹部肥胖）的大规模流行病学研究有不少，得出"酒精会导致肥胖"和"酒精不会导致肥胖"结论的却都占一定比例。研究者们普遍认为，这种无法得出确切论断情况的原因与流行病学研究方法的局限性有关，例如个体虚报饮酒量和饮酒频率，各个地区个体和群体饮酒饮食习惯的差异（例如有些地方的人群饮酒会减少饭量，而有些地方的人群则不会因为饮酒影响饭量），这些不确定因素都是调查研究中的关键问题，都可能对最后的结论产生很大影响。因此，想要更深入地了解群体中酒精与肥胖（包括腹部肥胖）的关系还需要更严谨有效的调查研究方案，并配合生化原理方面的研究。

喝酒频率高，腰围反而小？

在 20 世纪末期，研究者发现了腹部肥胖与喝酒频率之间的联系，近年来，欧洲科学家又提出在饮酒量相同的情况下，少量多次饮酒的人发生腹部肥胖的概率比偶尔豪饮的人要低得多。

为了进一步研究这种现象，科学家们选出了一组特定人群按喝酒频率进行分组，并进行持续跟踪调查，发现饮酒频率高的组别，出现腹部肥胖的情况最不明显。最后科学家得出结论：随着喝酒频率的提高，腹部肥胖呈现下降趋势，与总饮酒量和酒的种类关系不大。他们认为有两个因素促使这种现象的出现：第一，重度饮酒者主要依靠微粒体乙醇氧化系统代谢进入体内的酒精，而偶尔喝酒的中轻度饮酒者则依靠乙醇脱氢酶系统进行酒精代谢，代谢过程中前者比后者耗能更多，因此不会造成过多的能量累积。饮酒的人会发现每次喝酒时身体都出现发热的情况，这是因为进入人体内的酒，约 10% 由呼吸道、尿液和汗液以原形排出，其余 90% 经由肝脏代谢，乙醇首先被氧化成乙醛，脱氢后转化为乙酸，最后氧化成二氧化碳和水排出体外，同时放出大量的热能。所以长期饮酒少量饮酒的人，其饮酒所产生的能量基本上在饮酒过程中就被转换成热能发散掉了。

尽管高频率的饮酒产生啤酒肚的概率不会那么高，但是需要注意的是，长期过量饮酒对身体健康依然有很大损害，所以切不可在饮酒上随意放纵。

真相是这样的 》

　　啤酒不是高热能饮品，所以不可能是它的热量导致了肥胖，也没有证据证明啤酒更容易导致"啤酒肚"，"啤酒肚"和啤酒的关系可能更多是来自于字面的误导。但是，饮酒过程中酒精确实会对人体的代谢功能产生影响，容易造成肥胖，所以饮酒时最好相应减少其他能量物质的摄入，避免暴饮暴食，并且加强运动，尤其是腹部锻炼。保持良好的饮食结构和生活习惯才能远离疾病的困扰，必然也不会给"啤酒肚"出现的机会。

"迷你猪"永远长不大，是真的吗？

　　现在城市小区里养宠物是常见的事情，而宠物的类型也不仅仅局限在宠物猫、宠物狗之类的。"迷你猪""小香猪"成为宠物一族的重要一员。因为它们形体憨态可掬，而且一般只能长到几千克，比较受欢迎。很多人认为，"迷你猪""袖珍猪""茶杯猪"是长不大的，可以像小猫小狗一样养在家里一辈子。

　　这是真的吗？

剖析 》

认识"迷你"猪

　　在中国，"迷你"猪又叫小香猪，它与其他猪种不同，外观特点是短、圆、肥。头长额平，额部皱纹纵横，耳朵较小、薄且向两侧平伸，耳根硬，背腰微凹，腹大而圆，四肢细短，尾巴细长似鼠尾。它是在特定自然环境和农牧业水平较低的环境中，经过长期近亲交配繁殖选育而成的。

　　品种较纯的香猪眉心有明显白斑，黑色部分仅存在于头部和尾部，背部无黑斑。香猪躯体短而矮小，被毛全黑，个别有唇白和肢端白。颈部短而细，头较大，面平直，额部皱纹纵行浅而少，耳略向前伸，稍下垂或两侧平伸。眼周围有一粉红色眼圈。

　　猪作为人类最早驯化的动物之一，有很多的特点：它们很聪明，喜爱清洁，在烂泥浆里打滚是为了清除寄生虫和减少蚊虫叮咬，只要稍加训练，它们就会和狗一样懂得定点排便。最重要的，猪的外表憨厚可喜，因此一直有少数人把猪作为宠物来养。可是，猪的体型实在太大了，养起来会受到许多限制——家里多了一张超级大胃不说，占的地方也太可观——于是"迷你猪"这个概念就应运而生了。

　　"迷你猪"的选育起于"二战"后的美、日等国，它们起初被用作实验动物。在常见的哺乳动物中，猪的组织器官构造、生理特性是最接近于人体的，而且用猴、犬等动物做实验太容易引起争议，猪便成了更理想的实验动物。半个世纪以来，科学家通过育种手段逐渐培育出了品质均匀、遗传稳定的实验用小型猪种。

"迷你猪"的成长度

　　由于市场上小型猪的品种较杂，因此它们的个头有比较大的波动，但许多小型猪确实能保证一岁时也只有 5 ~ 10 千克。

　　我国的巴马香猪能轻达 35 ~ 45 千克，而卖家们拿出"迷你猪"父母的照片，它们看起来也是那么娇小。其实那是因为"迷你猪"往往在不到一岁时就被拿来产崽。而性成熟并不意味着体成熟，一只"迷你猪"停止生长可能需要 3 ~ 5 年甚至更久。

　　不少人养的"迷你猪"过了两三年就轻轻松松长到 150 ~ 200 千克，这有可能是品种问题，比如其实是和肉用猪杂交的"伪迷你猪"，也有可能是由于营养过剩和缺乏锻炼而引起的。

宠物猪该何去何从？

　　当宠物猪渐渐长大时，它们会变得不那么好看。成年猪能吃能睡，破坏力也较强。宠物猪虽说驯化程度较高，但到了"青春期"等时期，脾气也可能变得比以前差。此时许多主人就会掂量它们的去留问题。

　　而对于那些体型保持得较好的猪，情况也并不见得更好，因为体型小巧很可能只是因为营养不良造成的。有的主人怕猪会长大，过多地饲喂菜叶等能量较低的东西，使猪的能量和蛋白质摄入过少；而一些不良商家也会劝说买主买回小猪后少喂一点食物。

如果你有兴趣养一只宠物猪，它的饮食、防疫、娱乐活动都是要考虑的，它和猫狗一样需要照顾。

真相是这样的 》

从上述分析可见，"长不大的迷你猪"是不存在的，迷你的程度也是相对的，和品种、喂养方式、平时锻炼有很大关系。现有的小型猪虽然比肉用猪的体型小得多，但也远没有一些虚假广告所宣传的那么小。因此，在准备购入"迷你猪"时，要多方面考量，不要因为一时喜爱而仓促购入，最后才发现不是自己想要的那款。

狗尿会导致爆胎，是真的吗？

在城市的住宅小区里，有不少家庭饲养宠物，因此随时都能看到满地跑的宠物狗。如果小区停车位在地上，又离居民活动区非常近的话，那么小区车辆十有八九会有被狗狗们尿湿车辆轮胎的经历。这个情形看似小事一桩，但据传狗尿对轮胎有很强的腐蚀作用呢。

现有"狗尿腐蚀轮胎导致爆胎"的说法现于网上。狗尿和爆胎，它们之间有关联吗？有人这样分析过：狗尿对轮胎的危害是非常大的！因为狗尿对轮胎和轮毂都有很强的腐蚀作用。轮胎的侧面是最薄弱的地方，而狗恰好都尿在此处，使得轮胎表面上虽然看着还可以，内部却已经很脆弱了。当我们在高速公路上疾驰时，很有可能就会因为哪只狗狗施加的一次狗式标记——一泡尿而发生爆胎，威胁到我们的生命安全。

这是真的吗？

剖析 》

轮胎的组成和作用

网传里提到狗尿会通过腐蚀汽车轮胎的侧面也是最薄弱的地方从而发生爆胎。

那么，汽车轮胎是由什么组成的，狗尿怎么会使车轮爆胎呢？

轮胎通常由外胎、内胎、垫带 3 部分组成。也有不需要内胎的，其胎体内层有气密性好的橡胶层，且需配专用的轮辋。

外胎是由胎体、缓冲层（或称带束层）、胎面、胎侧和胎圈组成。外胎断面可分成几个单独的区域：胎冠区、胎肩区（胎面斜坡）、屈挠区（胎侧区）、加强区和胎圈区。

胎面用来防止胎体受机械损伤和早期磨损，向路面传递汽车的牵引力和制动力，增加外胎与路面（土壤）的抓着力，以及吸收轮胎在运行时的振荡。

轮胎在正常行驶时直接与路面接触的那一部分胎面称为行驶面。行驶面表面由不同形状的花纹块、花纹沟构成，凸出部分为花纹块，花纹块的表面可增大外胎和路面（土壤）的抓着力及保证车辆必要的抗侧滑力。花纹沟下层称为胎面基部，用来缓冲震荡和冲击。

制作轮胎的材料和性能

制作轮胎的主要材料是橡胶。它是一种有弹性的聚合物。线型聚合物链中的骨架上有一个未饱和的双键，这个双键通常在存在氧硫时可以打开，在相邻键之间形成交联，固化成热固性聚合物 TS。

橡胶在制成轮胎之前，都要经过交联（也叫硫化）的过程——简单说就是用化学键把橡胶的长链分子连接起来，使之从宏观上几乎可以看作一整个大分子。这个过程使得橡胶轮胎的化学性质十分稳定，具有较高的强度、弹性、耐磨性和抗老化性能。对橡胶来说，真正有杀伤力的是一些带能量的射线。

为了延缓老化的发生，轮胎所使用的橡胶材料会添加炭黑等助剂（因此轮胎都是黑色的）以吸收紫外线，同时炭黑还可以起到补强作用，使轮胎具有足够的使用硬度。

由于狗尿当中显然没有高能射线，因此与紫外线相比，狗尿根本不会对轮胎的老化产生任何影响。

除了抗老化，轮胎还具有优异的耐腐蚀性能——橡胶本身就非常耐腐蚀，比如在工业生产中，酸洗生产线往往采用橡胶内衬，强酸强碱操作的防护手套也是橡胶的。

轮胎橡胶的质地比密封橡胶更为紧密，其耐化学腐蚀性也会比研究中所使用的橡胶更强。

狗尿的成分

网传狗尿会对轮胎产生腐蚀性，而前文我们已经分析了轮胎的材质和生产工艺中都采用了一定的抗腐蚀处理，那么轮胎能耐住狗尿的腐蚀吗？这就要看狗尿中到底含有什么成分，又是否具有腐蚀性了。

动物每天摄入酸性或碱性食物，经过体内分解，会在体液（血液、尿液、组织液）中产生很多酸性或碱性的物质。尿液的酸碱性与狗吃的食物有关：肉吃得多会使狗尿液呈酸性；如果给狗吃时尚的素食，狗的尿液就会呈中性或弱碱性。但通常狗尿很少会正好呈中性，因为动物（包括人）进食都有或多或少的偏食，所以每只狗的尿都会呈一个不同的 pH 值。

狗尿中主要有含氮类物质、其他有机物以及电解质等。

狗尿的最主要成分是水，此外还有少量的尿酸和尿素，使得狗尿的 pH 值一般在 5.4 ~ 8.4 之间。

除了酸碱度如此之低，狗尿在轮胎表面的停留时间也很短，能够有效存留的量就更少了，即使随着水分的挥发浓度略有上升，但是在橡胶密实稳定的分子面前，其作用几乎可以忽略不计。

爆胎实情

既然狗尿不会使轮胎爆胎，那么发生爆胎又是什么原因引起的呢？

轮胎从结构上来看，侧边的橡胶层确实比较薄，爆胎与轮胎内胎（有些一体轮胎没有单独的内胎，是将内胎和外胎复合在一起了）的关系更密切。内胎的作用是充盈一定压力的气体并保证气体不会在使用中泄露，以达到减震的效果，常使用气密性好的丁基橡胶和氯丁橡胶。但内胎一般较软，强度较低，在应力作用时容易撕裂而发生爆胎，所以必须有外胎的保护。

而提供保护的外胎，强度是由带束层和帘布层（一般由高强度聚合物纤维织物甚至钢丝组成）提供，外层橡胶的作用主要是耐磨。所以，轮胎外胎都设定有磨损线，提示磨损情况，防止磨损过度伤及内胎而引起爆裂。

至于轮胎侧面，因为不接触地面，所以没有磨损的风险，跟爆胎也就关系甚远了。

相比过度磨损，反倒是轮胎欠压导致的爆胎更容易被人忽视，更可能因为对这类爆胎的原因不了解，而往狗尿上找原因。当轮胎欠压却做高速运动时，橡胶内部会大量生热，导致轮胎温度升高，而高温下橡胶的力学性能会急剧下降，强度降低，从而发生爆胎。

真相是这样的 »

从上述分析可见，无论是轮胎的抗腐蚀性、耐磨性、抗老化性能均可承受得住一泡狗尿的"洗礼"，各位有车一族们完全不用为狗狗"到此一游"的标志性动作而担心爆胎，倒是应该经常检查轮胎胎压和磨损情况，才可预防爆胎，最大限度保证行车安全。

维生素 B₁ 可驱蚊，是真的吗？

"维生素 B_1 和清水比例 1∶100 配出的水可有效驱蚊，且驱蚊效果长达 7 个小时。"这条在朋友圈刷爆屏的驱蚊方法，每年一到夏天，便成为大家讨论的热门话题。具体操作方法是：准备一个可喷水的化妆小瓶，5 片复合维生素 B_1。将水灌入小瓶，后放进药片，摇匀，睡前将小瓶对准胳膊、腿等部位喷一下即可。

那么，维生素 B_1 是否真的有驱蚊效果呢？

剖析 »

维生素 B₁ 驱蚊并非良方

W. Ray Shannon 医生早在 1943 年，便在美国《明尼苏达医学杂志》上发表论文宣称，维生素 B_1 水溶液有助于预防蚊叮。可无论从理论上，还是从实验层面，"维生素 B_1 能驱蚊"的说法均未得到验证。

1969 年，有研究者对维生素 B_1 是否能驱蚊的问题再次进行了研究，文章题目便直言不讳地指出，"维生素 B_1 不是人用驱蚊剂"。由于未能阅读到论文全文，不便进一步评价。不过，2005 年，美国威斯康星大学动物学研究者 Ives AR 与同事做

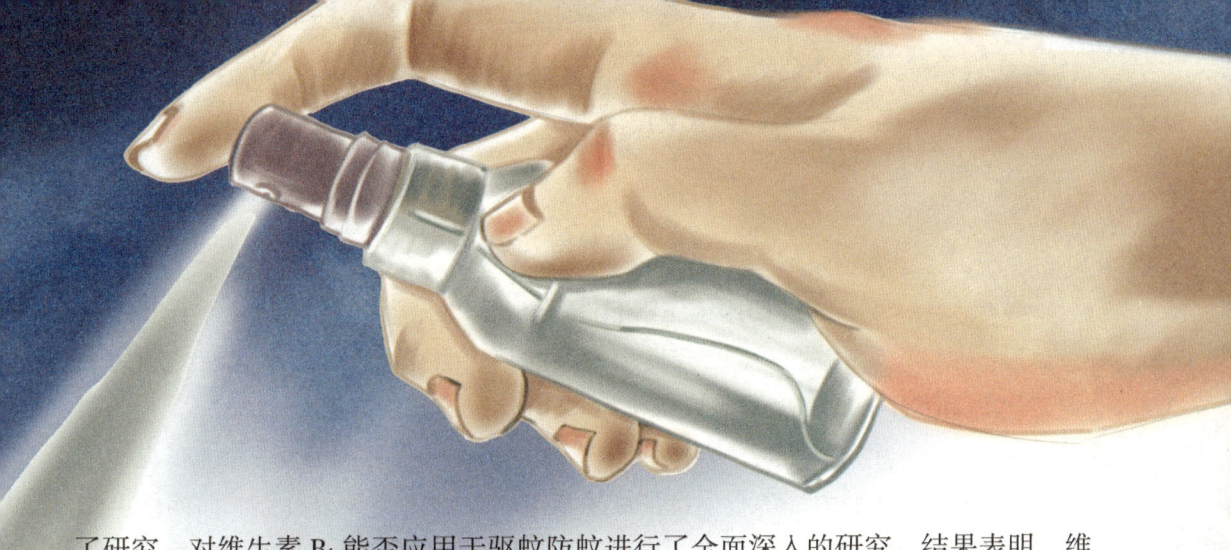

了研究，对维生素 B_1 能否应用于驱蚊防蚊进行了全面深入的研究。结果表明，维生素 B_1 对蚊子落在皮肤表面的次数不会有什么影响。

美国食品与药品管理局（FDA），曾对市面上出售的非处方类驱蚊剂有过说明。其中就明确提到了维生素 B_1 类的药品。口服维生素 B_1 是市面上一种驱蚊类药品，但在目前，尚无充分数据表明这种做法是有效的。那些在药品标识上表明是口服驱蚊类药品的，是虚假的、误导的，并无科学数据支持的……总之，任何宣称含有驱蚊成分的口服驱蚊类药品，并不能确保安全有效。

此外，在美国疾病预防控制中心（CDC）的网站上公布的确证有效的驱蚊成分里，也并没有提到维生素 B_1。

为什么出现维生素 B_1 驱蚊的说法？

既然证实维生素 B_1 不会有什么驱蚊效果，那么为什么这条信息还被大量传播呢？或许，人们相信维生素 B_1 能预防蚊子的一大原因是，维生素 B_1 具有一种很恶心的味道——闻上去有微弱的臭味，尝起来是苦的。人们相信它能驱蚊，颇有些"以毒攻毒"的意思——自己都不喜欢这味道，蚊子恐怕也不会爱。遗憾的是，这种想法虽好，但蚊子压根不吃这一套。相反，你我避之不及的汗臭味，蚊子就挺喜欢的。

另外，近几年出现的某些功能饮料，宣称含有水溶维生素 B_1，有助于增强人体功能，这种说法又是否可靠呢？维生素 B_1 的水溶性虽然很强，但它在水中并不稳定，怕热，见光容易分

葡萄糖

氧气

解。当饮料喝到你嘴里时，它基本已经分解完毕了。

口服维生素 B₁ 需要谨慎

有些朋友可能会提出质疑，既然用维生素 B_1 水溶液喷洒的方法行不通，那我们口服维生素 B_1 这种方法会不会好使呢？

需要提醒大家的是，人体每天对维生素 B_1 的需要量在 1 ~ 1.5 毫克，肉类、豆类、坚果中都含有丰富的维生素 B_1，一般不需额外补充。而网络上流传的各种维生素 B_1 驱蚊配方里，其剂量接近正常人体需要量的 100 倍。尽管较少有维生素 B_1 过量危害的报道，但可能对其他 B 族维生素的吸收及对胰岛素与甲状腺素的分泌产生干扰，所以大量补充并不是明智之举。

真相是这样的 》

谣言破解。关于"维生素 B_1 是天然的驱蚊剂"这个话题，目前的科学研究结果并不支持。维生素 B_1 能驱蚊防蚊，只是个流传已久的网络传说。在国外的网站上也有很多关于它的讨论，不过使用方法是每天服用 100 毫克的维生素 B_1。若追根溯源，"维生素 B_1 驱蚊"是一个不折不扣的"输入型"流言，最早出自于 20 世纪 40 年代的西方国家。

吸氧能助考，是真的吗？

望子成龙是众多父母的共同心愿，不过由于超负荷学习导致孩子们负担过重，甚至出现厌学、精神恍惚、精力不能集中的病态。有的父母因此抱怨孩子头脑不够聪明，不是那块料，因此就想出各种方法来补救，寻找各式各样的"偏方秘籍"给考生滋补养生，大有不考知识考后勤的架势。在

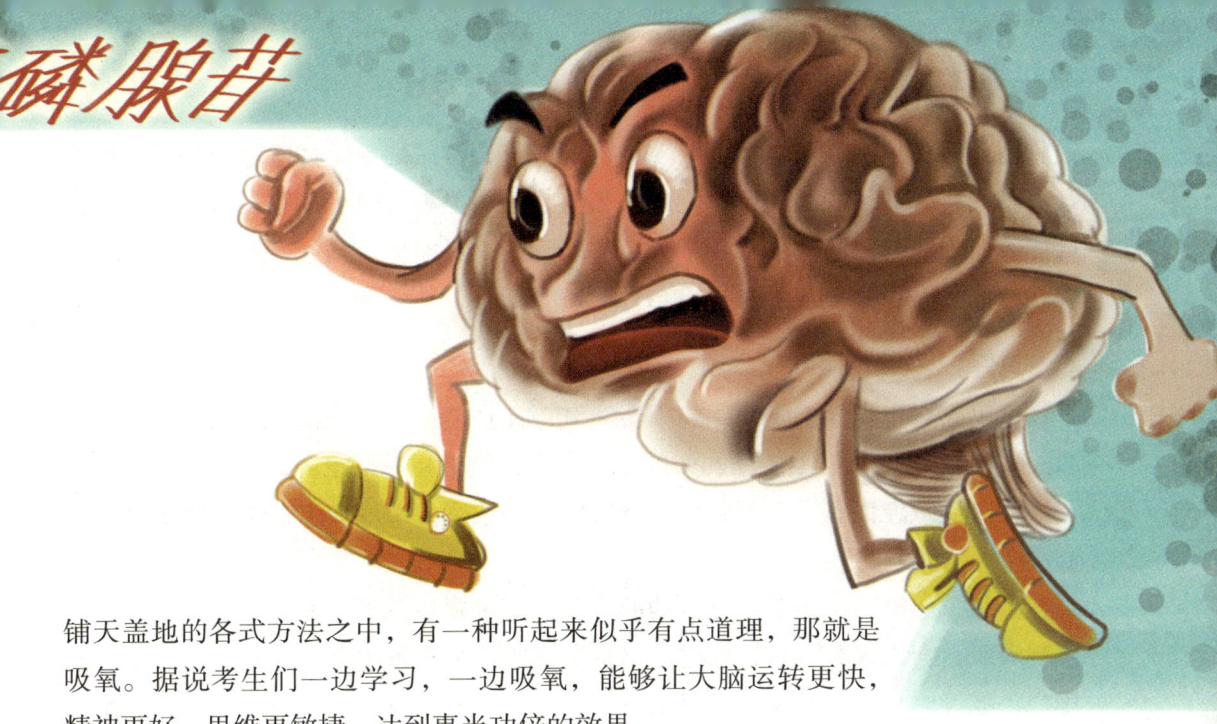

磷腺苷

铺天盖地的各式方法之中，有一种听起来似乎有点道理，那就是吸氧。据说考生们一边学习，一边吸氧，能够让大脑运转更快，精神更好，思维更敏捷，达到事半功倍的效果。

那么，事情真的是这样吗？

剖析 »

大脑运转与氧气

科学家对人类的大脑做过研究，认为大脑的记忆容量是惊人的。

在如何开发大脑这一领域中，负氧离子受到越来越多人的重视，国内外许多科学家做了大量的临床和实验研究，从临床效果和作用机理方面论证了负氧离子在儿童智力开发上的重要作用。

想知道负氧离子如何在人类大脑潜能开发中扮演重要角色，首先应该了解大脑是如何运转的。人脑细胞的能量供应形式有些特殊，它们仅能利用葡萄糖作为供能物质。葡萄糖在有氧环境中进行代谢，产生大量三磷腺苷，供给大脑使用。以现代人的饮食习惯和结构来看，葡萄糖的供给应该是足够的，那么只要有足够的氧气，大脑就能加速运转，这大概就是考生家长拉着考生去吸氧的"理论基础"吧。

适合吸氧人群

一般情况下，吸氧是治疗疾病的辅助手段，因而真正需要吸氧的人，大多出现在医院里，或者是在家中静养的慢性病患者。他们由于疾病、创伤等的原因，出现了血中氧含量不足的情况，而吸氧可用于纠正缺氧，提高动脉血氧分压和氧饱和度，促进代谢，是辅助治疗多种疾病的重要方法之一，如呼吸衰竭、慢性气管炎、脑血管病、冠心病等。临床缺氧症状不明显者，也可能存在缺氧，因而也可能需要吸氧。如某些外科手术前后的病人、大出血休克病人、胎心音不良或分娩时产程过长的病人等。

多氧可好？

健康人在正常情况下，一般不会缺氧，并且输送到人体组织的氧总是超过组织的氧耗量。大气中含有约20%的氧，这个数值是相对恒定的，空气污染只是增加一些杂质颗粒而已，并不会影响空气中氧的浓度，即使在人群密集的地区也足够供应人们的需要。

因此，如果不是用于医疗目的的吸氧，那可要慎重了。因为不遵医嘱盲目无限制吸氧，会出现并发症，这时反而抑制呼吸，发生氧中毒，出现胸骨后不适及疼痛，吸气时加重，咳嗽、呼吸困难等。另外，对人体来说，氧不能储存，况且人体血红蛋白携氧的能力也有限，因而吸氧并不能增加动脉血氧水平，也不能改善脑的氧供给量，氧气只能起一种安慰剂的作用。

目前尚没有可靠的证据证明吸氧有明显的保健作用。需要强调的是：吸氧并不能益智，它仅是营养物质糖在氧化代谢时的"助燃剂"。大脑是机体中耗氧量最高的器官，高强度脑力劳动时，大脑耗氧量会有所增加，但很有限，通过自主调节即可解决。

如果抽血进行对比的话，同一个人在吸氧时血中的氧气含量会比正常呼吸时高出很多。但这些多出来的氧并不会乖乖地待在血红蛋白周围，而是会跑出来搞点破坏，造成所谓的"氧中毒"。很多接受高浓度高压氧治疗的人，会很快出现类似肺炎的表现，这就是过多的氧气对肺泡造成了损伤所致。还有一些人，在大量吸入氧气后，会过度兴奋，继而进入昏迷，最终死亡，这则是氧气对大脑造成了损害。更加可怕的是，婴儿暖箱里的富氧环境，甚至可以导致新生儿视网膜损伤，造成视力损害甚至失明。

真相是这样的 »

空气中的氧完全足够人们的需求，只要考生身体健康，空气中的氧气又不过分稀薄的话，正常的呼吸过程完全可以给大脑提供足够的氧，过度吸氧反而会造成脑损伤，甚至引发各种疾病。因而"考前吸氧"与考试取得好成绩之间并无关联，还是莫要盲目效仿为好。

晚睡晚起更聪明，是真的吗？

中国有句古语：早睡早起身体好。公园随处可见早起晨练的，很多人早早起床上班，小学生则天不亮就起床上学。大家都认为，早睡早起不仅有利于身体健康，同时也有益于大脑的思维活跃度。但有研究人员对1000名青少年的习惯和生物钟进行研究，得出的结论却是：晚睡晚起的"夜猫子"比早睡早起的人群更聪明。

无独有偶，美国科学家也发布了类似的研究成果。观点一出，大家似乎都为自己赖床找到了合适的理由：反正晚睡的"猫头鹰"比晨起的"云雀"更聪明，为什么不多睡会呢？

但这是真的吗？

剖析 》

晚睡晚起更聪明的研究进程

最早探究作息时间与智力关系的可追溯到澳大利亚心理学家罗伯茨在1999年所做的实验。他记录了400名新兵的昼夜作息时间、记忆力、敏捷性，结果发现越是晚睡晚起的新兵在记忆力和敏捷性上都优于早睡早起的同伴。因此，罗伯茨认为晚睡晚起更聪明。

同样8年后，意大利研究者发现，在创造性思维的所有维度上（流畅性、灵活性、独创性以及跨越性），晚睡晚起的人得分也高于早睡早起的人，尤其在独创性方面两者之间存在实质差距。该项研究中参与者的年龄从19岁到76岁，具有相当宽广的年龄跨度。罗伯茨的研究成果得到了进一步的支持。

除此之外，博洛尼亚大学的心理

学家马可罗·法布里领衔的团队测查了 1254 名 18 ~ 30 岁的大学生，发现晚睡晚起的人更喜欢使用右脑思考，强调直觉和综合，而早睡早起的人更喜欢使用左脑思考，讲究逻辑和分析。通常来讲，创造性跟右脑有更密切的关系，这似乎预示着晚睡晚起的人具备更强的创造力。

不同的大脑生物节律特点

几乎自然界中所有的物种，从单细胞生物到哺乳动物（包括人类），都具有一种日常活动周期，称为昼夜节律。对于人类来说，昼夜节律不完全是遗传问题，在广泛的遗传因子制约中，人类可以选择什么时候上床睡觉和起床。

一般来说，人的一天当中有 4 个用脑高效时间，它们分别为：

清晨 6 ~ 7 时。此时刚刚结束睡眠，大脑经过一夜的休息已经完成了对前一天所接收信息的整理、归纳、记忆、清理工作，还没开始接受新的信息，所以记忆力比较好。

上午 8 ~ 10 时。在这段时间内，人的精力已上升到旺盛期，对各种信息的处理能力很高，记忆力也增强。但这时大脑的能力以反应、判断为主要特点，表现为分析能力加强。

傍晚 6 ~ 8 时。这段时间是人脑的又一个记忆高峰期，在相当一部分人中，记忆效果要超过清晨 6 ~ 7 时。这是因为，大脑在长期进化过程中形成的节律性，使人在睡眠以前有一个超常兴奋过程。

刚进入睡眠的 1 ~ 2 小时内。这时大脑一般不再接受新的信息，临睡时接受的信息印象相对较深刻。人处于睡眠初期的朦胧状态时，大脑正在无意识地进行信息的编码整理工作，此时既有利于保存记忆，也有利于提取记忆。

所以，"早睡早起型"的大脑生物节律特点是：每到清晨时分便精神焕发，思维活跃，灵感频发，记忆力强，用脑效率最高。"晚睡晚起"的大脑生物节律的特点则是：每到夜晚时即进入中度兴奋状态，而中度兴奋是大脑皮层建立条件反射的最佳兴奋状态，因此人的反应特别快，才思敏捷，思维能力和判断能力可以在夜晚发挥得淋漓尽致。

晚睡对健康不利

虽然昼夜节律中，人与人具有个体差异，但人类基本上都是在白天活动的。人类对光线的依赖性很强，这一点不同于在夜间活动的物种。人的大脑就像一台极其精密的机器，机器不用，会生锈长斑，运转不灵，但运转过度，又必然会磨损过度，损坏零件。大脑是体内最精细的组织，也是最容易疲劳的组织。

经常晚睡开夜车，长时间地用脑学习，会引起大脑皮层神经细胞的倦怠，增加大脑的负担，影响大脑的正常功能。脑组织是人体消耗能量最多的组织，脑细胞的主要活动过程是兴奋和抑制，开夜车过久，大脑消耗的能量得不到补充，兴奋和抑制规律被打破，时间长了，脑细胞就会变得反应迟钝，"不听使唤"了。而"不听使唤"的大脑怎么会有高的智力呢？

同时，晚睡也会对人的生长发育造成影响。因为人的生长发育是由脑垂体前叶分泌的激素来控制的，长期晚睡熬夜，睡眠得不到充分保证，生长激素分泌不足，就会影响孩子正常的生长发育。

长时间晚睡还会招致疾病。人体各种器官的功能到了夜间开始下降，血液流动变慢，肌体的抵抗力因此而降低，这时候坚持熬夜，就会被夜间的阴寒之气所侵袭，引起疾病。

聪明的人更适宜晚睡

罗伯茨等人的研究发现了昼夜节律跟智商高低之间的正相关，不过这些相关通常都很低，而且研究者们对两者之间的因果关系不能给出明确答案。到底是昼夜节律影响了智商的高低，还是智商差异造就了不同的昼夜节律呢？并没能解答。

在一项对美国青少年的追踪研究中，金泽哲测量了15197名18到28岁的学生在1994-1995年间的智力水平，以及2001-2002年间作息时间的数据，目的是探讨早年的智商对后来的作息时间的影响。在控制了性别、年龄、种族等因素之后，结果和预期的一致：无论在周日还是在平时，智商越高的学生入睡时间越晚，起床时间也越晚。

不过，金泽哲也注意到，把各种因素控制之后，智商对昼夜节律的影响程度则大大降低，甚至到了可以忽略不计的地步。智商对作息时间的回归系数小于百分之一，这意味着假如两个人有不同的作息时间，智商也只能解释两者之间少于万分之一的作息时间差异。因此，研究说明了智商的确影响作息安排，但这种影响的直接效应是非常小的。

在远古环境中，人类更多的是在白天进行活动，日出而作，日落而息。相比之下，夜晚可以说是一个进化上更新颖的环境。金泽哲认为鉴于夜晚是一种进化上的新环境，因此聪明的人更善于在这种环境下活动。从金泽哲的观点和研究来看，更准确的说法是聪明的人更擅长在夜晚活动。因此，"夜猫子"里面智商高的人自然要比一般人多。但这个结论反过来就未必对了，晚起晚睡的人并不一定智商高，因为导致晚起晚睡的因素太多。

真相是这样的 》

晚睡晚起的人更聪明的说法是不正确的，这更多是人们为了寻找赖床的理由所表现出来的一厢情愿罢了。关于晚睡晚起更聪明的研究结论弄错了因果关系，聪明的人适宜晚睡的说法更正确一些。同时，我们要注意调节作息时间，长时间的熬夜会增加大脑负担，导致智力下降的。

一次醉酒相当于得一次轻度肝炎，是真的吗?

有网络传闻称："饮酒醉一次，就相当于得一次轻度肝炎。正常人平均每日饮酒精 40 ～ 80 克，5 年内患慢性酒精性肝病的概率为 50%，8 ～ 10 年就可发生肝硬化，进而引发肝癌。医学专家推测，长期过量饮酒者，平均缩短寿命 20 ～ 30 年，无疑是慢性自杀。"不少人看后都忐忑不安，在喝与不喝之间难以选择。

甚至一些健康专家也提到："喝醉一次白酒，等于得一次急性肝炎。"专家都如此发话，想想也可怕。

一次醉酒相当于得一次轻度肝炎，是真的吗?

剖析 》

肝炎分哪几种?

肝炎是肝脏炎症的统称。通常是指由多种致病因素，如病毒、细菌、寄生虫、化学毒物、药物、酒精等，侵害肝脏，使得肝脏的细胞受到破坏，肝脏的功能受到损害。它可以引起身体的一系列不适症状，以及肝功能指标的异常。

根据导致肝炎的原因不同，可以分为：病毒性肝炎，酒精性肝炎，自身免疫性肝炎，药物性肝炎，非酒精性脂肪性肝炎。

人们通常所说的肝炎应该是上述分类中的"病毒性肝炎"，根据致病的病毒不同，可分为甲（A）、乙（B）、丙（C）、丁（D）、戊（E）五型（分别由 HAV、HBV、HCV、HDV、HEV 病毒所致），其中以前三型（甲肝、乙肝、丙肝）常见，又以乙型肝炎危害最大。病毒性肝炎患者常终身携带病毒，是此类肝病的重要传染源。

酒精性肝炎

酒精性肝炎指长期过量饮酒所致的一种肝脏疾病。其主要临床特征是恶心、呕吐、黄疸、肝脏肿大和压痛，可并发肝功能衰竭和上消化道出血等。饮酒的确可以导致肝损伤。一方面，饮酒可以直接损伤肝脏，导致酒精性肝病；另一方面，大量饮酒可以降低机体免疫力，常常合并 HBV、HCV 感染导致病毒性肝炎，进而损伤肝脏。

酒精性肝病初期通常表现为脂肪肝，进而可发展成酒精性肝炎、肝纤维化和肝硬化。严重酗酒时可诱发广泛肝细胞坏死，甚至肝功能衰竭。

酒精性肝炎发病前患者一般会有集中的大量饮酒，只要不长期酗酒，偶尔的醉酒一两次并不会患酒精性肝炎。

真相是这样的 》

"饮醉一次，就相当于得一次轻度肝炎"的说法并不准确。这更多的是出于劝人少饮酒的目的，因为酒精的危害的确很多。同时，长期酗酒是可以导致酒精性肝病，但并不像病毒性肝炎那样具有传染性，并且在一定程度上通过正确的治疗手段可以恢复。长期过量饮酒确实对肝是有损害的，是引起脂肪肝、酒精性肝炎、肝硬化的一个重要原因。尽管长期大量饮酒者未必发生肝病，但肝病患者饮酒肯定会加剧肝损伤。

睡得越多，死得越快，是真的吗？

在微信朋友圈里，一开始流行说人这一辈子吃多少是有定数的，早点吃完就会早点死。后来越演越烈，说人这一辈子睡多少也是有定数的，睡得越多，死得越快。一篇热门文章更是直接打出了"每天睡觉越多的人，死得越快"的标题，说每天仅睡六七个小时的人，比每天睡超过 8 小时，或少于 4 小时的人死亡率要低很多，睡得过多和吃得过饱都是一个道理。

剖析 》

睡得过多对身体无益

我们一生中，一大部分时间都交给了睡眠。倘若经常加班熬夜缺乏睡眠的话，第二天就会感觉昏昏沉沉精神不振，但要说"每天睡超过 8 小时死亡率反而高"，可能不少人都会存在质疑。下面，我们就来看看科学实验怎么说的吧。

美国癌症协会（American Cancer Society）为了搞清不同的环境因素和生活习惯在癌症发病上起的作用，领导了一项名为"第二期癌症预防研究"的大型活动，其中生活习惯、烟酒史、家族患病情况等信息都会被一一记录下来，而睡眠时间正是其中的参数之一。结果发现每晚睡 8 小时的人竟比每晚睡 7 小时的人有着更高的死亡率。

这项研究并非空穴来风，而是花费了长达 6 年的追踪得出的结论。在这项大样本的调查中，研究者们总共收集了 116 万人的数据，受试者中最年轻的 30 岁，最年长的有 102 岁。在调查问卷中，受试者需要如实填写自己每晚的平均睡眠时间，并录入数据库。6 年之后，调查人员对这些受试者进行了回访，统计出

了健在者和死亡者的名单，以此来计算每一个具有不同睡眠时长的群体的死亡率。最后的结果我们已经在开头提到了——在排除了其他环境因素、生活习惯和健康状况的影响后，平均每晚睡眠 7 小时的人有着最低的死亡率，其次是每晚睡 6 小时的人，而每晚睡 8 小时的人的死亡率竟要比每晚睡 7 小时的人高出12%。风险率以每晚睡眠 7 时的群体死亡率为基准，数值每高 0.1 则意味着死亡率高 10%。

睡得少也不必慌神

可能很多人会说，别光说睡眠时间长短的问题啊，像我们这种经常失眠，连睡都睡不着的人怎么办呢？其实，这项研究除了分析了睡眠时间长短对健康的影响，也分析了失眠是否对健康有影响的话题。研究通过调查每名受试者在过去一个月中失眠的次数，对失眠与健康的关系也做了研究。令人感到惊讶的是，失眠对死亡率只有很小的影响，失眠次数的多寡（从不失眠到每月失眠 10 次以上）也与相应群体的死亡率无关。然而在失眠频度相同的情况下，长期使用安眠药助眠会使每天睡眠 7 ~ 10 小时的群体的死亡率明显上升。

在这里，很多人可能会发出疑问，如果说"长期使用安眠药会影响人的健康"还比较好理解，那么"每天睡眠 7 小时而不是 8 小时才对健康有益"以及"失眠对人体的健康无害"这两个观点似乎绝大多数人就理解不了啦。那么我们不妨听听研究论文的第一作者，来自美国加州大学圣迭戈分校的克里普克教授对此是怎样评价的。

克里普克教授对这些研究的结果并不十分赞同，他认为，睡眠时长和受试者 6 年内的死亡率虽然呈现出极强的相关性，但之间的因果关系尚未得到证明。仅依靠目前已知的知识仍然无法确认究竟是睡眠时长导致了死亡率的不同，还是由于某些短期内致死率高的隐疾影响了人体的睡眠时长。无论是哪一种可能，其中的机理都有待阐明。关于第二点，克里普克教授认为很多时候的所谓失眠并不是真正的缺乏睡眠。通过计算就会发现，许多受试者的睡眠时间依旧在正常人的睡眠范围之内。此外，研究仅仅考虑了失眠频度对短期死亡率的影响，诸如犯困、情绪沮丧或注意力不集中等问题并没有在这项研究中得到重视。在对"失眠"做出明确的定义，并检视失眠对人体的其他影响之前，断言失眠对人体的健康无害显然为时过早。

"8 小时睡眠"的争议

专家认为，其实"对于大多数成年人来说，每天六七个小时的睡眠就足够保障第二天的正常工作及生活"。我们可以将人在睡眠中的状态分为四个周期，分别为潜伏期、快动眼睡眠期、深睡期和慢动眼睡眠期。其中，快慢动眼的睡眠期是交替进行的，每次睡眠过程会交替三四次。只有这样，才能保证身体在节律、深度等方面的稳定。针对睡眠不要超过 8 小时的说法，大多数专家还是认同这个说法的。在睡眠中，人体保持着低新陈代谢的状态，如果睡醒了还继续"赖床"，时间长了就会出现身体失衡的情况。中医有句话叫"久卧伤气"就是这个道理，因为气血的运行被打乱了，全身的功能也就受到了影响。

"睡得过多不健康"的调查结论是有一定道理的，但因人而异，并不能绝对地强调所谓的"8 小时"。

真相是这样的 »

在睡眠时间长短的问题上，专家认为过多与过少都不提倡，应该因人而异，拥有高质量的睡眠才是关键。在生活中，大多数人由于工作、学习或生活压力较大，造成了失眠及睡眠质量不高等状况。在这里我们要提醒"朝九晚五"的上班族们，要学会自我放松以便安然入睡，其实最佳睡眠质量才是健康睡眠的保证。调查至少告诉我们或许人类并不需要那么多的睡眠，但"睡得越多死得越快"的说法不免有些危言耸听，把握好"度"就好，不必因为几次的长时间睡眠而心惊胆寒。

在国外，只有快死的人才能输液，是真的吗？

在国内，输液是很常见的医疗手段，很多医院都有人满为患的输液大厅。不过有种说法，说在国外，只有快死的病人才输液。从医学常识来讲，输液是药物治疗的重要组成部分。那么，在国外只有快死的人才能输液到底是不是真的？

剖析 »

什么是输液？

输液又名打点滴或者挂水。输液是将药物溶于适当的液体（如生理盐水）通过静脉滴注的治疗手段。如果一次给药达到 100 毫升以上，那么就需要由静脉滴注输入体内。

输液所用药液通常包装在玻璃或塑料输液瓶或袋中，不含防腐剂或抑菌剂。使用时通过输液器调整滴速，持续而稳定地进入静脉，以补充体液、电解质或提供营养物质。在治疗的便捷性上，输液比口服药有着明显的优势。输液可以直接将药物送进血液，免去了吸收的步骤，因此可以更快地发挥作用。

而且，输液不需要患者的主动配合，即使患者意识不清、无法顺利咽下药物，也不会影响治疗的效果。除此之外，一些口服难以吸收的药物通过输液也可以达到很好的效果（当然，此时也可以选择其他的注射方式）。从这些方面来看，输液确实具有一些难以被其他给药方式替代的优点。

什么情况下输液？

输液由于起效较快、不需要患者配合，更适用于危重患者的抢救，但在很多并不紧急的手术和操作中，医生也会给患者挂上一瓶或一袋进行输液，这时候输注的可能只是普通的生理盐水。这样做看上去没什么治疗效果，但它对保障患者的安全却很重要。输液可以快速起效，而事先挂上生理盐水就相当于建立了一条输送药物的"绿色通道"，万一遇到紧急情况，只要把药液加入其中就可以使药物快速起效，以免耽误时间。

而有些药口服比较容易失效，或是药物难以通过口服吸收的时候，也往往需要输液。虽然也有肌内注射等方式可选，但这些方式也有一些缺点（例如肌内注射可能会损伤婴幼儿的臀部肌肉），而且有时需要注射的液体量较大，这时输液就是适宜的选择。

国外输液情况

"能吃药不打针，能打针不输液"是世界卫生组织的用药指导原则。美国国家药监局早在 2007 年就曾发出警示，两岁以下的小孩，原则上不使用抗感冒药，至于通过输液治疗感冒，在美国更是难以想象。虽然有这样的说法，但在外国输液也不少见。

无论在哪个国家，输液都是药物治疗的重要组成部分。很多医院都设有门诊输液中心，这样的输液中心可以在减少患者的不便和花费的同时，方便医务人员对输液过程进行监护。

输液是否过度？

输液问题在国内引起国人强烈关注，可能是因为下面这些统计数字：2009年我国医疗输液 104 亿瓶，相当于 13 亿人口每人输了 8 瓶液，远远高于国际上 2.5 ～ 3.3 瓶的水平……当然，如果接受输液的患者比例高得离奇，确实能够说明不合理现象的存在，但在这个问题上，"合理"与"不合理"却没法通过几个简单的数字界限分隔开来。

很多时候，输液率是以医院为单位进行统计的，而每个医院的专业所长以及收治的人群都有不同的特点，在这些患者中，需要输液的比例不是一个固定的数字。比如说，如果某个肿瘤医院接收较多在门诊进行化疗的患者，那么那里的门诊输液率可能会变得很高，但这不能说明这里的不合理用药比其他医院更多，因为在化疗时使用输液往往是合理而且必需的。除此之外，大范围的、准确的输液率数据也并不容易获得，不同地区的数据之间也不一定具有可比性。

输液风险

虽然长期输液并保持健康并非不可能，但输液确实会带来比口服药物更大的健康风险。由于涉及直接入血的侵入性操作，输液与口服药物相比更难有挽回的余地，在出现差错的时候也会有更大的危险。

如果输液所用的药品存在质量问题，会比口服药物更容易给患者带来伤害。即使药品完全不存在质量问题，输液依然比口服更容易出错，因为与口服药相比，输液的准备过程更加复杂，不仅要从药房发出正确的药品，通常还要进行药液的配制，输液时护士也会有更多的操作步骤。尽管医务人员会谨慎地核对每一个步骤，但随着步骤的增加，出现医疗差错的风险也会随之累积。

真相是这样的 »

从上述分析可见，国人或许应该谨遵世界卫生组织的用药原则，尽量避免不必要的风险和不便，对待输液的态度应该是在遵照医嘱的情况下，与医生讨论输液治疗的必要性，以及有无可替代的口服药物。不主动要求输液，也不要一味拒绝，只在真正需要的时候才使用输液。

进口疫苗性能更好，是真的吗？

预防接种已经有200多年历史，是全球公认的预防疾病的最佳方案之一。随着生物技术的发展，市场上可供选择的疫苗种类和疫苗产品很多，如何选择疫苗已经成为家长比较困惑的问题。

有这样一种说法：进口疫苗虽然贵，但效果好，安全无副作用，不用担心宝宝没得到疫苗提供的免疫保护，反而患上相应疾病。为宝宝的健康及安全考虑，疫苗还是选进口的比较放心，进口疫苗比国产疫苗性能更好。

这是真的吗？

剖析 》

疫苗是做什么用的？

疫苗是将病原微生物（如细菌、立克次氏体、病毒等）及其代谢产物，经过人工减毒、灭活或利用基因工程等方法制成的用于预防传染病的自动免疫制剂。

疫苗本身只是一种生物制品，是为了预防、控制传染病的发生、流行，用于人体预防接种用的。其中，由细菌制成的为菌苗，由病毒、立克次氏体、螺旋体制成的为疫苗，有时也将两者统称为疫苗。

疫苗保留了病原菌刺激动物体免疫系统的特性。当动物体接触到这种不具伤害力的病原菌后，免疫系统便会产生一定的保护物质，如免疫激素、活性生理物质、特殊抗体等；当动物再次接触到这种病原菌时，动物体的免疫系统便会依循其原有的记忆，制造更多的保护物质来阻止病原菌的伤害。

如果按照付费方式来划分，疫苗分为两类。第一类疫苗是指政府免费向公民提供的。这类疫苗公民应当依照政府的规定接种，包括国家免疫规划确定的疫苗，省、自治区、直辖市人民政府在执行国家免疫规划时增加的疫苗，以及县级以上人民政府或者其卫生主管部门组织的应急接种或者群体性预防接种所使用的疫苗；第二类疫苗，是指由公民自费并且自愿接种的其他疫苗。

疫苗所占份额

目前，在国内上市的疫苗种类有 33 种，19 种只有国产的，2 种只有进口的，剩下 12 种既有国产又有进口的。只有国产疫苗或只有进口疫苗的种类，都比较好选择。既有国产疫苗又有进口疫苗的 12 种疫苗，该如何选择呢？

首先要来了解一下这些疫苗所占的市场份额。根据中国食品药品检定研究院网上公示的 2007 — 2011 年生物制品批签发信息，可以看出这些疫苗种类的市场份额情况，进口疫苗的每年批签发的数量占全部疫苗批签发数量的比例不到 10%，2011 年甚至只有 4%。按疫苗种类来看，肺炎疫苗、流感菌疫苗、麻腮风疫苗、流感疫苗中进口疫苗的批签发数量占总量的比例在 17% ~ 47%，其他 8 种疫苗的进口疫苗比例均不到 10%。

补充一点，之所以 2011 年批签发总量中进口疫苗比例只有 4%，是因为 2010 年 10 月我国执行了新版药典。新版药典对疫苗中的抗生素残留量和 Vero 细胞 DNA 残留量都提出了更高的要求。

国产和进口疫苗的区别

疫苗本身的功能就是建立免疫，预防疾病。如果硬要把把国产与进口疫苗比较出个结果，只能对其性能和价格进行逐一对比。性能包括两方面指标——防病效果和安全性。价格则参考国家发改委公布的单价或各地药品物价管理部门的最高零售限价。多数情况下，同一疫苗种类在国产或进口类别下还有不同厂家、不同工艺的产品，为了避免发生类似田忌赛马的问题，我们在做疫苗性能比较时，要对国产或进口类别下所有产品的综合性能进行比较。

某些种类的国产疫苗在性能上略逊于进口疫苗，但对大部分疫苗来说，国产与进口的性能不相上下。若从性能与价格综合来看，国产疫苗的性价比通常都高于进口疫苗。关于国产疫苗和进口疫苗的性能比较，不应该片面理解为"国产"与"进口"在质量控制上的差别，而应该理解为"具体生产工艺"上的差别。

疫苗的防病效果一般有两种评价指标，最准确的指标是保护率，是指接种人群相对于未种人群，实际发病率降低的比例。保护率通常难以获得，一般使用抗体水平和抗体阳转率（抗体水平指接种后实测的保护性抗体浓度的具体数量值，一般高于设定的临界值越多越好；阳转率指接种后保护性抗体水平超过设定临界值的人数的百分比），抗体水平和抗体阳转率越高，则保护率越高。目前，上市的疫苗均能达到国家相关的防病效果标准，只是在具体的抗体水平和阳转率的数字上可能有高低之分。

通过国家检验的疫苗都是安全有效的

疫苗无论进口还是国产，都是检验合格才上市，是安全有效的。不过，安全不等于没有不良反应。预防接种后的不良反应通常是局部红肿热痛、发热和轻微的过敏性皮疹。这些不良反应多数无须处理即可自愈，或可以对症处理，但并不存在针对预防接种不良反应所设计的治疗药品或疗法。多数疫苗并不含有活的微生物体，也就不会引起人体感染（但能引起免疫应答）；少数疫苗含有活的微生物体，但这些微生物体经过人工处理，其感染能力大大减弱（通常称为减活疫苗），通常只能引起轻微的或隐性的感染。

真相是这样的 »

从上述分析可见，进口疫苗和国产疫苗原则上讲都是安全有效的，因为都是经过我们国家药监局审批上市的。国产疫苗与进口疫苗在功效性能上不存在明显差距。所以，选择国产疫苗还是进口疫苗主要取决于个人对疫苗性能与价格这两个因素的重视程度。

人的大脑只利用了10%，是真的吗？

看过热门电影《超体》的人会发现，这部电影的剧情其实是建立在"普通人的大脑只开发了10%"这个理论基础之上的，当女主角露西的大脑潜能被开发到100%时，变得无所不知，还能任意改变形体。

在日常生活中，我们也经常可以听到类似的言论，比如"普通人的大脑只使用了 10%，剩下的 90% 还有待开发"，"当代普通人，一般不过开发了自己大脑的 7% 左右，就连爱因斯坦这样的大科学家，也只不过开发了 10% 罢了"。

这些说法，尤其在潜能开发的书籍和一些广告中最常见。

一般认为，"10% 传说"出自美国心理学家威廉姆·詹姆斯，他在《人的能量》里写道："我们现在仅仅只运用了智力和身体的一小部分。"

如果结合上下文，我们会发现他所指的不单是大脑潜能，而是更为模糊的"潜在的心智力量"。至于 10% 是怎么算出来的，詹姆斯没有给出实验依据，至今也没有科学家去严肃验证过这个数字。

这类说法听多了，很多人容易信以为真。一项对英国和荷兰教师的调查发现，48% 的英国老师和 46% 的荷兰老师都赞同这一观点。而它之所以能流行，可能是因为它向我们传递了一条乐观信息："如果大脑的 90% 都没被利用上，那么想想看，哪怕能再开发其中的一点点，都会给人们带来无限可能。"可这个说法真的有科学依据吗？

剖析 »

勤奋的大脑并没有偷懒

当我们失去一个肾脏时，另一个肾脏可以承担其全部功能，当我们的皮肤组织受伤时，过段时间又会再生，甚至骨髓也可以再生。而没有阑尾、胆囊甚至脾脏，我们也照样可以生存。于是，人们往往会认为，人体的许多部位都有额外的潜力。

　　我们便会猜想大脑是否也有很多空间其实是闲置的呢？答案是否定的，大脑每一部位对我们来说都是缺一不可的。按英国剑桥大学的科学家对人脑结构的计算，现在人类的大脑重量约占人体体重的2%，却耗费了人体总能量的20%，如果大脑有90%的能力是闲置的，它显然没有理由被进化出来。

　　事实上，无论我们在做什么事情，即使在睡觉的时候，我们大脑的所有部位都在工作。

　　新的脑成像（软件）技术，如功能磁共振成像扫描，能测量有多少能量用于大脑的每一个部位。这些成像表明我们会有规律地动用我们全部的大脑，并显示在我们从事某一工作时，大脑的某些特定部位比其他部位工作得更努力。

　　以认知活动为例，无论我们进行何种认知活动，认知系统的很多功能板块都必须协调工作才能完成任务。

　　大脑不同的区域分别处理着不同类型的信息。就像某位科普作者所打的比方，我们坐在椅子上，脚没有动，但绝不能说明我们的脚没有工作，至少脚中的血液仍然在不舍昼夜地流动着，支撑着生命的继续。

10%无法掌管全部

　　通过新的脑成像（软件）技术，我们可以看到人的大脑在结构和功能上都非常复杂。脑外伤、中风或是其他的脑损伤都会影响到大脑的功能，使人丧失行动、语言或思考能力。

　　假如说普通人只使用了10%的大脑，那么从概率上说，这些损伤大部分会出现在未使用的那90%上，应该不会给人带来很大影响。

　　实际上并不是这样的。国外的某项的研究（发现脑容量因脑水肿而大大减少的年轻病人，却可能有正常甚至超常的智力)，仅仅表明年轻的大脑对损伤有适应能力。在大脑发育初期的损伤，有可能通过一定的代偿来实现原本的功能，而一旦成年，这样的例子就很少了。

　　1930年，电刺激开始被神经学家运用到研究大脑活动上。对于人来说，通过电刺激可以唤起主管感知和运动的大脑皮层的反应，但这些部分所占比例很小，更大的部分是非感知非运动区域，不能通过电刺激来唤起，因此当时称之为"沉寂的皮层"，而实际上这里的"沉寂"并不是指这一部分的大脑没在使用。其实，它们主导了语言和抽象思考的能力，这是作为人才具有的更高级的功能。

　　我们在某个时刻的某个简单动作或许只使用了一小部分的大脑，但相对复杂的一系列活动或思维模式是需要动用大脑的大多数区域的。就像人不会在一个时间段里使用他所有的肌肉，他同样不会在一个时间段里使用全部的大脑。如果从一个较长的时间跨度上来考察人脑的活动，比如一整天时间里，人脑的绝大部分区域都会被派上用场。

广告噱头并非科学依据

"人的大脑只用了10％的说法"可追溯到至少一个世纪之前，但我们还从没听到过一个头部中弹的人，被医生告知："好消息！你大脑被破坏的部分是你还没有被利用的部分，对你没有影响。"

在早期是没有先进仪器可以观察大脑运作的，很多神经科医师就已经看到病人因为不同脑部区域的中风，会引发不同的认知障碍，如视觉、听觉、语言、记忆上的障碍。

科学家在一百多年前就推断，不同的脑区，有不同的功能，不可能全部的大脑只有十分之一是有功用的。

随着科学技术的不断发展，当仪器更加先进，可以在正常人身上观察大脑运作的状况时，科学家就发现，即使是在休息的状态，大脑的神经元也继续在活动，而且活动的区域相当广，更别说当我们很认真地在解数学题，或想问题的时候了，此时绝对不会只依赖十分之一的大脑。

正电子发射成像术对大脑功能的扫描显示，尽管我们并不总是在利用大脑的所有部分，却也没有完全不被利用的部分。

由此我们可以判断，民间美其名曰的各种大脑开发课程，大部分都是广告噱头，不太有科学根据。

真相是这样的 》

很明显，"我们只使用了自己大脑的10％"的说法是一个错误的概念。我们的大脑分成若干区域，充斥着数以百亿计的脑细胞，没有任何一位严肃的神经科学家敢断言其中某一区域的脑细胞是无用的。

这种说法是否是人们为了鼓励自己或他人努力开发自己更多的潜能，而编织的一个善意的谎言呢？

皮肤会耐受，只能使用更贵的护肤品，是真的吗？

随着年龄的增长，女性朋友购买的化妆品是越来越贵了，追问原因之后，很多女性给出的解释是这样的：皮肤是有耐受力的，以前用的那些便宜的护肤品，现在都没有效果了，要使用越来越贵的高浓度护肤品才能有效。

难道护肤品真的是越贵越好吗？真的只有昂贵的护肤品才能挽救我们的皮肤吗？

剖析 »

"耐药""耐受"大不同

很多时候，让我们出错的往往是一些常识性的问题，所以在谈论护肤品的耐受问题前，很有必要先为大家区分一下"耐受"与"耐药"这两个概念，这是很多人容易混淆的问题。

耐药，又称为抗药性，属于医药学领域的概念。是指重复使用某种药物后，其药效逐渐减低，如要取得与用药初期同等的效力，必须增加剂量。病原体的耐

药性是所有耐受情况中大家最关注的。超级细菌的出现、结核病的卷土重来都和致病菌对治疗药物产生了耐受有关。

除此之外，也存在由于受体变化、药物代谢加快等原因产生的耐药性。这种耐药一般都与长时间大剂量的药物使用有关。

护肤品的活性成分一般含量都很低，不太可能出现类似的效果减弱的情况。而且护肤品并不是药物，我国法规有明确的规定，护肤品不能宣称有治疗效果或者使用医疗术语，名称标签标识禁止使用明示或暗示对疾病有治疗作用或效果的用语。

所以认为护肤品会产生耐药性并不确切，目前也没有护肤品中成分在什么人身上出现了耐药性的报道。

护肤品的耐受，指的是皮肤对某一成分的接受程度。

护肤品中的一些活性成分可以发挥有益的生理效应，但是也可能带来红斑、刺痛、蜕皮等副作用。对于这些成分，有些人在使用初期会产生不适，即对这种成分不耐受。这种不耐受通常和浓度相关，不同于一般意义上的过敏。随着使用时间的延长，皮肤会逐渐适应，不适的情况会消失，这个过程就是皮肤对护肤品的耐受。

为了使皮肤对活性成分有更好的耐受性，一方面是控制活性成分的浓度，使它能发挥作用但不至于引起皮肤不适，另一方面可以通过加入一些抗炎舒缓的成分来改善。

活性成分浓度越高越好？

有研究者比较了 5%、10% 尿素霜对于缓解特应性皮炎患者皮肤不适的效果，发现并没有明显的差异。

从这个比较中可以看出，浓度高并不一定会带来更好的效果，甚至有时候浓度高还会造成更大的刺激性，这就是前面所说的耐受性问题。比如水杨酸，在护肤品中的浓度上限是 2%（去屑洗发水为 3%），更高浓度会刺激皮肤引起严重损伤。医院里有时会用更高浓度的水杨酸来治疗痤疮、牛皮癣甚至于用化学换肤，但是都必须在医生的指导下使用。

值得注意的是，不能因为追求效果就认为浓度越高越好，日常护肤若选择适合的浓度就可以了，过高浓度带来的刺激性可能适得其反。

活性成分越复杂越好？

成分越复杂，产生敏感和不耐受情况的概率就越高。台湾皮肤科医生在博客里给出的建议是，"成分表中萃取成分超过 10 种不选，成分表中成分种类超过 30 种不选"。

这虽属一家之言，具体数字未必准确，但我们可为参考。

举例来说，很多人都知道维生素 C 会有美白、抗氧化等功效。但是一般的维生素 C 稳定性差，更多的厂商会使用维生素 C 的衍生物，比如酯化维生素 C、维生素 C 葡萄糖苷、维生素盐类等。

市面上有些产品会添加多种维生素 C 衍生物，宣称有更好的护肤效果。但真的越多越好吗？维生素 C 需要在较强酸性环境下才会有效果，而维生素 C 盐类在弱碱性条件下才稳定，放在同一产品里难免顾此失彼。脂溶性的酯化维生素 C 和水溶性维生素 C 的性质则完全不同，两者混合在一个产品中也会对制剂提出更高的要求。

总的来说，判断一个产品的优劣不能简单地将成分的复杂程度作为依据，更重要的是合理的配方和制剂。

越贵的产品就越好？

人们在购买产品时，总以为越贵就越好。其实产品价格的定位更多来自市场定位和广告等多方面的考量。高端产品往往宣传某一成分的神奇效果，利用信息不对称进行超常规定价，引起消费者关注和崇拜，巩固它们在行业中的顶端地位。同一集团也会推出不同价位的品牌，来创造多个梯度的价格空间，以此扩大目标消费人群。

所以说各个价位都有优良的产品，切勿只以价格定品质。

护肤品的选择，并不是依靠年龄来判断选择的，而应最先考虑自己的肤质。年轻人经常会遇到痤疮问题，但也一样会有皱纹、色斑。老年人除了皱纹同样可能会有痤疮、湿疹、过敏等问题。经常会有人羡慕同龄人没有痤疮、皱纹等皮肤问题，其实并不是他们用了什么神奇的产品，可能只不过是天生丽质加上选择了适合自己肤质的护肤品而已。

真相是这样的 »

皮肤不会对护肤品产生耐受性，选择护肤品要根据自己的肤质而非年龄。同时，各种价位的护肤品都有出色的产品，并非越贵越好。

竹炭食品能排毒养颜，是真的吗？

随着人们对健康养生的关注，各种排毒养颜食品流行起来，近来出现了一系列"竹炭食品"，比如竹炭花生、竹炭面包、竹炭面条等，被越来越多的人推广宣扬，据说这类"竹炭食品"因为添加了竹炭，所以可以吸附人体内有害物质，净化血液中的毒素，还有助于人体消化排泄，清洁肠道，排毒养颜。

竹炭食品真的像宣扬的那样有如此功效吗？

剖析 »

什么是竹炭？

竹炭是以 3 年生以上高山毛竹为原料，经近千摄氏度高温烧制而成的一种炭。竹炭在中国有很长的历史，古人曾把炭作为烧饭取暖的燃料，也将其作为防腐、杀菌、保鲜剂加以应用。

竹炭具有疏松多孔的结构，其分子细密，质地坚硬，有很强的吸附能力，能净化空气、消除异味、吸湿防霉、抑菌驱虫。与人体接触能去湿吸汗，促进人体血液循环和新陈代谢，缓解疲劳。经科学提炼加工后，已广泛应用于日常生活中。竹炭的化学成分和木炭类似，都是炭的一种同素异形体——无定形碳。

竹炭有很多微孔，这些大大增加了表面积。因为这些微孔结构和巨大的表面积，竹炭有良好的吸附性能，在净水、净化空气、除臭等方面作用很大。虽然竹炭的表面积不小，但跟活性炭比起来还是逊色了很多。

"竹炭食品"能排毒吗？

既然竹炭和活性炭都有很强的吸附作用，并且活性炭的药用价值也很多，那么，是不是竹炭真的如宣传的那样能够"吸附体内有害物质""净化血液毒素""清肠排毒"呢？

我们知道，食物消化后的残渣在肠道通过粪便排出，体内器官的代谢废物主要是通过血液运输到肾脏通过尿排出，也有一部分通过呼吸排出。而竹炭食品中的竹炭添加颗粒只会从消化道排出，不能被肠道吸收进入体内。而竹炭的吸附作用需要直接跟物体接触，因此只留存于消化系统的竹炭是无法与所谓的"血液毒

素"相接触的,除非"血液毒素"流到消化道。所以,竹炭食品中的竹炭不过是穿肠而过罢了。

不仅如此,所谓的人体毒素本身就是个伪概念。正常人体内并不会积存毒素,在正常情况下,只要膳食平衡,保证充足的饮水,没有代谢疾病,就无须额外排毒。

那么,竹炭是不是能够清除食物中原本的有害物质呢?理论上是可以,但吸附效果有限,加入食物中的那点竹炭或者活性炭与"有害物质"充分接触的机会也是很小的。

"竹炭食品"违规?

在传统的食品加工工艺中,活性炭主要用于食品加工前期的脱色和过滤,另外,有一种炭烧工艺,是在食品中加入可食用的竹炭香精。直接在食品中加入竹炭粉末,从食品安全角度看,是不符合规定的。

食物中的成分来源分三种。一是作为食品原料,提供人体所需的营养成分;二是作为食品添加剂,改善食品的感官、口味或者稳定性;三是作为食品加工助剂,在加工过程中使用,但在成品中需要尽量去除,对于实在不能完全去除的,应该实现残留量尽可能低,而且在最终产品中不能具有任何功能。

显然,作为食品原料,竹炭并不符合。而作为食品添加剂必须经过监管部门审批,列进了国家标准里的才可以使用,竹炭不在中国的食品添加剂名单中,所以也不符合。作为食品加工助剂,竹炭也没有被批准使用,并且竹炭食品中加入的竹炭在成品中也没有去除,还在最终产品中宣称具有各种功能,所以,"竹炭食品"其实是使用了国家不允许的材料加工的食品。

真相是这样的 »

传言无依据。竹炭是竹子炭化的产物,具有较好的吸附性能,但"吸附体内有害物质,净化血液毒素""帮助消化、清洁肠道、排毒养颜"这些说法都是没有任何科学依据的臆想。按照目前的国家标准,它既不能作为食品原料,也不能作为食品添加剂,更不可作为食品助剂。所以,"竹炭食品"的概念只不过是商家的宣传,它不仅不具备排毒功能,而且也没有合法身份,建议大家尽量不要选购竹炭食品。

减肥要分血型，是真的吗？

　　减肥是当今爱美女士们最爱谈论的话题。当人们把减肥的话题细致地剖析研究后，惊奇地发现了一种按血型减肥的说法，如"A 型血：少吃肉类，素食为主，适当运动；B 型血：通常不易长胖，但要避免暴食暴饮；AB 型血：均衡饮食，简单烹饪，少吃多餐；O 型血：三餐定时，大胆吃肉，少吃主食。"

　　这种按血型减肥的说法有道理吗？

剖析 »

按血型减肥的由来

　　血型减肥，是自然疗法博士彼得·达达莫在已出版的书籍《根据不同血型的减肥术》里，针对不同血型应该对应的减肥方式提出的说法。

　　所谓的自然疗法，是基于在科学界早已被驳倒的活力论，鼓吹依靠"自然的力量"以及"人体内在的智慧"治病。但是，自然疗法在美国从未被科学界接受，只能作为替代医学存在。（所谓替代医学，包括那些不属于常规医疗领域的治疗方法，以及尚未体现出长期稳定疗效的治疗方法，例如食疗、印度草药学、顺势医

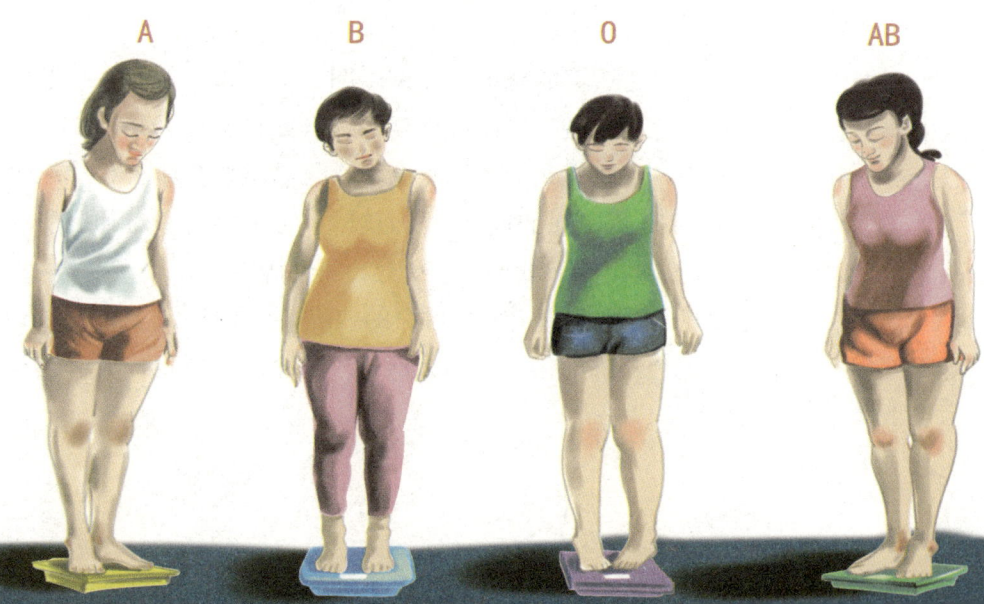

疗论等。

一些替代医学依据的是历史和文化传统，而非以实证为基础的科学。）美国癌症协会强调：已有的科学证据并不支持自然疗法可以医治癌症或其他疾病。

在《根据不同血型的减肥术》里，彼得·达达莫给出了如下的分析：

他认为，"O型血的历史最为悠久。它出现于6万至4万年前，4万年前出现了克鲁马侬人，他们以狩猎为生。O型血的人，其消化器官的消化能力很强，拥有对食物过剩做出反应的免疫系统。这类血型的人饮食中最不可缺少的是动物性蛋白质，也就是肉类及鱼类等。对于O型血的人达达莫博士提出大胆的建议：想减肥，多吃肉。

"A型血出现于2.5万至1.5万年前。当时，我们以果实为生的祖先逐渐变成杂食。随着时间的推移，农耕成为住在现今欧洲土地上的人们的主要生产方式，野禽野兽开始接受驯养，人的饮食结构随之发生变化。A型血原来是农耕民族菜食主义者的血型，与O型血相比，其消化器官要弱得多。

"B型血出现于1.5万年前至新纪元之间。当时东非的一部分人被迫从热带稀树干草原迁徙到寒冷而贫瘠的喜马拉雅山一带。B型血易取得平衡，拥有较强的免疫系统。这种血型的人基本上属于身体强壮的那一类，对心脏病及癌症等众多现代疾病具有抵抗能力。对于B型血的人来说，导致肥胖的原因是过食土豆、荞麦、花生、芝麻以及小麦等食品。

"人体的4种血型中最后出现的为AB型，它的出现还不到1000年的时间，是'携带'A型血的印欧语民族和'携带'B型血的蒙古人混杂在一起后的产物。"

血型减肥不具科学性

在这里，我们可以详细地来解释一下，为什么彼得·达达莫提出的血型减肥一说并不科学。

首先，从事实上看，达达莫的理论存在许多明显的错误。例如，一项分子进化的研究表明，A型血和O型血几乎同时出现，现有的科学证据并不支持O型血是A型血和B型血的祖先。此外，科学研究也不认为B型血整体上有特殊的免疫力。对于某些特殊的疾病，B型血的抵抗力反而较弱。美国国立癌症研究所的一项研究发现，A、B、AB型血相对于O型血，更容易得胰腺癌。

其次，达达莫的理论，在逻辑上有更致命的缺陷。他的观点隐含着一个前提：如果一个特征出现于某个特殊的年代，那么保存了这个特征的现代人群也只能适应那个特殊年代的环境。

按照达达莫的理论，O 型血的人出现最早，而那个年代人类以捕猎为食，所以 O 型血的人适合肉食。我们不能认为因为原始人类因某种限制而很少进食谷物和蔬菜，就默认这是一种健康的或是能够减肥的生活方式。达达莫博士没有提到的是，在那个年代，人类的平均寿命大约只有 20 岁，如果把当时的生活方式作为健康指导，显然不够明智。

退一步讲，即便 O 血型产生于人类狩猎为主的年代，也不能代表 O 型血就是为了消化肉类而进化出来的，或者 O 型血的人就不能适应随后产生的以谷物或是植物性食物为主的食物组成。

达达莫的理论，把血型产生的时间既作为血型和饮食有关的缘由，又作为血型和饮食有关的证明，形成了循环论证。要想这个理论能站得住脚，需要指出血型能影响消化的生理机理，或者是有大量的实验数据来说明这个方法的有效性。很遗憾，这两方面的证据都没有。

如果这样的推理也能接受的话，我们是不是也可以提出类似的理论："姜"姓产生于奴隶社会，所以姓姜的人适合当奴隶或奴隶主；而"蟒"姓产生于封建社会，所以姓蟒的人适合做农民或者地主？调侃一句，如果达达莫的理论成立，那么全世界的饮食指导原则都必须修改，他也就做出了名动天下的革命性发现。可惜，达达莫并不愿意通过科学共同体来发表自己的理论，也不被科学界承认。

现在，主流科学界的观点是，体重的增减取决于摄入热量和消耗热量之间的差值。一个常见的估计是，当摄入的热量比消耗的热量少 3500 千卡（1 千卡 =4.186 千焦）时，就能减轻 1 磅（约 453 克），这个数据和血型并没有关联。如果控制摄入的热量，再合理地安排锻炼计划，持之以恒，就能减轻体重，没有捷径可走。而肉类的热量相对于蔬菜较高，无论对 O 型血还是 A 型血都是如此。

真相是这样的 »

谣言破解。减肥方法和血型可没有关系。人们在做一件事情的时候往往喜欢归类找到快速的方法，然而大多数事情是没有快速达成的办法的。要想减肥，只能是合理饮食，控制摄入的热量，再合理地安排锻炼计划，增加热量的消耗，并持之以恒，没有捷径可走。

怀孕不能养宠物，是真的吗？

怀孕期间，准妈妈在衣食住行方面总会冒出各种疑问，会听取一些过来人的经验和禁忌，例如橄榄油能防止妊娠纹，怀孕期间不能坐飞机，不能染头发泡温泉，甚至之前朝夕相伴的宠物也不能养，只能赠给他人。

那么，怀孕了真的不能养宠物吗？

剖析 >>

可怕的弓形虫

怀孕期间不能养宠物，究其原因，主要是担心孕妇会感染弓形虫病。

弓形虫是依附在动物体内的一种寄生虫，弓形虫病则是由弓形虫引起的一种寄生虫病，人畜共患。几乎所有的哺乳动物和鸟类都是弓形虫病的传染源，特别是感染弓形虫病的猫，是弓形虫病的主要传染源。猫感染弓形虫后在其组织中形成包囊，在肌肉中也会有包囊存在，虫卵从猫的粪便中排出。

成人感染弓形虫不会表现出太明显的症状，但弓形虫能严重损害未出生的胎儿，如果准妈妈在怀孕期间感染上弓形虫，对宝宝的影响会非常严重，包括可引起流产、死胎或新生儿疾病，或者出生后有眼、脑、肝脏的病变和畸形，如视网膜炎、白内障、脑内钙化、脑积水、智力障碍、黄疸和肝脾肿大。

据报道，孕妇弓形虫感染率在东京为0.26%，巴黎0.8%，纽约0.36%，孕妇感染后，其胎儿的感染率可达34%～40%。弓形虫感染对胎儿危害的严重程度与孕妇感染的时期、所感染虫的毒性、母亲抗体的形成等因素有关。但数据显示，孕前已有慢性感染的妇女，胎儿得病的机会反而较小。

弓形虫对胎儿的危害这么大，真的不能养宠物了吗？

宠物很无辜

其实，弓形虫并不是猫狗的专利，土壤里、生肉里都有弓形虫，其他动物的排泄物里也有。

猫感染了弓形虫后会在48小时之内随粪便排出，猫便有了免疫力，不会再感染。而且如果猫咪不出门，主人不喂生鱼生肉的话，猫咪是不会感染弓形虫的。正在被感染的猫的唾液什么的也不会传播这种疾病，只有粪便才是传染源，所以只要孕妇不用手收拾猫大便，便不会被传染。猫的一生中只在粪便中排泄弓形虫一次，也就是在它第一次被传染之后，它们不太可能碰巧在女人的怀孕期间排出这种生物体。如果是狗的话，就连粪便也没有问题的。

人也是如此，如果人感染过弓形虫，就有了抗体，此后一生都不会再感染。相反若没有感染过，在整个怀孕期都要每月一次检查弓形虫，不管家里是否有宠物，因为吃了沾染弓形虫的生的东西也会被感染，这就是为什么孕妇一定要吃熟的食物的主要原因。

每年在美国出生的400万个婴儿，只有1200个会受到弓形虫病的感染而致病。这些婴儿中的大部分也只有很轻微的症状，极少数婴儿会患脑积水、脑发育迟缓和贫血。

宝宝宠物两者可兼得

其实，怀孕前后，准妈妈只要注意做好以下防护和卫生，猫狗和健康宝宝便可以兼得：女主人怀孕前，可以做一项叫作TORCH的化验。

如果 TORCH 检验显示已经感染过弓形虫，表示女主人体内已经产生了抗体，没有关系。若显示从未感染过，则表示体内无免疫力，那就要在整个孕期，注意喂养宠物的方式和自己的饮食卫生。如果结果显示正在感染，则暂时不能怀孕。但如果在怀孕初期（3 个月内）TORCH 检验显示正在感染时，须中止妊娠，因为此时感染弓形虫对胎儿的发育影响较为严重。此外也要带猫狗去抽血化验，看它们有没有感染弓形虫。

平时就不要让猫狗在外面捕食，以免吃到感染的老鼠、鸟类或污染的食物，喂熟食和猫粮、狗粮，不用生肉喂猫狗，不把它们盛食物的碗和其他东西放在一起。猫狗的排泄物和食盘应该每天最少清理一次。最重要的是，孕妇怀孕期间应避免接触猫的排泄物，让其他人完成清理猫粪便的工作，或者戴手套清理，事后仔细洗净双手，抚摸猫后也要洗手。

烧烤、涮肉、西餐、外卖熟食等未熟或感染肉类，都有感染弓形虫的可能。要避免弓形虫感染，孕期杜绝生食，且加工生肉后洗手再吃东西更重要，而不该一味怪罪、遗弃猫狗。

每一位母亲都希望给自己的孩子最好的成长环境，但遗憾的是，绝大多数妇科大夫并不了解家养动物的科学，只是一味劝告准妈妈们远离宠物，甚至危言耸听，造成不必要的恐慌。盲目地把其实无害的宠物随便送走，猫狗会害怕、忧郁，健康和性情都会发生恶化，而旧主人也会思念、内疚，实在是一场不必要的悲剧。

宠物对儿童的价值

我们再来看看养宠物对婴儿的好处。

佐治亚大学医学院过敏暨免疫系统研究主任欧恩比经过对 474 名足月健康婴儿长达 7 年的研究证实，1 岁以下的新生儿若与两只或更多家养的猫狗一起生活，长大之后出现过敏症及哮喘的概率会大大降低。更惊人的是因此出现的保护作用不只减少对动物过敏，还可以扩大到对常见过敏源如青草、花粉及蛾类都有抵御力。1 岁以内有两只或更多宠物的儿童，比没有宠物者，在皮肤穿刺测试时过敏概率降低 77%，而在血液测试时降低 67%。

另一项由德国波恩大学开展的研究证明，宠物对儿童的价值超过最亲密的朋友，无论是从孩子的角度还是从母亲的角度看，宠物都具有稳定情绪和治疗心灵创伤的作用。他们发现养宠物的孩子要比不养宠物的孩子更容易融入社会而且较少攻击性，而不养宠物的孩子更倾向于采取极端行为——更加固执，很容易激动，更容易走向暴力。

真相是这样的 》

　　猫狗可引起弓形虫病，造成可怕的胎儿畸形的说法并不准确，这需要引起我们的注意但也不必无端恐慌。怀孕期间不能养宠物更多是人们的误解，只要科学合理地饲养，注意孕期的卫生与饮食，养宠物也是可以的。

运动健身会让女性变成肌肉女，是真的吗？

　　网络上"不是在读书的路上，就是在健身的路上"一句话爆红，可见大家对健身的话题非常关注。"减肥"一词，俨然是这个大多数人以瘦为美的年代里，女性最响亮的口头禅及终生目标。当残酷的节食方式为女性带来了健康受损及对食物变本加厉的渴望后，不少人开始思考新的减肥方式：在健康有度的饮食下，培养坚持运动的习惯。这样不但对身体健康更有益，减出的体态身形也更具健康活力之美。但一说到运动，很多女生马上会联想到"可怕"的肌肉，担心会练成像施瓦辛格一样的肌肉，失了女性的柔美。这种担心有道理吗？

剖析 》

肌肉是怎样练成的？

　　在分析这种担心是否有必要前，先给大家科普一下肌肉是怎么练成的。

　　肌肉分三种，分别是骨骼肌、平滑肌和心肌，在这里我们主要讨论影响形体的骨骼肌。在骨骼肌的结构中，每块肌肉都由许多的肌纤维组成，每个肌纤维实际上都是一个多核细胞。肌纤维又由许多肌原纤维组成的，每条肌原纤维都可分成一节节的肌小节，肌小节中肌球蛋白和肌动蛋白形成的粗、细肌丝互相嵌合在一起，两种肌丝的互相牵拉使肌肉可以做出收缩伸展的动作。

　　为什么骨骼肌在经过一些训练之后会越来越强壮？因为这些运动刺激了肌纤维，使其中的收缩性蛋白（如肌球蛋白和肌动蛋白）变多，肌节的数量也会横向增多。这些变化都会导致肌纤维的横截面积变大，从而使肌肉越来越大块。

　　肌纤维按照收缩速度和代谢类型可以被进一步分成两种：偏于支持有氧运动的慢肌纤维和偏爱无氧运动的快肌纤维。尽管所有肌纤维都有增大的可能，但增大程度不同，练出的大块肌肉主要是由于快肌纤维的增长。

肌纤维

肌丝

肌球蛋白

肌动蛋白

肌

肌原

先天的激素"劣势"

女生们最担心的肌肉问题，其实是有些多虑了，女性在肌肉锻炼中明显存在激素上的劣势。就先天条件来说，女性即便想练肌肉，难度也比男性更大。

激素水平会影响肌肉的状态，其中雄性激素睾酮被认为对肌肉生长有明显的作用。睾酮会促进蛋白质合成，抑制蛋白质分解，因此即便是同样不爱运动的个体，男性也会比女性壮实一些。肌肉训练也会进一步刺激睾酮的分泌，但这种刺激作用在女性身上并不明显，这个消息，在很多女性眼里，"劣势"应该是"优势"吧！

后天的运动方式选择

前面我们已经提到，肌肉的增大主要得益于快肌纤维的生长，但在重复性的低强度练习和固定姿势活动中，快肌纤维几乎不会被动员到。比如在女性喜欢的跑步（尤其是长跑）或自行车运动中，慢肌纤维会慢慢增大，但肌肉增大的主力军快肌纤维却不会明显增大，甚至出现萎缩。

在此，我们先来介绍一下本特·萨尔丁教授领导小组的实验，他们对人体股四头肌进行活组织检查，得到肌纤维体积变化的数据，其中将慢肌纤维标注为灰色，快肌纤维标注为白色，得出的百分数值是与久坐不运动的人进行比较的结果。在动物和人类的实验中，举重引起了所有类型肌纤维的最大化，而快肌纤维的增长幅度最大。有趣的是，骑车这样的慢速重复性运动反而引起了快肌纤维的萎缩，更适于抗疲劳的慢肌纤维的增大。

通过上面的实验，我们发现其实可以通过调整运动细节来降低肌肉生长的效果，即便是喜欢在健身房中进行负重训练、力量训练的女性也行。1RM（repetition maximum）在肌肉训练中代表一个人一次可以举起的最大重量。

研究表明，越接近1RM的负重训练重量越有利于锻炼肌肉，而较轻的重量（如少于65%1RM）则不足以练出肌肉。每组动作的重复次数也很重要，中等数量的次数（6～12次）最利于练出强壮肌肉，而次数较多（15次以上）时练肌肉的效果反而会弱化。

因此女性可以选择轻重量但重复次数多的负重训练方式，这样比较不容易变成肌肉女。

避免运动长肌肉的方法

大家一定要记得，不管采用什么锻炼方式，每做完一组练习大家都需要让肌肉休息一下，这个休息时间对肌肉生长是很有影响的。

给大家一个常用时间表作为参考。可以把休息时间分为短（少于 30 秒）、中（60 ~ 90 秒）和长（3 分钟以上）三种类型，中等长度的休息时间是最利于肌肉养成的，这种情况下肌肉既可以从疲惫中恢复过来，肌肉中的各种有利于肌肉生长的代谢产物水平又可以一直维持在较高的浓度。而不想练肌肉的女性则要采用长休的方式，让利于肌肉生长的代谢物有足够时间降解，从而缓解肌肉生长的效果。

其次，锻炼时动作的重复频率也很重要。动作频率越快，越容易营造肌肉中的缺血、缺氧状态，而这两者对于肌肉的养成都有促进作用。所以不想长肌肉的女性锻炼时应当把动作的重复频率控制在较低的水平，以使肌肉保持较好的氧气供应状态。

当然，如果想要练出强壮的肌肉，不但需要长期大强度的科学训练，还要配合严格的高能量、高蛋白饮食才能达到最好效果。避免高蛋白饮食，也是不想肌肉过于强壮的女性应该注意的。

真相是这样的 »

一般的运动很难让女性变成肌肉女，女性朋友对此不用太担心，因为除了有先天的"劣势"之外，你们偏爱的低强度、休息时间长和慢速重复性的运动方式也更不易引起肌肉的增大。

洗发水中的硅油能造成脱发，是真的吗？

拥有一头乌黑浓密的秀发，看起来是比较有气质的，尤其是对于女性朋友来说，因此头发的日常护理就显得非常重要了。除了去专业的美发店外，利用洗发水保持头发的清洁是最基础的选择。洗完头发后，总会觉得头发顺顺的、滑滑的，忍不住多照几次镜子。

可是大家有没有想过为什么用洗发水洗完头发后就变得顺滑呢？有的人说，这是因为洗发水中加了硅油，而硅油不溶于水，会堵住毛囊使头发干枯受损，甚至导致脱发。

洗发水中的硅油会造成脱发，这是真的吗？

剖析 »

硅油是什么？

　　硅油通常指的是在室温下保持液体状态的线型聚硅氧烷产品，一般分为甲基硅油和改性硅油两类。硅油有许多特殊性能，如耐高低温、抗氧化、挥发性小、绝缘性好、表面张力小、对金属无腐蚀、无毒等。由于这些特性，硅油可以应用在许多方面而具有卓越的效果。在各种硅油中，以甲基硅油应用最为广泛，其次是甲基苯基硅油。

　　洗发水中的硅油是二甲硅油，它可以把毛鳞片之间的空隙填满，造成顺滑的触觉，因此，众多洗发水中都含有这一成分。

洗发水中硅油有什么作用？

　　洗发是为了去除头发及头皮上的灰尘和多余的油脂，但水和去污用的阴离子表面活性剂会让头发产生一系列的变化：发丝吸水膨胀，湿润变软，平时附着于毛小皮外起到润滑保护作用的油脂都被洗去。因为硅油的化学性质很稳定，从 20 世纪 70 年代起，被开始广泛用于洗发、护发用品中，取代了过去人们主要使用的植物油、鲸蜡醇等。

古代女人用桂花油梳头，如今人们用硅油产品洗发护发。据了解，在20世纪90年代之前，中国国内的日化产品几乎都没有用到硅油这一原料。2000年前后，硅油开始被国际日化品牌产品带入中国市场，目前在中国市场上，含硅油的洗护发产品比例达到了90%以上。

而之所以需要硅油，是因为人们的头发长时间受到阳光中的紫外线以及染烫时的化学试剂等的伤害，使得毛鳞片受损严重，而硅油可以附着在发丝之上，填补受损部分，使头发的表面变得更顺滑、光亮，同时也更加强韧。此外，硅油形成的保护层，还能保持头发内的水分含量稳定。

硅油会堵塞毛孔吗？

由于洗发水中含有的硅油含量很少，在大量水的冲洗下，残留在头皮上的可能性更低。加上研究表明，近年硅油中增加了其他成分，它的水溶性随之大大增加，因此即使在经过表面活性剂清洁以及大量水冲洗之后依然还有硅油残留在头皮上，量也很少，堵塞毛孔的可能性也极低。因此，"硅油堵塞毛孔"的情况几乎不可能。

但是，由于头皮上的毛孔、皮脂腺直接开放，可吸收外来物质，而护发素、发膜中含的硅油含量也相对较多，因此护发素等只涂抹在发梢及以上部分就可以，避免直接接触头皮。

硅油会影响头皮健康吗？

硅油由于其高效的护发效果被广泛应用于洗发水中，但有人担心硅油沉积在头皮上会造成皮肤刺激，引发脱发等现象。这种担忧有必要吗？

首先，硅油本身对皮肤没有刺激性。虽然它能在皮肤上形成疏水膜，但同时是透气的。目前，也没有找到任何它与致痘、致粉刺、致脱发、致过敏相关的信息。

另外硅油正在进行不断的升级，比如成醚或增加氨基，可以使硅油与头发结合的能力大大提高，同时水溶性增大。这样的产品能更有效地附着在头发上，而在皮肤等其他部位的残留则更少。一直以来受到"硅油堵塞毛孔"说法困扰的朋友其实不必太过担忧。

真相是这样的 »

洗发水中添加硅油可以有效地增强护发效果，但硅油不会对皮肤造成刺激，也不会堵塞毛孔，更不会造成脱发。造成脱发的原因有很多种，一旦发现脱发，最好先到医院就诊，确定脱发原因再对症调节。

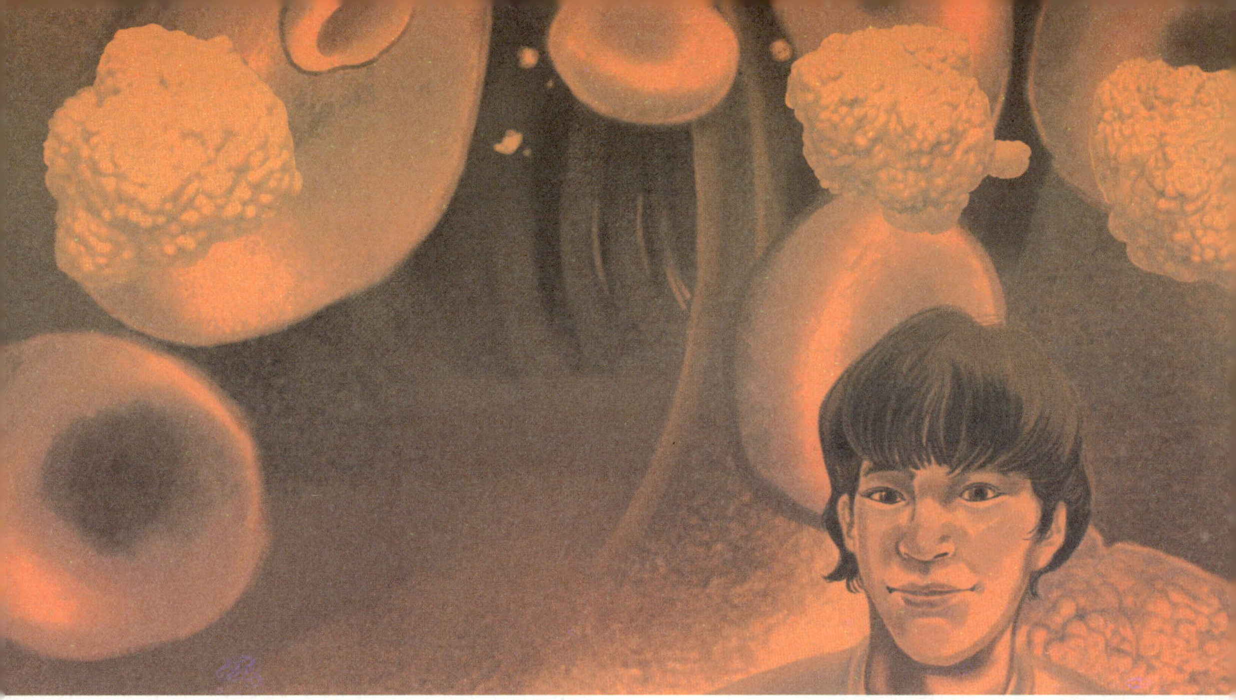

第二章

饮食养生方法，哪些是真的？

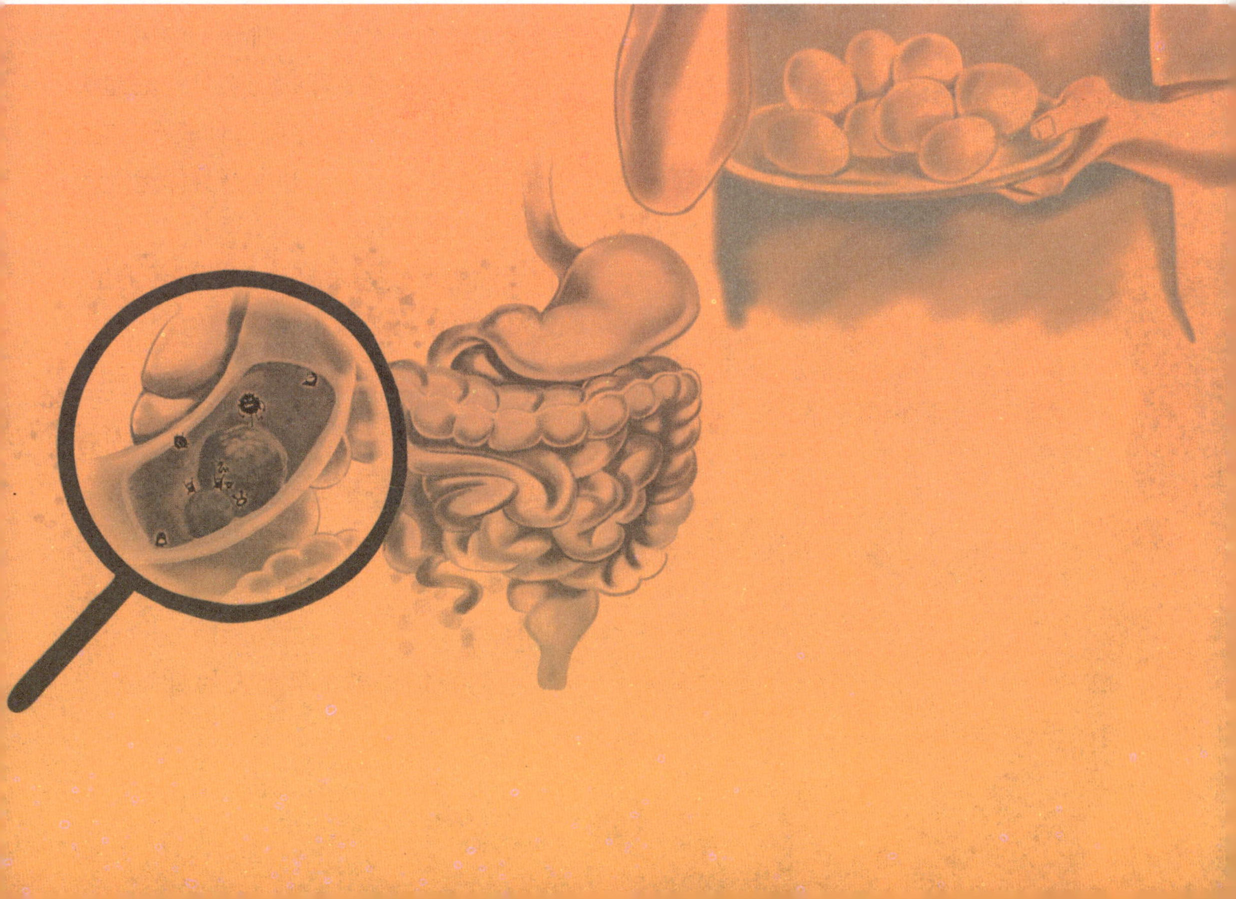

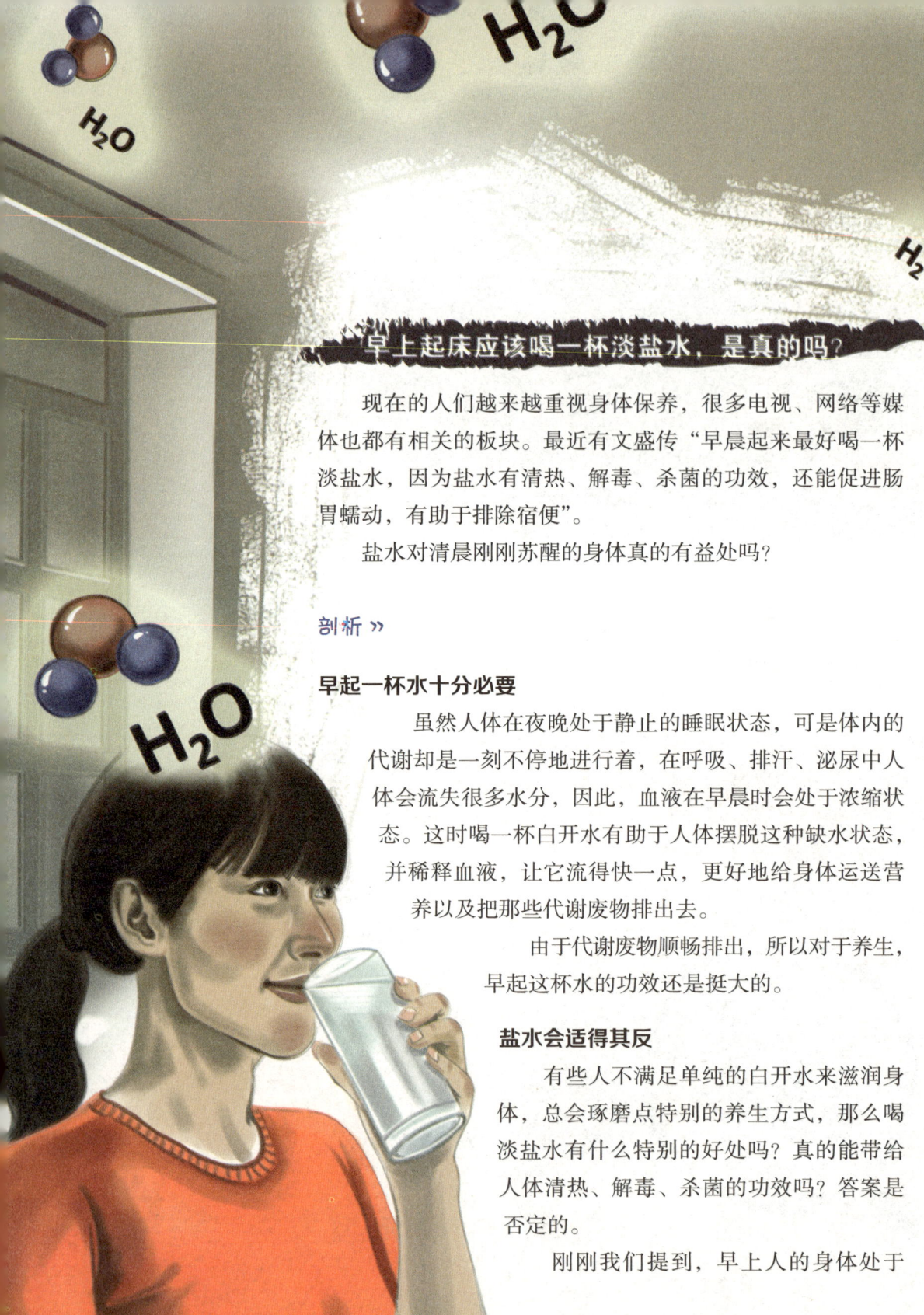

早上起床应该喝一杯淡盐水，是真的吗？

现在的人们越来越重视身体保养，很多电视、网络等媒体也都有相关的板块。最近有文盛传"早晨起来最好喝一杯淡盐水，因为盐水有清热、解毒、杀菌的功效，还能促进肠胃蠕动，有助于排除宿便"。

盐水对清晨刚刚苏醒的身体真的有益处吗？

剖析 》

早起一杯水十分必要

虽然人体在夜晚处于静止的睡眠状态，可是体内的代谢却是一刻不停地进行着，在呼吸、排汗、泌尿中人体会流失很多水分，因此，血液在早晨时会处于浓缩状态。这时喝一杯白开水有助于人体摆脱这种缺水状态，并稀释血液，让它流得快一点，更好地给身体运送营养以及把那些代谢废物排出去。

由于代谢废物顺畅排出，所以对于养生，早起这杯水的功效还是挺大的。

盐水会适得其反

有些人不满足单纯的白开水来滋润身体，总会琢磨点特别的养生方式，那么喝淡盐水有什么特别的好处吗？真的能带给人体清热、解毒、杀菌的功效吗？答案是否定的。

刚刚我们提到，早上人的身体处于

缺水状态，如果这时候再补充盐分会加重缺水的状态。这是因为细胞外的液渗透压高于细胞内液渗透压时，细胞内液中的水分会自动外流，使内外的液体渗透压平衡，结果造成进一步缺水。

而且夜晚人体没有剧烈运动不会大量出汗，也就不会缺少钠，所以经常在身体完全不需要的时候喝盐水补充钠，有可能导致高血压。

真相是这样的 »

淡盐水能在人体大量出汗时补充必要的水分和电解质，的确对身体有益，在夏天人们更为需要它。而早晨起床喝淡盐水对身体则是弊大于利，所以早晨起床后还是选择一杯白开水更为健康。

空气污染多吃"清肺食物"，是真的吗？

近几年，由于雾霾天气增多，大家都很关注肺部健康，由此引发各种所谓的"清肺产品"倍受青睐。近日，网络盛传的"清肺神药"火热了一把：石斛、百合、麦冬各 3 克、大枣 2 枚，冰糖 2 粒，加开水 150 毫升，泡服，一料可冲泡2 ~ 3 次。据说一长期抽烟者喝了此秋冬润喉茶，突然咳出大量灰黑色痰液。烟民们高兴了，觉着有救了，可通过秋冬润喉茶将气管中长期附着的废物软化而咳出，相当于清洗肺部。那么，这各种"清肺产品""清肺食物"真的能清除肺部污染物吗？或者说，医学中真有"清肺"这个概念么？

剖析 »

突然咳出大量灰黑色痰液何解？

长期吸烟的人，烟毒会滞留在肺部，对肺部造成严重的伤害。吸烟让我们的肺布满烟尘，有害颗粒及其吸附的毒物在吸烟者肺部沉积，阻碍人体吸入空气和正常呼出，并导致肺部病变。

由吸烟引起的肺部病变中最为常见是慢性阻塞性肺疾病（COPD），简称慢阻肺，主要是由于长期吸入的有害颗粒或气体作用于肺部，使肺部产生异常的炎症反应，从而导致逐渐加重的呼吸道气流受限。慢阻肺的主要临床表现为呼吸困难、

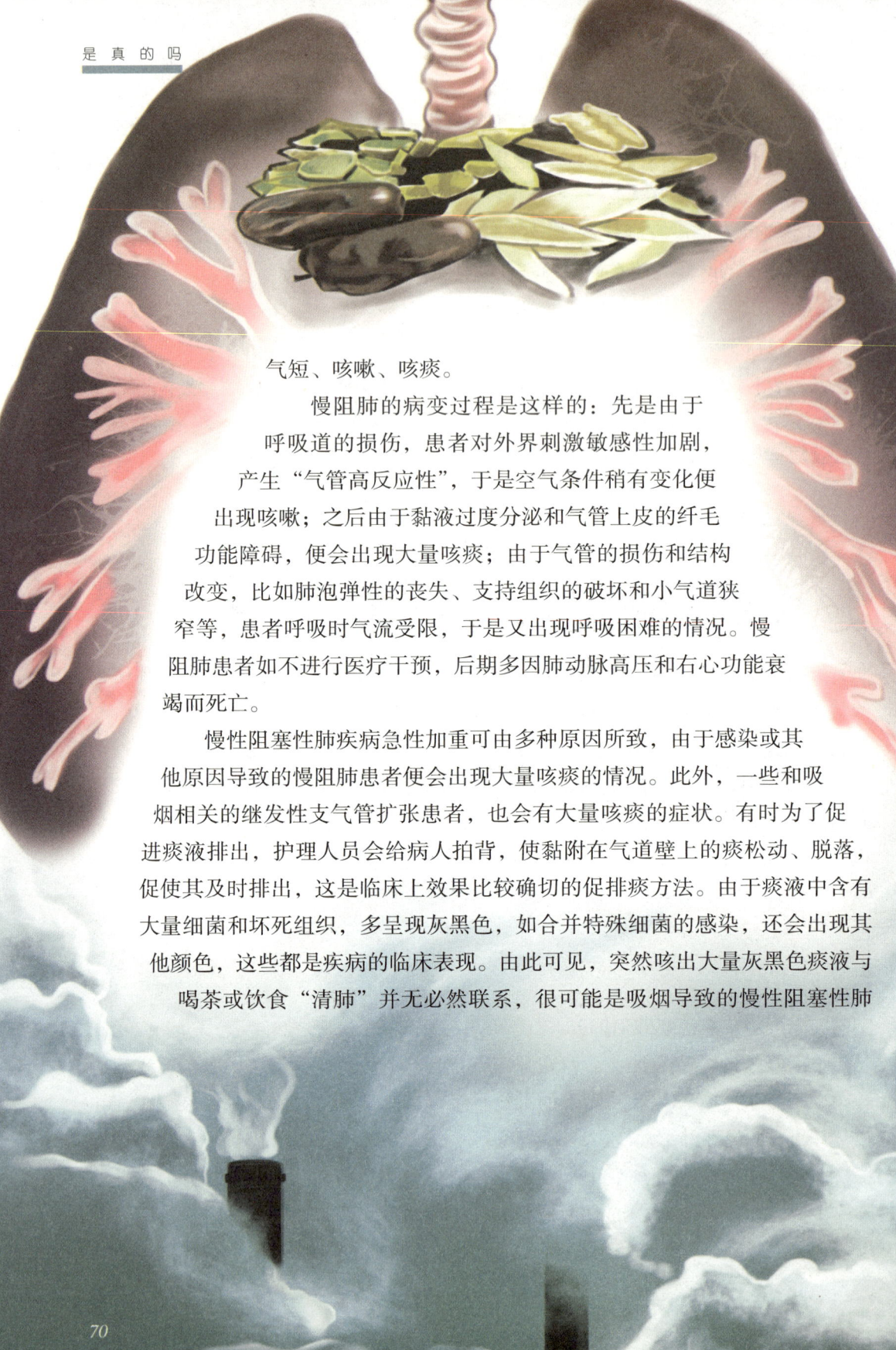

气短、咳嗽、咳痰。

慢阻肺的病变过程是这样的：先是由于呼吸道的损伤，患者对外界刺激敏感性加剧，产生"气管高反应性"，于是空气条件稍有变化便出现咳嗽；之后由于黏液过度分泌和气管上皮的纤毛功能障碍，便会出现大量咳痰；由于气管的损伤和结构改变，比如肺泡弹性的丧失、支持组织的破坏和小气道狭窄等，患者呼吸时气流受限，于是又出现呼吸困难的情况。慢阻肺患者如不进行医疗干预，后期多因肺动脉高压和右心功能衰竭而死亡。

慢性阻塞性肺疾病急性加重可由多种原因所致，由于感染或其他原因导致的慢阻肺患者便会出现大量咳痰的情况。此外，一些和吸烟相关的继发性支气管扩张患者，也会有大量咳痰的症状。有时为了促进痰液排出，护理人员会给病人拍背，使黏附在气道壁上的痰松动、脱落，促使其及时排出，这是临床上效果比较确切的促排痰方法。由于痰液中含有大量细菌和坏死组织，多呈现灰黑色，如合并特殊细菌的感染，还会出现其他颜色，这些都是疾病的临床表现。由此可见，突然咳出大量灰黑色痰液与喝茶或饮食"清肺"并无必然联系，很可能是吸烟导致的慢性阻塞性肺疾病的表现之一，目前也没有任何证据表明有内服的药物能够逆转吸烟造成的肺部病变，戒烟才是吸烟者恢复健康最有效的途径。

"洗肺神药"存在吗？

肺部病变，尤其是吸烟引起的肺部病变具有长期性、滞后性和累积性特征，也就是说这种慢性病变是长期积累所致的器质性病变，目前没有证据表明药物能够完全逆转吸烟造成的气道病变，更别说像恶性肿瘤这一类疾病了。长年从事纤维支气管镜检查的临床医生根据支气管黏膜增生、肥厚、充血、分泌物多少的程度，就可大致辨识出被检者的吸烟量和吸烟时间。吸烟对肺部的危害常被严重低估和忽略，也是因为它引起肺部病变的滞后性，它通常要 10 年、20 年甚至更长时间后才以临床疾病的形式显现。当然，根据一些医生的临床经验提示，40 岁前戒烟者在 2 ~ 3 年后支气管黏膜可基本恢复正常，50 岁后戒烟者在 2 ~ 3 年后亦能大部分恢复，而 60 岁后戒烟者则恢复困难，仍存有多年吸烟所遗留的慢性炎症征象，但较未戒烟者分泌物明显减少。

既然药物不能够完全逆转这些病变，那么临床上对于呼吸道疾病所致的干咳和痰液黏稠不易咳出的患者，医生还是会选用一些祛痰药物。祛痰药物并不抑制痰液分泌，而是通过稀释痰液或液化黏痰，使之易于排出。临床上常用的祛痰药可分为以下两种类型：刺激性祛痰药和黏液溶解剂。刺激性祛痰药直接作用于支气管黏膜或刺激胃黏膜，对胃黏膜迷走神经末梢形成化学性刺激，形成轻度的恶心感，从而反射性地引起气管、支气管腺体分泌增加，痰量增多，使痰液稀释易于排出。黏液溶解剂使痰液中的黏液分解或黏度下降，使之液化后易于排出。痰液的咳出，可减轻或消除痰液对支气管黏膜的刺激和对小气道的阻塞作用，从而发挥缓解咳嗽和减轻喘息的作用。

常见的刺激性祛痰药有氯化铵、酒石酸锑钾、碘化钾、愈创甘油醚和一些中药如远志、桔梗、吐根、前胡、款冬等，由于价格利润低，以及副作用较多的原因，一些药已经难觅踪迹，剩下的那部分也只存在于一些医院自配药物以及药物合剂当中。

祛痰药使用过程中一定要注意，有些祛痰止咳复合制剂药物虽然名称不同，却有相似的药理作用成分，并且祛痰药也要避免和强力镇咳药联用，因为镇咳药可使咳嗽反射受抑制，而祛痰药可使痰量增多，如咳嗽减少，易出现分泌物阻塞。话说回来，祛痰药仅仅是促进黏性痰的排出，并不从根本上解决吸烟对肺部的损害，排痰也只是肺部清除废物的手段之一，并无"清洗肺部"之说。归根结底，

"洗肺神药"是不存在的,不要寄希望于"洗肺神药"和各种"清肺食物"。对于烟民来说,若想肺部健康,还是要戒烟。

真相是这样的 》

"祛痰"不等同于"清肺",虽然临床应用的祛痰药也确实有来自天然植物的,但这并不能说明祛痰就是清肺,祛痰药都有其具体的适应证,也并非人人皆宜。流传中的清肺药茶是否确实有临床尚无实验论证。并且现代医学中也没有"清肺"这个概念。吸烟危害多多,与其饮茶清肺,不如坚决戒烟。

饭后一瓶酸奶可助消化,是真的吗?

很多人都喜欢喝酸奶,酸酸甜甜的,并且大家都觉着酸奶可以养颜、助消化,还能减肥。市场上更是充斥着这方面的广告:"××活性乳酸菌,饭后来一瓶"。"××活性乳酸菌含有两种活性益生菌:活力C菌和黄金双歧因子,双益搭配,健康加倍"。各种乳酸菌、益生菌饮品一时备受热捧,并且很多人已经

干酪乳杆菌

养成了饭后喝酸奶的习惯。

这样的习惯是不是真的对我们的身体健康有益呢?

剖析 »

酸奶中的主要益生菌和作用

人体内的微生物以细菌为主,有四五百种之多,它们在体内有几十万亿到百万亿个,重量为 1.5 ~ 2 千克,其中大多集中在肠道中。一个成年人体内的细菌总重量大约有 1.5 千克。一般认为,这些细菌的总个数至少是人体总细胞数的 10 倍。在小肠里密度不是很大,每毫升只有 1000 个;到了大肠,1 毫升里的细菌数则达到了上千亿个。

肠道中的微生物菌群可以粗略分为有益菌、有害菌和利害均备的菌,肠道内的微生物需要维持微生态平衡,然而衰老、疾病、抗生素治疗等诸多因素会引起肠道内微生态不平衡,从而导致人体发生疾病。

菌群中部分致病细菌会破坏肠道生态环境。还有一些细菌则会代谢生成一些小分子有机酸、多肽以及维生素等对人体有益的物质,还能抑制致病细菌的泛滥,也就是我们经常说的益生菌。

鉴于益生菌良好的调节作用,人们自然想到"补充"益生菌到体内以改善健康。通过研究发现,人为补充活性有益菌群,不但可以调节肠道微生态平衡,还能增强人体免疫力，促进肠道蠕动，帮助消化。过去几十年的相关研究发现，益生菌在针对腹泻、免疫力、过敏、癌症等方面，都有许多正性的实验结果，几乎没有副作用的报道。可是，问题好像并没有我们想象的那样理想。美国微生物学会2005年组织了一个益生菌研讨会，会议总结明确指出："迄今为止，绝大多数益生菌在人体中的使用对于疾病处理而言都是预防和支持性的，而不是治疗性的。"补充益生菌有益健康，但对益生菌的种类、数量、活性及服用方法和时间都有特定要求。并且不同的益生菌能够产生效果的数量差别也很大，有的每天吃1亿个就可以起作用，有的却要1万亿个才行。

益生菌酸奶中常用的益生菌有双歧杆菌、嗜酸乳杆菌、干酪乳杆菌等。双歧杆菌是肠内最有益的菌群，它的作用是维持肠道正常细菌菌群平衡，抑制病原菌生长，防止便秘、腹泻和胃肠障碍等。还有一点值得注意，并不是所有酸奶都含有活性乳酸菌，酸奶中所含益生菌也不一定和标注含量相符。因为菌群在低温、冷藏环境下才能生存，而益生菌乳品在运输及销售过程中会死掉一部分。广告中所说的"乳酸菌"也不等同于"益生菌"，但它们能够帮助双歧杆菌安居乐业，所以也还是不错的。不过，广告中说的"活力C菌"按照厂家的介绍，就是乳酸菌和维生素C等其他东西的混合物。虽然乍看这个东西跟"益生菌"的理论符合，还加上维生素C等"营养物质"。不过思考一下不难发现，这个东西还是颇有一些疑问。益生菌的作用需要"足够数量""保持活性"。细菌的存活是需要适宜条件的，这样的活性菌饮料配方是不是适宜它们生存？其中的活细菌到底有多少？对于消费者来说，麻烦的事情在于：现在对于益生菌产品里的益生菌还没有质量标准和法定检测，厂家的宣称只能依靠他们的信誉来保证。

厂家的宣传有夸大成分

喝酸奶等益生菌饮品补充益生菌的思路是直接吃进活的细菌。此外，人们还想到通过提供好细菌喜欢的食物来扶持它们，从而压制坏细菌。能够实现这样功能的食品成分就被叫作"益生元"。当然，益生元和益生菌并不相同，益生元是1995年被提的，随即获得了巨大关注。二十年来，随着相关研究的增多，各种名目的"益生元"食品投入市场。它的精确含义在学术界还有不完全相同的理解，所有能够实现类似功能的食物成分都可以被叫作"益生元"。可以这么认为，益生元给益生菌提供食物，可以被肠道内的有益细菌分解吸收，促进有益细菌生长繁殖。它们的基本特征有：必须完好达到大肠，也就是说在胃肠中不能被消化；不仅需要能被"好细菌"代谢利用，还得不能被"坏细菌"利用；"好细菌"代谢利用之后，必须为人体带来明确的好处。迄今为止，比较公认的能满足"益生元"要求的有三种：菊糖（Inulin）、低聚果糖（FOS）和低聚半乳糖（GOS）。经常在一些广告中看到的"黄金双歧因子"其实也不是细菌，而是益生元。它是一种可溶性膳食纤维，并不被人体消化吸收，只是能够帮助双歧杆菌生长。另外，市场上把益生元和益生菌混在一起的东西，叫作"synbiotics"，通常翻译成"合生元"。按照厂家介绍，"黄金双歧因子"其实就是一种低聚果糖。一般来说，需要每天吃好几克低聚果糖才能显示出益生元效果。也有一些人对低聚果糖不耐受，吃进一克就能导致肠胃不适。至于这些饮料中的低聚果糖有多少，就更无法测定了。

其实，低聚果糖也存在于许多水果蔬菜中，比如香蕉、洋葱、大蒜、小麦、西红柿等。如果期待它带来的好效果，不妨多补充这些蔬菜水果。

真相是这样的 》

"饭后一瓶酸奶有助消化"不算是谣言，从科学概念上说，还算是"很有可能的"。虽然在科学证据上，益生菌和益生元的保健作用还没有形成明确的定论，但是这些东西也没有显示出有害。如果喜欢它的风味，喝一喝也无不可。但是，什么东西都要适可而止，多喝就会加重肠胃负担，甚至破坏肠胃环境平衡，甚至引起腹泻。至于它们是否有传说的保健功能，消费者需要注意：科学概念上的可行，跟商品广告中的宣称还是有差别的。切不可过分信任。

生食更健康，是真的吗？

最近听到一种说法，生食是纯天然的饮食方式，生食更健康。生食的饮食习惯在一些欧美国家及日韩更是盛行。近年，我国许多人也都尝试并逐渐接受生食。生鱼片、生蔬菜沙拉，甚至生拌牛肉、生蚝等也在餐桌上开始常见。他们认为不用加热所以完全不破坏营养素，是更健康的饮食习惯。但真相是这样的吗？

剖析 》

生食肉类危害多

"生食家族"中以蔬菜、牛肉、海鲜产品居多。这些产品在生产、储存、加工及运输过程中都有被微生物污染的风险。常见致病细菌有禽类、生猪及鲜肉制品

上的沙门氏菌，生牛肉中的大肠杆菌，生蚝中的创伤弧菌，生鱼片上的寄生虫等。这些生食产品在生食过程中常被辅以冷冻、辣酱、芥末、烟熏、饮酒等，人们以为这样即可以杀死有害细菌。但这种说法毫无根据，除了充分加热，以上方法都不可能完全杀死有害细菌。比如吃生鱼片感染肝吸虫的案例很常见，看来生食并非想象的那么安全。

也有人觉得，虽然知道生食肉类的危害，可是，生食比起加热来，不会引起蛋白质的变性，更容易消化吸收。但其实蛋白质变性不等于降低了消化吸收率。适当的热处理会使蛋白质的结构发生伸展，暴露出被掩埋的一些氨基酸残基，这就有利于我们体内的蛋白酶的催化水解，能够促进蛋白质的消化吸收。当然，过度烹调食物有时会破坏氨基酸结构而使利用率下降，这也是我们不提倡过度烹饪的原因。

那么，过度烹饪如何定义呢？过度烹饪针对不同食物度量当然不同。我们用体外消化来模拟人胃的消化，用消化酶作为胃液来研究食物的消化率：对于牛肉，100℃烹调5分钟和270℃烹调1分钟时，牛肉的消化率都最高，但100℃烹调15分钟甚至更久的牛肉消化率就变小了，所以炖到软烂的牛肉不一定消化率更高。而对于猪肉，70℃烹饪时消化率开始逐渐增加；当烹饪温度超过100℃时，蛋白质会逐渐发生一些氧化反应，受此影响，消化速率开始减慢，但是猪肉的整体消化率还是在增大；超过 140℃，猪肉的蛋白质消化率逐渐减小。以上模拟实验说明，不同肉类，烹饪时间和烹饪温度对消化率的影响各不相同。

当然，以上实验只是模拟体外消化，并不能完全等同于人体消化系统，但还是能很好地反应食物的消化特性。除了肉类，对豆类及谷物的体外消化研究发现，适当的烹调处理也可以提高淀粉的体外消化率。

加热是否会造成蔬菜营养成分流失？

正如前面所说，生食主义者认为蔬菜生食更健康的理由之一就是加热会破坏蔬菜的营养，造成营养成分流失。确实，蔬菜的烹调加热会造成一些营养素损失，比如维生素 C 和 B 族维生素等。不同的烹调处理方式，损失的比例会有不同。但是，这些损失可以通过增加食用量来弥补，通常烹饪能让人比生食吃下更多的蔬菜。而一些蔬菜生食口感很差，并且会增加消化负担。

另外，适当的烹调有助于我们吸收更多的营养物质。有研究将番茄在 88℃下煮 30 分钟后测定发现，有一种番茄红素的含量增加了 35%，主要原因是适当的加热能破坏植物细胞壁，加速番茄红素溶出，帮助人体更好地吸收。

有研究者曾经做过一项调查，调查对象是德国的 198 名男性，他们平时吃东西时 95% 以上都是生吃。通过测定他们体内番茄红素的含量发现，超过 80% 的受试者体内番茄红素低于平均水平。番茄红素是一种类胡萝卜素，有非常好的抗氧化作用，含有较多番茄红素的蔬菜有西红柿和红辣椒等。其他一些如胡萝卜、菠菜、蘑菇、芦笋、卷心菜等恰当烹调后都会产生更多的抗氧化物质，如类胡萝卜素和阿魏酸等。通过研究不同烹调方法对蔬菜营养的影响还会发现，水煮和蒸这两种烹调方法比油炸能更好地保存蔬菜中的抗氧化物质。

由此可见，虽然加热蔬菜致使一部分维生素有所损失，但是也增加了另一部分营养素的吸收率。同时，烹调加工使食物易于进食和消化吸收，并且还有利于除去部分农药残留。

对于坚持生食主义的人群，建议一定要选择新鲜、无污染的食材，即使这样，生食也会带来很多潜在危害，久而久之影响身体健康。

真相是这样的 »

生食弊大于利，适当的烹调不但可以提高食物的消化率，还可帮助杀死致害细菌和微生物，减少一些农药残留。虽然烹调加工会造成一些营养成分损失，但是也有一些营养素的含量是升高了的，并且提高了营养成分的吸收率。

水果要早上吃才好，是真的吗？

常听有人说："水果要早上吃，早上的水果是金，中午的水果是银，晚上的水果是铜。"

那么，这种说法有没有科学依据呢？

剖析 »

水果是人类健康的伴侣

水果中含有人体需要的多种维生素，特别是含有丰富的维生素 C，可增强人体抵抗力。水果中含有丰富的葡萄糖、果糖、蔗糖，能直接被人体吸收，产生热能。丰富的有机酸能刺激消化液分泌，有助于消化。水果中矿物质的含量也十分丰富，常吃水果可以维持体内的酸碱平衡。水果和蔬菜一样还含有很多膳食纤维，能促进肠蠕动，防止便秘，有利于体内废物及毒素的排泄。可见，多吃水果对人体健康是很有好处的。

曾有调查研究发现，每天吃水果较多的人，心血管疾病的发生率明显低于吃水果少的人。多吃水果也有利于降低中风、高血压的患病率。此外，水果中还含有丰富的叶黄素和玉米黄素，对于预防老年性黄斑有十分重要的意义。多吃水果还可以降低癌症的发生率和死亡率，对于预防糖尿病、肥胖都有积极作用。

"金银铜"之说不准确

"金银铜"之说观点认为，早上吃水果最容易吸收，而晚上吃水果不利于消化吸收，还容易造成脂肪堆积。这个解释过于想当然了，并无研究表明人体的消化吸收能力和进食的时间有多大关系。消化吸收的能力主要与消化液的分泌状况和胃肠蠕动的能力有关。进食以后，健康人的消化系统都会分泌消化液、增强蠕动来促进消化吸收，这些与进食的时间并没有直接联系，只是与年龄有一定关系——通常老年人的消化液分泌会减少，消化功能会减退。也就是说，不管是早上还是晚上，消化系统对水果的吸收其实并没有区别。况且，因为水果含有较多的水分和碳水化合物，而碳水化合物是三大供能营养素中消化最快、最容易被人体吸收的营养素。

虽然在各种养生、健康食疗建议里会有"早上吃水果"的说法，但他们的出发点往往是为了均衡早餐营养构成。目前，我国大多数人的早餐只有主食和肉蛋奶类，水果、蔬菜的比重很小。而水果可以提供丰富的维生素和膳食纤维，是搭配早餐的有利选择。这样看来，提倡早上吃水果，有利于丰富国民早餐、提高早餐质量。但这并不能说明水果晚上吃就不好。

吃水果需要遵从时间限制吗？

水果对我们的健康大有裨益，世界各地的营养建议都推荐要多吃水果。最新的美国膳食指南推荐成年男性每天吃水果 2 杯，而成年女性每天吃水果 1.5 杯（1 杯约为 237 毫升）。《中国居民膳食宝塔》中建议每人每天要食用水果 200 ~ 400 克。

但实际情况却与建议推荐量相差甚多。世界各国居民的水果消费量都远没有达到推荐的食用量。可见，我们现在面临的主要问题是水果吃得不够，而不是吃水果的时间不对。

权威机构建议一日三餐最好都要吃一些水果，健康餐盘中半盘是绿色蔬菜和水果，主食只占了四分之一，而这里并没有强调吃水果的时间段，也没有提到早

上吃水果要比晚上吃水果更好。同时，建议我们平时将水果放在容易看见的地方，这样可以提高大家的水果食用量。

需要注意的是，多吃水果的同时要适量减少其他食物的摄入量，用水果替代部分其他食物。也就是说，每天的总能量摄入要保持不变定量，不能只单纯增加水果食入量，否则，会导致摄入的总能量过高，增加肥胖的风险，对健康不利。

真相是这样的 》

谣言破解。吃水果没有时间限制，一日三餐中搭配水果都是可以的，适当增加水果食用量对健康益处多多。

贫血就需要"补血"，是真的吗？

生活中常常会听到很多女孩说自己患有贫血，因为例假出血多；还有很多人说自己患有贫血，不能献血；还有老人说自己患有贫血，脑袋供不上血，走几步路就晕。而大家对于贫血的治疗办法，往往是选择吃大枣补血，市场上宣称可以补血的枣类营养品更是铺天盖地。然而对于贫血这个概念我们了解得够么？贫血是否就需要"补血"？

剖析 》

贫血，是"症状"，不是"病名"

生活中经常会有人说自己患上了"贫血"，事实上，它只是一种患病后的表现，医学上属于一种临床综合征，并不是一种疾病，就像咳嗽、打喷嚏、脑门发热一样。很多疾病在人体上都会表现出贫血的症状。

简单来说，贫血可以定义为人体红细胞

总量减少，不能对人体组织充分供氧的一种病理状态。

血红蛋白是存在于红细胞的一种物质，它是一种含铁的蛋白质，通常叫它血色素。它在氧含量高的地方容易与氧结合，在氧含量低的地方又容易与氧分离。血液之所以可以顺利地通过呼吸道将氧气送到身体所需要的每一处地方，正是依赖于血红蛋白的这个特性。如果把血管比喻成人体"交通路线"的话，那么红细胞就是运载氧气分子的"公交车"，血红蛋白则是公交车上的"座位"，在人体组织的供氧方面起到重要的作用。

因此，贫血时人体红细胞含量减少，那么血红蛋白也会减少，作为"乘客"的氧就会不足，人体组织就表现出了缺氧的状态。

贫血不贫血，血红蛋白说了算

按理说看是否贫血测测体内红细胞的含量就知道了，但可惜目前的检测手段还达不到这一要求，所以医生在诊断有无贫血时，主要通过测定血红蛋白的浓度来反映红细胞的浓度指标，这种方法最常用也最可靠。目前我国成年男性两次检查血红蛋白浓度若均小于 120 克 / 升，成年女性两次检查血红蛋白浓度均小于 110克 / 升就可以诊断为贫血。

诊断为贫血之后，要进行贫血程度分析：120 ~ 91 克 / 升之间的为轻度贫血，61 ~ 90 克 / 升为中度贫血，31 ~ 60 克 / 升为重度贫血，低于 30 克 / 升为极重度贫血。

虽然说长期经血过多（1 个月经周期失血超过 80 毫升）确实是导致女性贫血的一个原因，但对多数健康女性来说，每月的经血损失 20 ~ 60 毫升是不会导致贫血症状的。

贫血不只表现在化验单上

造成贫血的原因多种多样，临床上的表现却具有共性，即贫血造成血液运送氧气的能力减弱，使得人体各个系统缺氧时功能异常。

皮肤黏膜苍白是贫血最常见和最显著的客观体征，以观察指甲、手掌皮肤皱纹处、口唇黏膜和睑结膜等较为可靠。另外贫血早期常见的症状表现为疲倦、乏力、头晕耳鸣、记忆力衰退和思想不集中等，低热、皮肤干枯和毛发缺少光泽等则是贫血严重时的症状，更严重的甚至可能出现水肿。

心血管系统：轻度贫血时，常见活动后心慌气短，中度贫血可有心动过速、心输出量增多，严重贫血患者还会出现心绞痛或心力衰竭。

消化系统：贫血患者常有食欲不振、恶心、呕吐、腹胀甚至腹泻等表现，部分患者可有明显的舌炎。

泌尿生殖系统：患者可有性欲减退等表现，减弱男性特征，女性患者常会出现月经失调。

一个贫血症，多种致病因

一说到贫血，就会想到补铁，要吃富含铁的食物。事实并非如此，贫血的病因大致有以下几种：

红细胞生成减少：包括造血原料异常（铁、维生素 B_{12}、叶酸等来源不足及吸收障碍等）、造血细胞异常（白血病、继发性骨髓抑制等）。

红细胞破坏过多（即溶血性贫血）：包括红细胞异常所致溶血（海洋性贫血、铅中毒、G6PD 缺乏等）、红细胞外环境异常所致溶血（自身免疫性溶血、新生儿溶血、血型不符所致输血相关性溶血等）。

可见，贫血只是表象，而它身后的病因是很复杂的，针对不同的病因，临床上的治疗方法也不一样。需要医生根据临床表现和各种辅助检查仔细鉴别，其中骨髓穿刺活检是贫血病因诊断的法宝。

由此可知，诊断为贫血后，并不能都要进行"补血"治疗，如果是体内有钩虫寄生，那及早驱虫才是治疗的关键。

盲目补血不可取

针对造血原料异常，的确应该多吃些含有相关物质的食物，以补充不足。但假如是因为吸收和利用有问题的话，就是吃再多也白搭。此外，盛传的红枣补血补铁的说法并没有什么科学的依据，大概只是因为它红色的外表与血相同，再受到"吃什么就补什么"理论的引导，这说法就传开了吧。确实，铁的补充对于制造更多的红细胞至关重要。只是，每 100 克干红枣的含铁量平均只有 2 毫克，而每 100 克猪肝的含铁量可以达到 25 毫克以上，就连油菜的铁含量也可以达到 3 毫克。所以说，红枣是补血佳品的说法，是没有道理的。

"贫血症"，短时能缓解甚至消失吗？

据报道某公务员考生因体检时血红蛋白低于公务员体检标准而落榜，两次测量值分别是"70 克 / 升和 88 克 / 升"（中度贫血），但两周后该考生重新体检，其血红蛋白均正常，分别为"173 克 / 升"和"181 克 / 升"。短短两周时间，该考生的血红蛋白测量值居然如同坐过山车一样翻了一番。血红蛋白是否真能像过山车一样短时间内飙升呢？答案是：不会（针对该考生的情况而言）。

常见的缺铁性贫血治疗相对较为简单，单纯的补铁治疗即可，患者口服铁剂之后1周左右症状改善，2周之后血红蛋白开始升高，1～2个月之后才可恢复正常。而其他类型的贫血治疗起来更加复杂，需要用到免疫抑制剂或者造血刺激药物甚至骨髓移植等方法，所以这些类型的贫血治疗与血红蛋白浓度的恢复需要更长的周期，短期内是不会出现大幅回升的。

真相是这样的 》

贫血不是一种病，它只是一种症。而且，造成贫血的原因有很多，很难一概而论。即使确定患有贫血，也切莫擅自断定病因，自行进行食补。要求助医生，根据检查结果确定治疗方案。对于红枣补血一说，虽不能说完全错误，不过的确效果甚微。提醒大家不要轻易被商家的宣传忽悠，白白花了冤枉钱。

以形补形，吃啥补啥，是真的吗？

"以形补形"是老百姓最容易相信的食疗方法，即食用形状与人体某器官相似的食物以滋补此器官。例如，百合长得像肺，所以吃百合能够滋润肺部；杏仁长得像心脏，所以吃杏仁对心脏有好处；黑豆长得像肾，所以吃黑豆能补肾利尿。除了这些食物，网络上最为流传的还有"吃啥补啥的十大形似人体器官的果蔬"。

那么，这些传闻是真的吗？

剖析 》

其实仔细琢磨就会发现，"十大形似人体器官的果蔬"中虽然一部分结论有些道理，但是理由中大多有错误，而另一些连结论也不靠谱。

一、胡萝卜——眼睛

传言：乍一看胡萝卜并不像眼睛，但等切开胡萝卜之后就会发现，胡萝卜的横切面的确就像人的眼睛，不仅有瞳孔，竟然还有虹膜和放射的线条。科学研究表明，大量胡萝卜素能促进人体血液流向眼部，保护视力，让眼睛更明亮。

真相：胡萝卜中含有丰富的β-胡萝卜素，吃胡萝卜也的确对眼睛有益，不过胡萝卜素对眼睛的益处并不是促进血液流向眼部。1913年，美国台维斯等4位科学家研究发现，鱼肝油对干眼症有治愈疗效，并且从鱼肝油中提纯出一种黄色黏稠液体。而正式为这种液体命名却要等到 1920 年，英国科学家曼俄特将其命名为维生素 A。国际上也正式将维生素 A 看作人体内必需的一种维生素，缺乏维生素 A 将会导致夜盲症和视力减退（严重的会导致全盲）。而胡萝卜中含有的 β－胡萝卜素在人体内能够转化为维生素 A。当然，在众多食物中富含 β－胡萝卜素的食物也不是只有胡萝卜，南瓜、红薯和深绿色叶菜（空心菜、菠菜、西蓝花等）都是很好的 β－胡萝卜素来源，只是它们长得并不像眼睛。

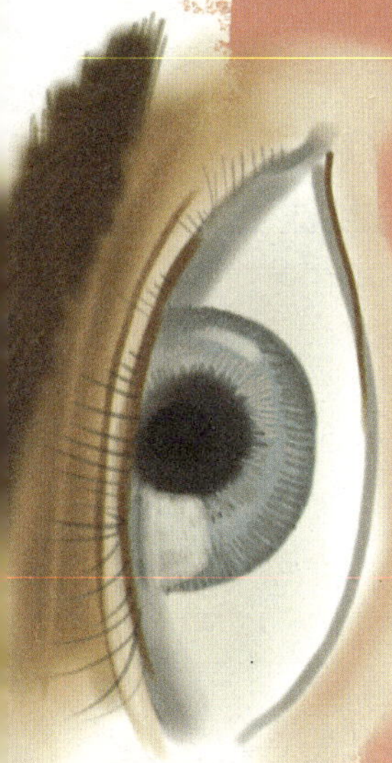

二、核桃——大脑

传言：核桃就像一个微型的脑子，有左半脑、右半脑、上部大脑和下部大脑，甚至其褶皱或折叠都像大脑皮层。目前人类已经知道，核桃含有 36 种以上的神经传递素，可以帮助开发脑功能。

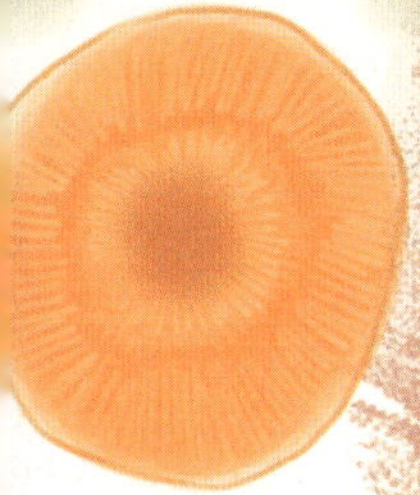

真相：100 克核桃中含有大约 64 克脂肪，其中 47 克是不饱和脂肪酸。这些不饱和脂肪酸又包括了 38 克的 Omega6 和 9 克的 Omega3。而 DHA 就属于 Omega3 的一种，对大脑非常有益。对有些动物

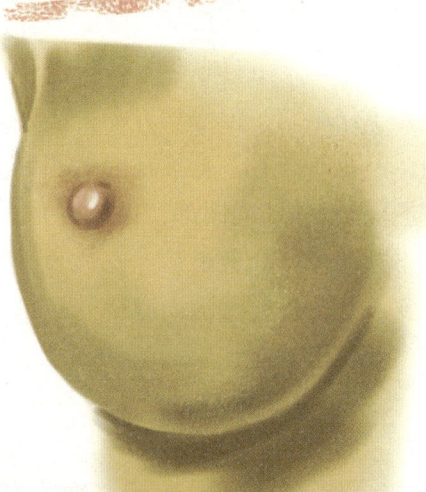

　　的研究显示，老鼠吃核桃后能改善其学习力和记忆力。对成人和儿童来说，适当吃一些核桃还是很有益处的，不过过度夸赞核桃的补脑功能未免太过偏颇，因为在杏仁、榛子、蛋黄、海藻和深海鱼类中也含有丰富的Omega3。

　　另外神经递质普遍存在于很多动植物体内，但是要保存神经递质需要特定的温度和湿度，即使在食物中得以保存也并不意味着可以通过口服吸收，所以说"核桃含神经传递素可以帮助开发脑功能"说起来也不太科学。

三、番茄——心脏

　　传言：番茄有四个"腔室"，并且是红色的，这与我们的心脏一样。番茄富含番茄红素，高胆固醇患者要想降低心脏病和中风危险，要多吃。

　　真相：芬兰研究人员的最新一项研究成果显示，多吃番茄可减少罹患中风的危险。研究人员在《营养学杂志》发表论文称，他们对1000名受试者进行了跟踪研究，人体血液内一种称作"番茄红素"的物质含量越高，这些人在12年内罹患中风的危险也越低。但是高胆固醇并不仅仅是饮食不健康引起的，它更多的是和代谢有关系，所以并不能单纯依靠吃番茄来治病。

四、姜——胃

　　传言：姜的辣素能刺激胆汁分泌，从而加速脂肪的消化。此外，姜中所含的酶能让蛋白质变

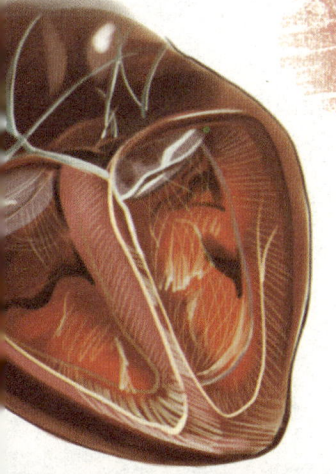

碎小，使油腻食物易于消化掉。

真相：有研究发现，生姜能够刺激胃黏膜，促进血液循环和消化，达到健胃的作用。姜还能增强胃液的分泌和肠壁的蠕动，从而也能帮助消化。不过晚上不宜大量吃姜，因为可能会成为影响睡眠和肠胃的一大问题。虽然食用姜确实有好处，但还是要适度，因为大量食用姜可能会增加凝血难度，对一些跟凝血有关的药物会有干扰。

五、甘薯——胰腺

传言：甘薯看起来像胰腺，它能平衡糖尿病患者的血糖指数。

真相：甘薯含有丰富的膳食纤维，一定程度上有利于帮助糖尿病患者平衡体内血糖。在动物实验中，也发现甘薯对于减低老鼠的血糖有一定作用。但需要注意的是，甘薯能量较高，如果吃甘薯，要减少其他主食的摄入；另外，甘薯的烹制方式也会对升血糖指数造成影响，比如煮红薯的升血糖指数高达76.7，糖尿病人不能多吃。合理的食物搭配有助于平衡糖尿病患者的血糖，但食物终究无法代替药物，所以患者依然需要遵医嘱服药。

六、蛤蜊——睾丸

传言：蛤蜊等水产类所含丰富的核酸，是制造遗传因子与精子不可缺少的物质。

真相：核酸是由许多核苷酸聚合成的生物大分子化合物，是最基本的生命物质之一。核酸广泛存在于所有动植物细胞和微生物体内。不过，蛤蜊等水产品含有丰富的锌，锌对于性腺健康有重要作用，被人们冠以"生命之花""智力之源""婚姻和谐素"的美称，缺锌会引起儿童成长缓慢、大脑发育和性征发育障碍。但不仅水产品，其他动物食品和坚果也都含有丰富的锌。

七、芹菜——骨骼

传言：芹菜等很多根茎类蔬菜看起来就像人的骨头，它们能强化骨质。人骨头中含有23%的钠，而这些食物也含有23%的钠。

真相：100克芹菜茎中钙含量有80毫克，这个比例较一般蔬菜的确更高一些。不过，植物性食物中钙的吸收率低，对强化骨质并没有太大作用。而关于钠就完全说错了。人骨是由水、有机质（骨胶）和无机盐（骨盐）等成分组成的。其中水的含量占总重量的20%～25%，在剩下的固体物质中，约40%是有机质，约60%以上是无机盐。无机盐以钙、磷为主。在剩余物质中，钠的含量只有1%左右。由此可见，骨骼中的钠含量并没有高达 23%，相反，过高的钠摄入反而不利于骨骼健康，有研究发现，钠摄入量增加会增加体内钙的流失。芹菜本身钠含量就较高，所以做芹菜时要注意少放盐。

八、红酒——血液

传言：红酒可以促进血液循环。

真相：酒精让人感觉到发热不是血液循环促成的，而是酒精进入人体之后会经由呼吸、排汗等代谢掉，这个过程中会散发大量热量，因此使人感觉到身体发热。如果想改善血液循环，可以加强运动，过量饮酒毕竟存在对身体有害的隐患，所以红酒还是不宜多喝的。

九、菠萝——子宫

传言：菠萝长得很像子宫，能够保护女性的子宫和子宫颈健康。女性每星期吃一个菠萝，就能平衡雌激素，减掉分娩产生的多余体重，防止宫颈癌。奇妙的是，菠萝从开花到成熟的生长期，也恰恰是 9 个月。

真相：这条传言简直没有任何科学依据。菠萝含有丰富的钾、叶酸以及维生素 B_6，也含有多种矿物质元素（钾、钙、铁、镁、磷、钠、锌、铜、锰、硒等）、食用植物纤维。但是唯独没有任何研究显示菠萝能帮助预防子宫癌或宫颈癌。其次，菠萝从开花到成熟的生长期并不是 9 个月，墨西哥产的菠萝从开花到结果 6～8 个月，危地马拉的菠萝开花到结果则需 12～18 个月。迄今为止，还没有任何一种单一的食物可以被称为抗癌食物。

十、葡萄柚——乳房

传言：柑橘类水果长得像乳房，橘子的抗氧化剂含量是所有水果中最高的，含 170 多种不同的植物化学成分。食用时橘络不要扔掉，可缓解乳腺增生症状。

真相：花青苷、番茄红素、维生素 A、维生素 C、维生素 E 以及微量元素硒和锌等，都属于抗氧化剂，而这些物质普遍存在于各类蔬菜和水果中。至于谁是含抗氧化剂最高的水果至今还没有太大的研究价值。因为虽然理论上和动物实验中抗氧化剂对人体有益，但是目前没有证据能够证明服用抗氧化剂对人体有益。至于乳腺增生，需要舒缓在工作和生活上的压力，心平气和，加强锻炼，多吃高纤维少脂肪的食物；另外，在 30 岁之前生育也是一种靠谱的预防方法。

真相是这样的 》

"以形补形"这种食疗方法很容易让人信以为真，但在科学上往往缺少有效的证据，显得牵强附会。想要以食物代替药物更是不科学的，合理的膳食安排和优质的生活习惯才是健康生活的保证。

豆浆和鸡蛋不能同食，是真的吗？

有些《食物搭配禁忌》书里说"鸡蛋与豆浆不能同食，否则会造成巨大的营养流失"。这条关于豆浆与鸡蛋的"搭配禁忌"在诸多健康饮食类的读物中都有收录。到底这些说法可不可靠呢？豆浆与鸡蛋一起吃真的会造成巨大的营养流失吗？

剖析 »

当鸡蛋与豆浆在餐桌邂逅

这些书中解释道：一是"豆浆中含有的胰蛋白酶抑制物会抑制蛋白质的消化，降低营养价值"，二是"鸡蛋中的黏性蛋白与豆浆中的胰蛋白酶结合，形成的物质不能被消化，营养价值会大打折扣"。乍看给出的理由，像是很专业的科学的解释，因此很容易让人深信不疑。

其实这些说法中提出的第一条理由忽略了一个重要的问题。诚然，大豆中的确含有一些胰蛋白酶抑制物，其活性就是抑制胰蛋白酶的消化作用，从而降低对蛋白质的吸收。但是，胰蛋白酶抑制物的致命弱点是惧怕高温。经过高温加热之后如果它的活性被破坏了，那么就不会影响对蛋白质的消化；反之若没有被破坏的话，那么不仅是鸡蛋，连大豆蛋白自身的消化吸收也会受到影响。这就是豆浆为什么一定要煮熟了才能喝的原因，而与鸡蛋没什么关系。

传言中的第二条就显得人云亦云了。胰蛋白酶是人体或者动物的胰腺分泌的酶，作用是分解蛋白质。假如大豆中存在这样的酶的话，在漫长的物种演化中，它应该早被淘汰掉了。不知道是谁提出了这个荒谬的说法，大概是他没有看见

"胰蛋白酶"后面还有"抑制物"这个词吧！一番"推理"，就包装成了一则"科普知识"。

鸡蛋中的"黏性蛋白"是一种结合了糖的蛋白质，它本身也是一种蛋白酶抑制物，可以结合胰蛋白酶使之失去活性。由于大豆蛋白中不含有胰蛋白酶，所以鸡蛋的黏性蛋白跟豆浆是互不影响的。不过，这种"黏性蛋白"本身还是一种过敏源，一些人食用鸡蛋后产生不适，原因之一可能就是这种过敏源在作祟。假如豆浆中的某些成分能中和"黏性蛋白"令其丧失过敏性，不但不会产生不易消化的物质，更能让很多对鸡蛋过敏的人吃上鸡蛋了！

豆浆和鸡蛋都是需要充分加热至熟的食物，加热的目的除了通常所说的杀死致病细菌，还要完成摧毁这些"破坏分子"的任务。而对于煮熟的豆浆和鸡蛋，一起吃完全不会有什么营养损失的问题。

用豆浆来冲鸡蛋的要点

在我们的饮食文化中，常常会出现一些特别的饮食方式，这之中就有很多人非常喜欢用豆浆来冲鸡蛋。

不推荐这种吃法的主要原因在于热豆浆的温度不足以对鸡蛋充分加热。鸡蛋中很容易含有一些致病细菌，如果没有充分加热，很多致病细菌会残留在蛋体内，食用以后极可能产生不良反应。尽管现代人很推崇"有机蛋"和"走地鸡"，但就其来说，不论是饲养条件还是下蛋的环境，通常难以保障鸡蛋的卫生，使其含有致病细菌的概率更高，用豆浆来冲鸡蛋的风险也就更大。所以，充分加热杀菌显得更为重要。

看来豆浆是否煮熟是这种吃法的关键。豆浆在加热到80℃的时候会出现假沸现象，多数情况下我们以为豆浆已经煮熟了，如果这时候喝了豆浆，未煮熟的豆浆中含有的毒素就会刺激胃与肠道，引起恶心呕吐，甚至腹泻。因此，看到豆浆沸腾不要急于关火，再多煮3～5分钟才能彻底清除不利于身体健康的物质。

真相是这样的 》

豆浆里确实含有胰蛋白酶抑制物，它针对所有蛋白质，不只是鸡蛋里的蛋白质，而且只要充分加热就可以破坏它的活性。所以说，经过充分加热的豆浆与鸡蛋同食是没有问题的。不过，用豆浆来冲鸡蛋并不提倡，原因是热豆浆的温度不足以起到对鸡蛋充分加热杀菌的作用。

男人不能喝豆浆，是真的吗？

大豆异黄酮具有类雌激素作用，因此，多数人都会认为女士吃豆类、喝豆浆对皮肤好，而男士多喝豆浆则可能出现女性化的倾向，甚至引发性功能障碍。

那么，这种说法是真的吗？男性真的要与豆浆告别了吗？

剖析 »

豆浆中的植物激素使男人女性化？

豆浆中的植物激素主要是含量不高的大豆异黄酮。南昌大学食品科学与技术国家重点实验室 2011 年对日常生活中常见的 11 类豆类食品共计 51 个样品进行测定发现，豆浆中大豆异黄酮的含量小于 100 微克 / 毫升，豆奶粉类小于 100 微克 / 克，喝一杯 200 毫升的豆浆摄入的大豆异黄酮才不过 20 毫克。《中国居民膳食指南》推荐每天食用大豆类食品 30 ~ 50 克，通常大豆中异黄酮的含量为 3.5 毫克 / 克，按照推荐食用量，一天摄入的大豆异黄酮高达 105 ~ 175 毫克。

另外，"植物雌激素"的生物活性只有药物雌激素的千分之一，基本上不参与人体的激素调节，只要摄入体内的剂量不大，不会对体内激素水平造成影响，所以不可能出现男性特征弱化或影响男童正常成长发育。

豆浆杀精？

最早在一些动物实验中研究者发现豆浆有杀精、影响生殖能力的现象出现。在动物实验中，被喂食了大豆类食物的动物出现了生育能力下降、睾酮减少的现象。然而这样的结果并不能证明同样适用于人类。另一方面，也有研究人员发现大豆异黄酮对于精子 DNA 的完整性有保护作用，一定程度上能够防止精子 DNA 的损伤。不过，防止损伤的机理还不明确，还需更深入的研究。

《生殖与不育》（Fertility and Sterility）杂志于 2009 年发表了一项与"杀精"的结论相反的研究论文。调查中，研究者们从饮食结构角度出发，对比了男性精子的数量和活力，结果发现精子数量和活力较发达的人群喜欢吃水果、蔬菜和豆类，而精子数量和活力较弱的人群长期吃肉类等高脂肪食物。这很可能是因为前者的饮食结构中含有较多的抗氧化物质。另外，有很多研究都提出，大豆中含有较丰富的抗氧化物质，而抗氧化物质含量高对应的是较好的精子数量和活力，所以这就解释了大豆对精子是有益处的。

同年，发表在这个期刊上的另一项临床研究指出，即使是高剂量的大豆异黄酮（每天摄入大豆异黄酮超过 150 毫克，有些人甚至达到了 900 毫克 / 天）也不会对男性的精液数量和精子质量产生影响。

　　各种各样的研究结论难以统一，2010 年日内瓦医学院的研究者对大豆及植物激素与男性生殖健康之间的因果关系做了综合论述，论述指出，虽然目前有部分细胞实验和动物实验发现植物雌激素可能会对男性的生育功能有不良影响，可是对于现有的男性人群调查研究的分析还不能得出植物雌激素对男性生殖有害的结论，还需继续相关课题的深入研究。2012 年，最新的一项综述分析也是相同的观点，豆类食物对生育能力的影响尚未可知。目前并没有足够的研究可以证明豆浆会杀精或是影响男性生殖能力。

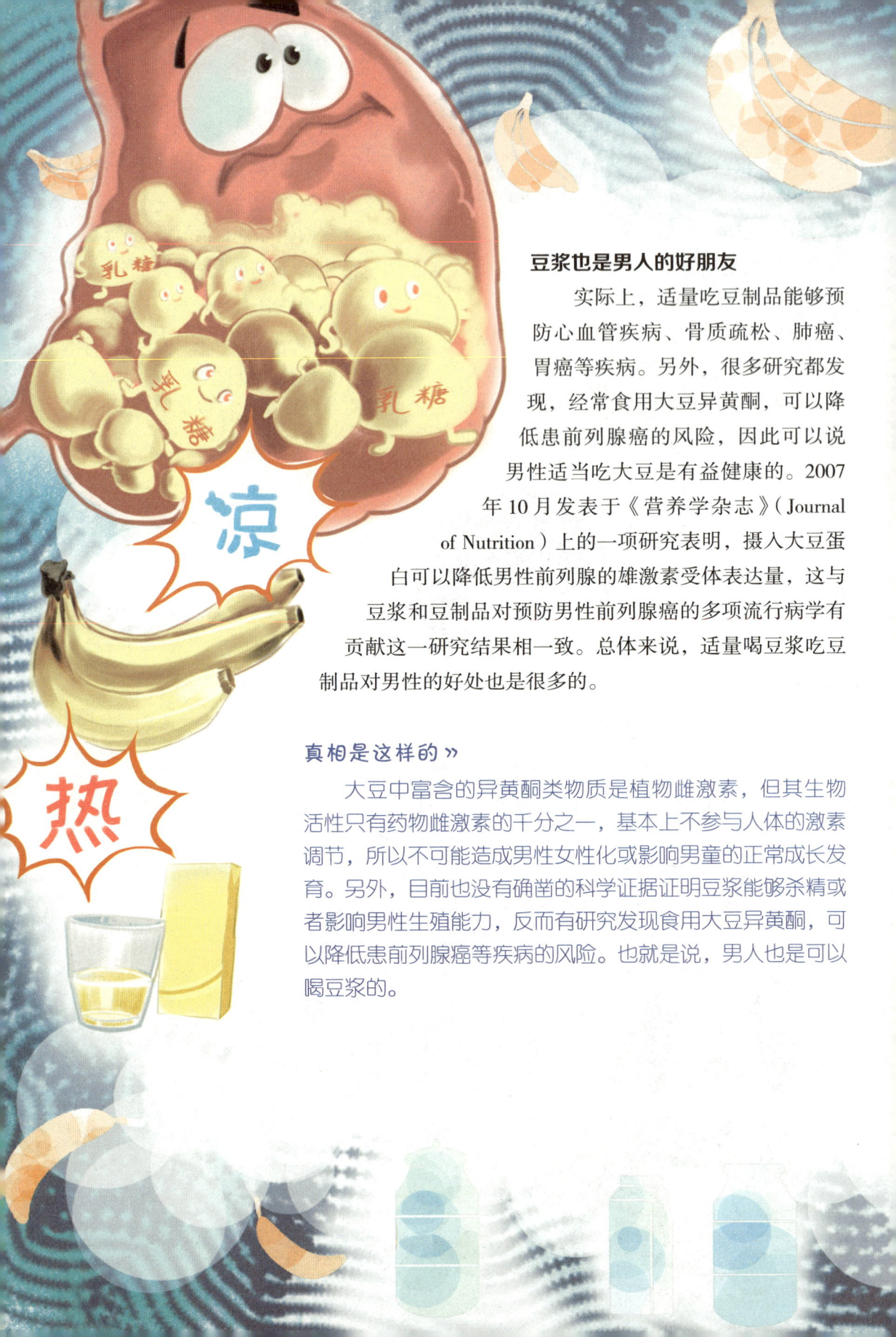

豆浆也是男人的好朋友

实际上，适量吃豆制品能够预防心血管疾病、骨质疏松、肺癌、胃癌等疾病。另外，很多研究都发现，经常食用大豆异黄酮，可以降低患前列腺癌的风险，因此可以说男性适当吃大豆是有益健康的。2007年10月发表于《营养学杂志》（Journal of Nutrition）上的一项研究表明，摄入大豆蛋白可以降低男性前列腺的雄激素受体表达量，这与豆浆和豆制品对预防男性前列腺癌的多项流行病学有贡献这一研究结果相一致。总体来说，适量喝豆浆吃豆制品对男性的好处也是很多的。

真相是这样的 »

大豆中富含的异黄酮类物质是植物雌激素，但其生物活性只有药物雌激素的千分之一，基本上不参与人体的激素调节，所以不可能造成男性女性化或影响男童的正常成长发育。另外，目前也没有确凿的科学证据证明豆浆能够杀精或者影响男性生殖能力，反而有研究发现食用大豆异黄酮，可以降低患前列腺癌等疾病的风险。也就是说，男人也是可以喝豆浆的。

牛奶与香蕉同食会拉肚子，是真的吗？

某著名乳业公司推出新品"香蕉牛奶"，此产品一出就引来非议，认为此种搭配明显有违食物搭配禁忌，两者同食会导致腹泻，质疑者更是拿出了"食物相生相克图"加以例证。这种质疑到底有道理吗？

剖析 》

质疑的声音有道理吗？

质疑者给出了两个原因：一、香蕉是凉性的，牛奶是热性的，同食会导致肠胃不合，并很可能腹泻。二、香蕉中的果酸会使牛奶中的蛋白质变性沉淀，变得难以消化吸收，从而导致腹泻。

首先，给各种食物划分冷热属性并没有什么科学依据。退一步说，如果按照这个理论搭配食物的话，那我们很多常见的食物搭配都要推翻，例如螃蟹配姜汁是凉性配凉性，还是凉性配热性，就是依照此法分类的人也没有统一标准。说香蕉和牛奶因所谓的冷热属性不同，同食便会导致腹泻，纯属无稽之谈。

香蕉中的果酸导致牛奶蛋白质沉淀从而难以消化也没什么道理。的确，牛奶中的蛋白质在酸性环境下是会变性沉淀，但这仅仅是因为其结构变化后失去了活性而已，完全没有影响它的营养价值，比如酸奶，其中的蛋白质就已经变性沉淀了，但这并不影响它的营养价值。何况，香蕉内含果酸量较之胃酸少得可怜，就算不吃香蕉，牛奶中的蛋白质也会因胃内酸性环境而变性。因而，这个说法同样没有道理。

谣言从何而来？

如果说谣言能够广泛并长时间地传播，那么一定是由某些现象误打误撞地佐证了它。假如某人吃了香蕉和牛奶后拉了肚子，这时周围就会有人说了："香蕉和牛奶不可以一起吃，这是常识啊！"结果当事人就信以为真了。不过，真正原因是什么呢？这很可能是乳糖不耐受导致的。乳糖不耐受是指一些人的肠道里缺乏一种叫乳糖酶的消化酶，无法将牛奶或是其他食物中的乳糖有效分解吸收。肠道细菌会发酵那些没有被分解的乳糖，产生气体，引起腹胀，严重的会导致腹泻。人类断奶后因乳糖酶逐渐消失而导致的乳糖不耐受在白色人种以外的人群中非常常见，但人们并不是一摄入乳糖就会有不适反应，而是要达到一定量后才会触发，不过人的身体情况各异，所以这个一定量也没有具体标准。有的人可能只要喝一点牛奶就会出现症状，有的人可能喝多了才会出状况。假如你有乳糖不耐受的毛病，一定不要空腹喝牛奶，那样会引起腹胀，严重的话会腹泻。文中举例的那个人很可能就是因为乳糖不耐受，那天或许是空腹，又恰巧多喝了几口牛奶，从而导致了腹泻。与牛奶一起食用的香蕉，只不过是"躺着也中枪"了。

实际上，牛奶和香蕉都是富含营养的，牛奶在为人体补充钙质的同时还输送优质的蛋白质；香蕉在肩负为人体补充丰富维生素和矿物质的同时，它内含的糖类还为人体提供能量。这也可以解释为什么许多日本人认为香蕉＋牛奶是最佳早餐组合。

牛奶是个"多事的小朋友"？

除此之外，网上还流传着各种各样的牛奶食用搭配禁忌，涉及的食物种类有很多，比如不可与果汁或者酸性水果（比如橘子）一起食用，因为牛奶中的酪蛋白会变性沉淀从而难以吸收等。再比如说牛奶不能和巧克力一起食用，因为巧克力中的草酸会与牛奶中的草酸钙结合形成沉淀，阻止钙质吸收，使人出现头发干枯、腹泻、生长缓慢的现象。实际上，可可粉制成巧克力以后，里面的草酸含量已经大大降低，每100克黑巧克力仅含有120毫克草酸，健康人的代谢完全可以处理这些草酸。另外，与其单独吃巧克力，让草酸与血液中的钙结合成沉淀，然后通过肾脏随尿而出，反而不如与含钙量高的牛奶一起吃，使之沉淀在消化道里，随着大便排出体外。类似这些都是一些言过其实的观点，根本站不住脚的。

真相是这样的 »

牛奶与香蕉的搭配不但不会引起腹泻，还是一种非常营养的早餐组合。假如你有过食用这种搭配而引起腹泻腹胀的情况的话，那么极有可能是你食用的牛奶中的乳糖的量引起乳糖不耐受的关系，并不关香蕉的事。网络中流传的很多关于牛奶搭配禁忌的说法也是无稽之谈。只要两者都符合食品安全的标准，搭配食用毫无问题。其实，多样化地进行膳食搭配更有利于人体获取需要的营养物质，让身体更健康。

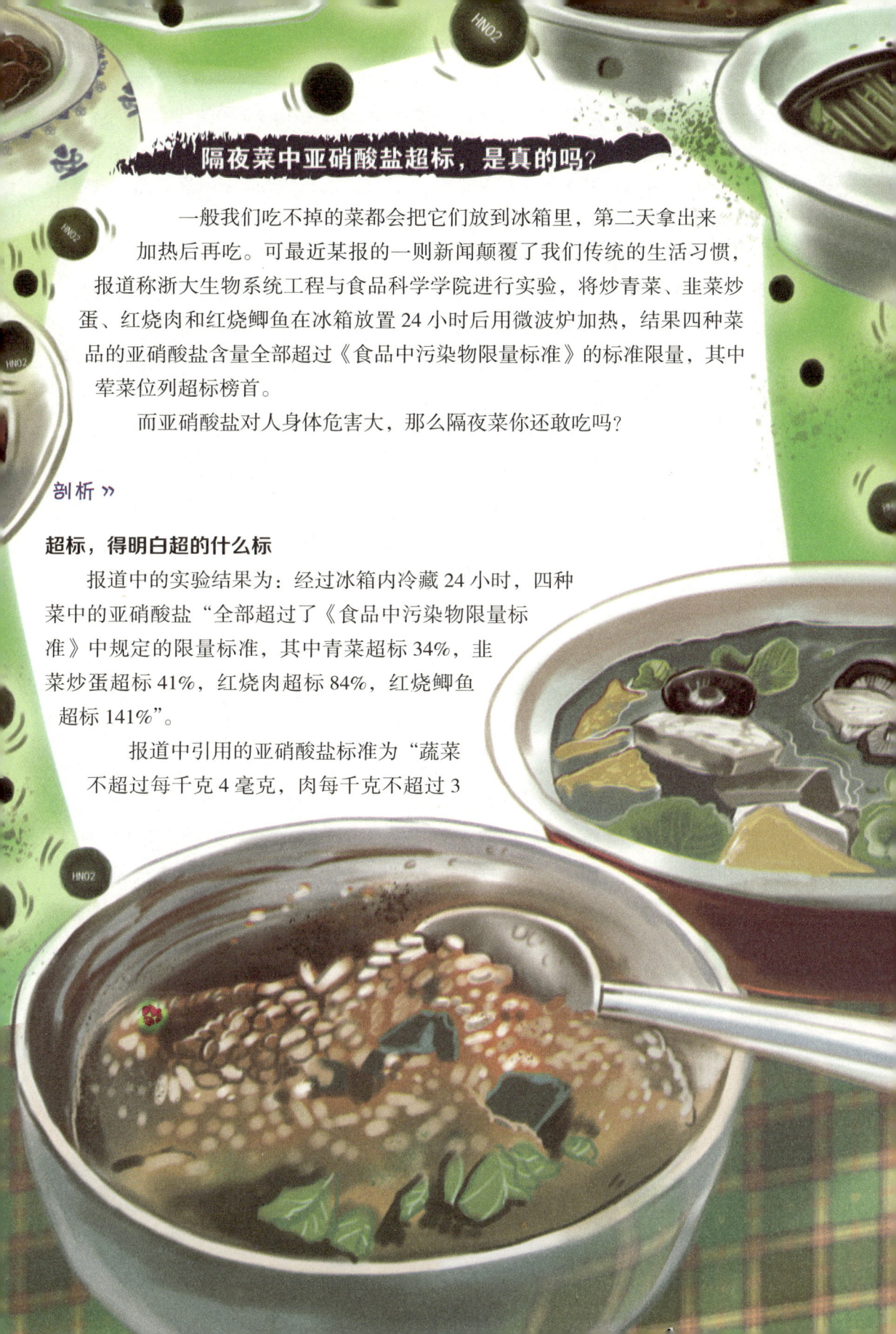

隔夜菜中亚硝酸盐超标，是真的吗？

一般我们吃不掉的菜都会把它们放到冰箱里，第二天拿出来加热后再吃。可最近某报的一则新闻颠覆了我们传统的生活习惯，报道称浙大生物系统工程与食品科学学院进行实验，将炒青菜、韭菜炒蛋、红烧肉和红烧鲫鱼在冰箱放置 24 小时后用微波炉加热，结果四种菜品的亚硝酸盐含量全部超过《食品中污染物限量标准》的标准限量，其中荤菜位列超标榜首。

而亚硝酸盐对人身体危害大，那么隔夜菜你还敢吃吗？

剖析 》

超标，得明白超的什么标

报道中的实验结果为：经过冰箱内冷藏 24 小时，四种菜中的亚硝酸盐"全部超过了《食品中污染物限量标准》中规定的限量标准，其中青菜超标 34%，韭菜炒蛋超标 41%，红烧肉超标 84%，红烧鲫鱼超标 141%"。

报道中引用的亚硝酸盐标准为"蔬菜不超过每千克 4 毫克，肉每千克不超过 3

毫克"。但实际上，这个标准只适用于新鲜蔬菜和肉类中的亚硝酸盐含量。这个限量的依据，是蔬菜和肉类中的亚硝酸盐含量一般不超过这个量，新鲜的蔬菜和肉类只有受到污染后，其中的亚硝酸盐含量才会超标。而实验中已烹制熟的食物中亚硝酸盐的含量跟原材料中亚硝酸盐的含量标准，严格说来并不是一回事。

因为国家并没有对于餐饮行业中亚硝酸盐的含量制定相关标准，所以，对于烹饪好的菜品来说，也就不存在"超标"与"达标"的情况了。假如非要找出一个量化标准的话，那国家对于加工食品中的亚硝酸盐残留量标准可以作为一个参照。在国家标准中，熟肉制品中的亚硝酸钠残留量是每千克不超过 30 毫克，而酱腌蔬菜中的残留标准是每千克不超过 20 毫克。

假设，报道中的实验数据是真的，它所宣称的"严重超标"的每千克青菜、韭菜炒蛋、红烧肉和红烧鲫鱼中的亚硝酸盐含量分别为 5.36、5.64、5.52 和 7.23 毫克。而跟加工食品中的国家标准相比，则要低得多，意思就是即便这些实验数字完全准确的话，也是符合"标准"的——既然熟肉制品、酸菜、泡菜、酱菜都可以安全食用，为什么亚硝酸盐含量低得多的红烧肉、红烧鱼和炒青菜就不能吃呢？

蔬菜中的亚硝酸盐从何而来？

氮元素广泛存在于自然界，是植物生长的必要元素，植物的生长必须要有氮肥。植物吸收环境中的氮，通过复杂的生化反应最终合成氨基酸。硝酸盐的产生在这个过程中是绕不过去的一步，因为植物体内的还原酶会把一部分硝酸盐还原成亚硝酸盐。所以，所有的植物中都含有硝酸盐和亚硝酸盐。决定硝酸盐含量的因素除了蔬菜种类本身，还跟种植方式、收割期等因素有关。蔬菜间的品种不同，或是同种类蔬菜产地不同，种植季节环境不同，都会造成硝酸盐含量的天差地别。

植物被收割之后还原酶被释放，会有更多硝酸盐被转化成亚硝酸盐，二者的平衡就此被打破。其实，存在于自然环境中的多种细菌也能完成此项转化。通俗地说，就是收割后的蔬菜只要被保存一段时间后，就一定会有这种转化并且不可控。实际上，有很多文献报道过各种蔬菜在不同的储存条件下亚硝酸盐的含量变化。具体的转化速度跟蔬菜种类和储存条件密切相关。以硝酸盐含量较高的白菜为例，在运输分销过程中很容易就超过了"每千克 4 毫克"的国家标准。已经有多篇文章提到，刚刚买到家里的白菜就检测到亚硝酸盐超标。也就是说，只要蔬菜没有在被收割之后立即食用，哪怕是仅仅放一个晚上，都会增加亚硝酸盐的含量。

蔬菜在高温烹饪的过程会使还原酶失去活性，同时也就切断了产生亚硝酸盐的途径，在此过程中细菌也被大量杀死，这么看来烹调的处理可以帮助减少亚硝酸盐的产生。不过保存的这个时间，做熟的菜会与空气结合进入一些细菌，而这个环境恰恰是细菌喜欢的。所以，到底是熟菜还是生菜更适合细菌生长从而产生更多的亚硝酸盐，取决于"炒菜—包装—冷藏"的操作条件。实际上，如果是罐头包装的蔬菜，与空气隔绝，别说"隔夜"，"隔周""隔月"也不见得有多大变化。

肉中的亚硝酸盐从何而来？

不管是肉还是鱼，其本来的亚硝酸盐含量都很低，所以有国家标准的"每千克3毫克"。此外，其硝酸盐含量也很低，通常并不担心肉在保存过程中产生亚硝酸盐。

而新闻报道中出现了红烧肉和红烧鲫鱼中亚硝酸盐含量随着时间升高的结果。假设实验数据方法都真实可靠的话，那只有一种可能——在做菜的过程中硝酸盐被人为加入了。硝酸盐属于国家规定的食品添加剂范畴，可是一般常见调味品中却没有它的身影。所以，这家饭店使用的调料，要打个问号。

如果在加工过程中加入了硝酸盐，那么出现新闻中的结果倒也不难理解。只是我们日常生活中不会使用含有硝酸盐的调料，所以"隔夜肉"也就不存在亚硝酸盐增加的担心。

隔夜菜，到底能不能吃？

蔬菜中亚硝酸盐增加多少，与是否做熟没多大关系。但是，现代社会的生活方式使得很多人不可能像农民那样每顿从地里现拔蔬菜来吃。多数家庭都是买一次菜的量能吃上好几天。所以，如何保存蔬菜来减少亚硝酸盐的产生，才是真正值得关注的问题。

蔬菜中的亚硝酸盐，来源是蔬菜中的硝酸盐，转化条件主要是细菌生长，"隔夜"只是时间长短的问题。控制它的增长，有很多种方法。第一，尽量不储存蔬菜，随吃随买，这样能保证蔬菜的新鲜；第二，假如需要储存少量蔬菜，可以尽量与空气隔绝，洗净后密封好；第三，做熟没有吃完的菜要做好密封并冷藏。"隔夜"并非亚硝酸盐产生的关键，加热也不会增加致癌物的含量。多篇研究报告提到蔬菜的保存时间与保存条件如何影响亚硝酸盐的含量，结论都是冷藏是抑制亚硝酸产生的最好办法，因此，如果抽不出时间随吃随买的话，速冻蔬菜其实是个不错的替代方案。

真相是这样的 »

日常家庭储存蔬菜的确会增加一些亚硝酸盐，但是假如冷藏的话，蔬菜内亚硝酸盐的含量会远远低于国家对于加工食品的含量标准。报道中所提到的肉类的亚硝酸盐增加，应该是烹饪作料的问题，并不是因为"隔夜"。即使报道中的实验检测数据都真实可靠，但是他们采用《食品中污染物限量标准》来衡量也是不正确的。所以说，把做熟的菜密封并快速冷藏的话，是不会带来明显健康问题的。

可乐能消除胃结石，是真的吗？

曾经听到一则传闻，说有一名中年男子非常喜欢吃柿子，后因胃部不适就医，查出患有胃石症。医生建议他用物理碎石法治疗，但是这名男子非常排斥手术，于是，在询问了患者病史后，医生建议他每天喝一大瓶可乐试一试，连续两个月后复查，胃石居然消失了！

网友惊呼，原来可乐才是真正的"灵丹妙药"。那么，可乐真的能溶解胃石吗？

剖析 »

胃石是什么？它是如何形成的？

胃石也叫胃结石，形状多为圆形或椭圆形，大小不一，小的如乒乓球，大的似婴儿头。是因摄入某些植物成分或吞入毛发及一些药物成分后在胃内凝结形成的石性块状物。胃石按照组成成分的不同，大致分为植物性胃石、动物性胃石、药物性胃石和混合性胃石三种。

临床上常见的是植物性胃石。植物性胃石多是由柿子、山楂、黑枣、橘子、石榴等引起的，这些水果（尤其是未成熟的果实）含有一种叫作鞣质的东西，并含有丰富的鞣酸、果胶、纤维素，鞣酸在胃酸作用下，能与蛋白质结合成分子较大但又不易溶于水的鞣酸蛋白沉淀在胃内。在空腹时游离胃酸增多，更容易与鞣酸、果胶发生胶凝形成结石，而鞣酸蛋白、果胶、纤维素等把柿皮、柿核黏合在一起，在胃内迅速形成胃石。动物性胃石多由吞入较多毛发和难以消化的瘦肉等缠结沉积而形成，多见于有吞食毛发习惯的人群。

药物性胃石是指长期服用含钙、铋等药物或制酸剂、中药，残渣及药物黏合等在胃内沉淀形成胃石；

混合性胃石顾名思义，是由上述多种原因同时作用形成的。

也有学者认为，胃石形成可能与胃功能紊乱有关。由于胃内进入大量含有丰富黏蛋白的食物，在胃酸作用下发生凝固形成了团核。胃炎性糜烂、出血、渗出会使大量纤维蛋白渗入黏附，随着胃蠕动不断缠绕，使团块不断增大而形成胃石。

患胃石症的病人可能完全无症状，也可能出现上腹不适、恶心、呕吐、不同程度的腹痛、腹胀、食欲不振、消化不良等，有些病人有类似于慢性胃炎的症状，也有的病人可合并胃溃疡，部分病人可在上腹部触及移动性、硬质包块。胃石症可发生于任何年龄段。

胃石的预防与治疗

对于植物性胃石，最好还是以预防为主，针对胃石中常见的病因，日常饮食中注意不要食用未成熟的柿子、黑枣等鞣酸含量较高的食物；胃酸分泌过多的人群及胃动力障碍者，尽量避免食用鞣酸含量较高的食物。若食用柿子等食物后，长期感到胃部不适，应及时去医院检查治疗，以免病情加剧。

治疗胃石症，以往大多采用药物溶石或手术取石治疗。但药物溶石所需时间较长，手术取石病人痛苦较大，且有并发症可能。溶石原理为：让柠檬酸和碳酸氢钠在胃内发生反应，产生有较高溶解度的碳酸和枸橼酸钠，促使凝结的团块溶解，使胃石软化。对于溶石治疗仍不能排出胃石的患者，则应辅以胃镜治疗，在胃镜下用活检钳咬出数个孔洞，再用溶石剂按上述原理治疗。另外，随着纤维内窥镜治疗学的发展，目前已可以对胃柿石进行激光爆破碎石或通过特制的器械将胃石绞碎，然后经幽门排出。

喝可乐排结石可取吗？

我们先了解一下可乐的成分。从可口可乐的配料表能看到可乐含水、果葡糖浆、白砂糖、食品添加剂（二氧化碳、焦糖色、磷酸、咖啡因、食用香精）。我们注意到里面有磷酸的成分，而磷酸可以和单质磷结合，也可与钙结合，能有效破坏植物石的聚合物质。不难理解，可乐溶解胃结石也不无根据。可乐治疗植物性胃结石的方法有：口服、鼻饲灌洗、辅助胃镜下取石治疗。

一篇希腊医生拉达斯等于 2002 年发表在《欧洲胃肠病学与肝脏病学杂志》的文章称，成功治疗植物性胃石 5 例，方法就是使用 3 升可乐经鼻饲灌洗 12 小时以上。此后又有多个杂志报道可乐治疗植物性胃结石成功的案例。

2009 年，韩国几位医生在《世界肠胃病学杂志》发表的文章中也提到通过可乐及辅助胃镜治疗植物性胃结石。研究中 17 例病人之间性别、症状持续时间、结石大小、可乐给药的方案上均没有显著差异。其中 10 例用 3 升可乐进行灌洗，另外 7 例病人直接饮用可乐，之后内窥镜取石。饮用或灌洗可乐 3 升后，胃石完全溶解 4 例，部分溶解 13 例。其他类型植物性胃结石（非胃柿石）组共 6 例，完全溶解为 4 例；胃柿石组 11 例，0 例完全溶解。13 例部分溶解的病人中 12 例经可乐辅助胃镜下取石治疗治愈。

研究中，3 升可乐完全溶解胃石的比例为 23.5%，但胃柿石不在其中。虽然目前可乐溶解植物性胃结石的机制不明，但是，用可乐预处理植物性胃结石可能使胃镜下碎石更容易。如此看来，新闻中医生建议胃石症患者喝可乐也是有一定依据的，南京医科大学附属南京第一医院消化内科的袁捷医生等，在国内是首个应用可乐治疗植物性胃结石并获得成功的。但他也指出，得了胃结石不能随便喝可乐，原因在于，患者不能确定自己的胃结石是否是植物性胃结石，就算确诊为植物性胃结石也要到医院在医生监督下进行，因为可乐属碳酸饮料，而胃结石常常伴随胃溃疡，碳酸饮料恰恰是胃溃疡的禁忌，大量喝下去很容易造成胃穿孔，而一旦造成胃穿孔，将不得不进行胃切除。

虽然理论上可乐确实有助于消融植物性胃石，临床上却并不提倡这种"可乐消石法"，主要原因还是弊大于利。胃石症常伴随胃食管反流症、胃溃疡和胃出血等胃部疾患，这些患者不宜喝可乐。另外，十二指肠溃疡患者、糖尿病患者、痛风患者等也需要远离这些饮料。

真相是这样的 》

可乐可以溶解胃石，但仅限于对植物性胃石，而溶解效果还需要医学研究者们进行进一步的确认。胃石症患者切不可在没有医生监督的情况下自行如此"治疗"。

"宿便"是可怕的健康杀手，是真的吗？

近年来，众多的养生概念如雨后春笋般涌出，"宿便是健康杀手"的说法就是其中的代表之一。有这样一种广为流传的说法：宿便有多种危害，会压迫小肠绒毛的活力和弹性，胀气发酵后经由血液可致酸中毒症，还会改变腹部和脊柱形状，让身材变形。

同时，各种商家也在不遗余力地宣传宿便的危害，"清宿便，排肠毒"的广告词到处都是。

宿便，真是可怕的健康杀手吗？

剖析 》

"宿便"并非医学概念

对于如此火热的一个词，居然没有任何一本教科书有关于它的定义，可见，"宿便"本身就不是一个医学概念。那么，宿便到底指什么呢？

首先，从字面上理解，"宿便"应该是指积存在体内的尚未排出的粪便，而且还在体内过了夜。从食物的消化过程来看，食物在经过口腔的咀嚼和初步消化之后，通过食管进入胃部，然后进入肠道，通过十二指肠、空肠、回肠、结肠、乙状结肠、直肠，最终形成粪便排出体外。食物经过结肠时水分

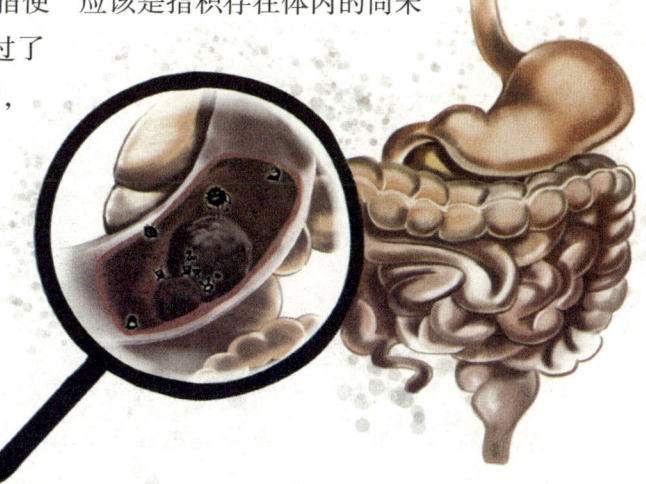

被吸收，残渣开始聚集成形，才算开始形成粪便。

宿便，应该就是堆积在结肠末端、在体内过夜但还未排出体外的粪便。

消化速度慢 10 倍不靠谱

同时，宣传"宿便危害论"的人还声称：人类在近 20 年来，食物的消化速度变慢了 10 倍，同时排便量下降了 20%。这不禁让人好奇，排便量这神奇的数据是如何获得的呢？不管怎样，排便量下降或许我们可以这么解释：饮食逐渐变得精细，粗纤维摄入减少，不能吸收的食物部分就少，所以排出量有可能减少。

但是要说消化速度变慢了 10 倍，就显然有些混淆视听了。不同的食物，进入胃部之后需要停留一段时间，但最多也就 5 ～ 6 小时。而食物通过肠道的时间，主要是由小肠蠕动的速度决定的，平均需要 6 ～ 8 小时。不论何种膳食结构，即使缺乏纤维素的刺激，肠蠕动的速度也基本保持在正常范围，即便是便秘的患者，食物通过肠道的速度也不会超过 10 小时。要想让食物经过消化道的时间增加 10 倍，就必须让小肠蠕动的速度减慢 10 倍，而这是什么概念？

宿便没那么多

关于宿便，最耸人听闻的说法就是正常人体含有 3 ～ 6 千克宿便，肥胖便秘者体内有 7 ～ 11 千克宿便。这是个什么概念？按一个人体重 60 千克计算，6 千克宿便就相当于体重的 10%，如此之多的宿便在你体内，你还能放心地吃东西吗？

可是，每天人能吃进去的东西，就算全都不吸收，也不大可能有 6 千克之多。而且若 6 千克的宿便堆在肠子里，会导致肠壁的压力感受器向大脑报告需要排便，除非你一直憋着，否则这些宿便也就基本都排出去了。

就算是便秘的患者，因为粪便在结肠停留的时间较长，粪便的水分更少，直观感觉上粪便的量也相对较少。

关于"宿便"的三大错误认识

错误认识一：宿便会压迫小肠绒毛的活力和弹性？能提出这种说法的人估计完全不懂人类的消化系统。首先，食物在运行到结肠被吸收水分之前，都是粥样的物质，和小肠绒毛充分接触以便吸收养分。也就是说，这会儿宿便还没形成呢，又怎么会压迫小肠绒毛？

错误认识二：粪便发酵、胀气导致酸毒症。如果说酸性物质进入血液就算酸毒症，那么随着食物进入肠腔的胃酸早就害死人了。事实上小肠中的肠液是碱性的，即使食物发酵产酸，也会被肠液迅速中和，根本不可能堆积酸性物质，更不可能进入血液搞出所谓的酸毒症。此外，粪便在体内根本就不会有发酵的机会。

错误认识三：宿便会改变腹部和脊柱形状，让身材变形。身材变形对于爱美女性是多么恐怖的事情啊！这种说法其实是商家为了推销自己的产品而炮制出来的卖点。粪便并非如铁一样坚硬，而是柔软的食物残渣集合体。即使粪便碰到了脊柱，又怎么可能压迫脊柱！而腹部肥胖是粪便堆积在腹部所致，更是无稽之谈。

当然，粪便积存在肠道里过久确实会产生一些问题。积存在肠道内的粪便会随着水分不断被吸收而变得愈发干硬，导致排便费力，这在患有心血管疾病的患者身上是非常危险的，因为突然增加的腹压和交感神经兴奋可能会导致心源性晕厥。而排便不畅，也有可能造成肛门处的静脉发生曲张，导致痔疮的发生。对于已经发生痔疮的患者，干硬的粪便还有可能划破痔疮上曲张的静脉，导致出血。

可见，宣传宿便危害的人往往危言耸听，臆想出许多毫无根据的说法，而对可能的真实的危害却视而不见。

清理还是预防？

清理宿便是不科学的说法，严格按照医学知识，应该是如何预防便秘。

首先要多运动。长时间坐着或躺着，会导致肠蠕动减慢，进而降低食物消化速度，所以要不时地起身活动活动，伸个懒腰也是不错的选择。

其次，多吃蔬果也是增加膳食纤维以促进肠蠕动的方式。比如红薯等含有较多的纤维素，有增加肠蠕动、刺激肠胃排空的作用，食用之后也会缓解便秘、增加排便次数。

还有一点就是要及时排便，这对于预防便秘是最根本的。

同时要注意，利用泻药进行排便是很危险的事情。泻药造成的腹泻会对肠道的功能造成影响，导致水分从肠道丢失、肠道大量分泌肠液等，严重者可能造成水电酸碱紊乱、昏迷甚至有生命危险。到正规医院洗胃灌肠也能达到清洗肠胃的目的，不过这是很痛苦的选择，相信那种感觉，许多人一辈子都不会想再有一次的。

显然关于"宿便"是健康杀手的说法，虽然有部分道理，但大多数都是不科学的。排便上遇到的问题，大多不是大问题，如果希望排便顺畅，就需要保持规律的饮食，经常食用一些粗粮以及富含纤维素的蔬菜，多饮水。坚持做到这些，胃肠道疾病是不会找上门来的。

真相是这样的 »

　　宿便根本不属于医学上的概念，人体内也不可能积存很多粪便的。不用太在意那危言耸听的"宿便论"。养成健康的排便习惯，合理饮食，就不会有所谓的宿便问题。同时要注意不采用极端的泻药排便法，那是件很危险的事，若出现严重的便秘，应该上正规的医院进行治疗。

运动饮料更健康，是真的吗？

　　人在运动时会大量流汗，而汗液的主要成分是水，还有少量的钾、钠、钙、镁等无机盐。这些元素的流失会影响人体调节体液和温度等生理变化，这个时候如果光大量喝水，反而会稀释血液中的电解质，甚至造成电解质不平衡而出现水中毒的症状。

而运动饮料是根据人在运动时的生理消耗特点而配制的功能性饮料，它不仅可以补充体内流失的水分，还可以更好地促进电解质恢复到平衡状态。因此，运动饮料越来越受人们的追捧，认为其不只是运动员的必备品——能够避免低钠盐和水中毒，帮助运动员保持良好的竞技状态——就是普通人喝，也是一种理想的健康饮品。

运动饮料更健康，这是真的吗？

剖析 》

过度的脱水恐惧

运动饮料的生产商们在营销方面最大的成功就是动摇了人们对"口渴"的信任。在此之前，人们一贯认为，人一旦感觉口渴，便是身体发出了需要马上应对脱水的信号，这是身体本身所具有的平衡机制。

国际奥委会给运动员的营养指导手册（2003 年发布，2008 年更新）强调了补充水分、预防脱水的重要性，而运动饮料生产商们却告诉人们，这并不准确，完全靠身体传递信号再补充水分，不足以补充身体所流失的体液。因此，他们向运动机构建议"（运动员）即使不渴，也应该每 15 分钟就补充 150 毫升液体"。

开普敦大学体育及运动学教授提姆·诺克斯却不这么认为，他认为口渴是人体对运动的正常生理反应，它是一个补充水分的信号，但不值得人们过分恐惧。当你的身体水分流失增加，你就会感觉到口渴，这时你自然会喝水。而运动饮料商家的说法大概只是为了提高销售量的营销说辞。

而事实上，在 20 世纪 70 年代时，马拉松运动员还拒绝在赛事过程中饮水，害怕会影响成绩。不过现在竞技运动赛事已经非常人性化，为运动员提供相当多的便利服务，比如现在的马拉松赛事，沿途都有相应的水站，运动员可以根据自己的需要随时停留进行补水。

糖分才是关键

2009 年，伯明翰大学的科学家们发起了一个设计精妙的实验：在一个实验室内，将 8 名自行车运动高手分成两组，不停地进行一系列的计时赛，并且要求他们必须用尽全力，以最快的速度蹬自行车，直到他们筋疲力尽。

在运动强度相同的情况下，实验进了两组测试：第一组测试时，自行车手们将含糖的运动饮料在口中含 10 秒然后吐掉；第二组测试时，自行车手们将味道相近的无糖饮料在口中含 10 秒然后吐掉。

虽然两组实验中，自行车选手们喝的饮料口感差不多，但第一组的糖水含有能量。结果证明，那些用糖水漱口的车手成绩更好！这样的实验被反复进行，在之后的测试中，糖水组的选手成绩始终强于无糖组。

只是用糖水漱口，就能让运动员更厉害吗？要知道，那些运动饮料的生产商们可是要求我们一定要喝下去，让那些宝贵的电解质进入血液才能发挥作用的。这个实验在一定程度上动摇了商家们的说法。显然，糖分在其中起到了关键作用。

事实上，糖分之所以会产生这样神奇的作用，真正的科学原理是：大脑的反应。科学家们让实验中的自行车选手的大脑连上扫描仪。研究结果推测，人的嘴里有碳水化合物受体，它们独立于味觉，并对食物产生反应。当此受体侦测到少许的碳水化合物时，味觉受体就会马上向大脑报告，大脑神经受到刺激，大脑的正回馈区兴奋水平就高了起来。而兴奋的精神状态，即大脑保持愉悦感，能让运动员在痛苦的体力消耗过程中有所缓解，能够多坚持一会儿。虽然愉悦感调控努力程度的机理目前尚没有科学的研究论证，但科学家们倾向于"中央控制模型"发挥了作用，在这个模型中，身体的极度疲劳被认为是缺少愉悦感。

也就是说，当我们感觉不到快乐时正反馈区域陷入低迷，我们就会不断暗示自己没法再继续了。当我们进行的运动不再是享受，无法继续的念头不断涌出，我们就更容易放弃。

运动饮料的争议

对于体液大量流失可能对健康和运动能力造成影响的说法，是合理的。但运动饮料能够补充这些流失的能量，并且促进电解质平衡的说法，却存在争议。

争议的观点以一项牛津大学提出的分析研究为代表，它认为就目前来看，关于运动饮料能够提高运动能力的说法缺乏高质量的研究，仅凭借现有的研究就得出结论是非常令人担心的。

另外还有研究人士提出，运动员每日三餐的营养膳食就足够补充其在训练和比赛中的电解质和能量耗损。据此来看，运动饮料的"补充"一说，则显得不必要。从营养膳食的角度来看，对比赛或训练间歇的能量补充来说，适量补充固体能量棒、糖块、香蕉等也能达到相应的目的，运动饮料并不具备唯一优势。

补水的问题

由于现在的竞技体育比赛规则在不断改变，且越来越人性化，所以，在运动实践中真正能够危害运动员健康的是由于大量饮水造成的低钠血症以及高温环境导致的热病等。其中低钠血症的发生与补充的液体种类无关，而只与补充的量有关，也就是说，过多地补充运动饮料也会造成低钠血症。而传统的"口渴"信号，即听从身体的需要，感觉到口渴就适当喝点水（当然也可以喝运动饮料），这就足够了。

而运动中的热病，即运动员核心体温的升高，更多地受到外界环境（温度、湿度、风速等）的影响，与其补充何种液体无关。

因此，补水是必要的，运动饮料的功能似乎并没有其宣传的那么必需。

运动饮料能让普通人更健康？

现在越来越多的普通大众也接收到了运动饮料的功能性信息，甚至没怎么进行大量运动的人也来消费这种运动饮料，将其视为一种健康的生活方式。耶鲁大学食品政策与肥胖研究中心的一份分析指出，1/4 的美国父母认为运动饮料对孩子来说是健康饮品。

但不得不承认，这种运动饮料是针对那些保持密集、高强度运动习惯的人研发的，而真正消费它的大部分人却是那些每天只去健身房两个小时的普通人。欧洲食品安全局也有声明说：含有碳水化合物的电解质饮料（运动饮料）只适用于那些经常进行高强度耐力运动的体力活动人群。

而对于没有相应强度运动和消耗的普通人来说，运动饮料恰恰可能成为身体的负担。

首先是糖分的过度摄入。哈佛大学的研究人员指出，一瓶 500 毫升的甜饮料一般含 3 ~ 14 汤匙糖（1 汤匙约 4 克），吃进去更多糖意味着摄入更多能量，若其他方面得不到控制，必会增加肥胖、糖尿病、龋齿、痛风等健康问题。

其次，运动饮料中的电解质钠也会带来一些健康问题。根据我国标准规定，运动饮料中的钠含量一般在 50 ~ 1200 毫克/升。喜欢喝运动饮料，势必增加钠的摄入量。而过多的钠会增加高血压、中风、心血管疾病、胃癌、骨质疏松等疾病的风险。

可见，对于普通人来说运动饮料至少不应该被当作健康饮料来对待。

真相是这样的 »

如果你是保持有密集强度运动习惯的人，感觉口渴时适当补充水分，避免过度缺水而一次性大量补水，便能轻松避免脱水低钠血症及水中毒等问题。

此外，对于运动过后的能量补充，一些常见的食品如巧克力、香蕉等都具有补充能量的功能，运动饮料不具备唯一性，且功能性也存在争议。

虽然选择哪种饮料是个人喜好问题，但是对于一般人来说，运动饮料不应该是健康生活的常备品。

一天只能吃一个鸡蛋，不然胆固醇超标，是真的吗？

鸡蛋的营养丰富，但现在很多人担心血脂高、胆固醇高，因而不怎么吃鸡蛋，认为一天只能吃一个鸡蛋，不然胆固醇会超标，有的人甚至吃鸡蛋的时候只吃蛋白而不吃蛋黄。

一天只能吃一个鸡蛋，不然胆固醇会超标，这是真的吗？

剖析 »

鸡蛋营养丰富

一天究竟吃几个鸡蛋好？首先来看看从一个鸡蛋能得到多少营养。

一个中等大小的鸡蛋，平均约重 50 克，能提供蛋白质 6 克，脂肪 5 克，热能 72 千卡，钙 23 毫克，磷 89 毫克，铁 1.2 毫克，维生素 A612 国际单位，硫胺素 0.07 毫克，核黄素 0.13 毫克，烟酸 0.04 毫克，胆固醇 200 毫克。若将一个鸡蛋和 50 克瘦肉来比较，鸡蛋的蛋白质和脂肪的质量比瘦肉好，维生素的含量也较高。

不要畏惧胆固醇

其实，胆固醇并不是有害的东西，它也是人体不可缺少的重要物质，胆固醇不仅是构成细胞的基本物质之一，而且能合成几种重要的激素。可见胆固醇本身就是营养物质，人体每个细胞的合成都需要它，而为了满足需求，人体每天都要合成 1000 毫克以上的胆固醇。

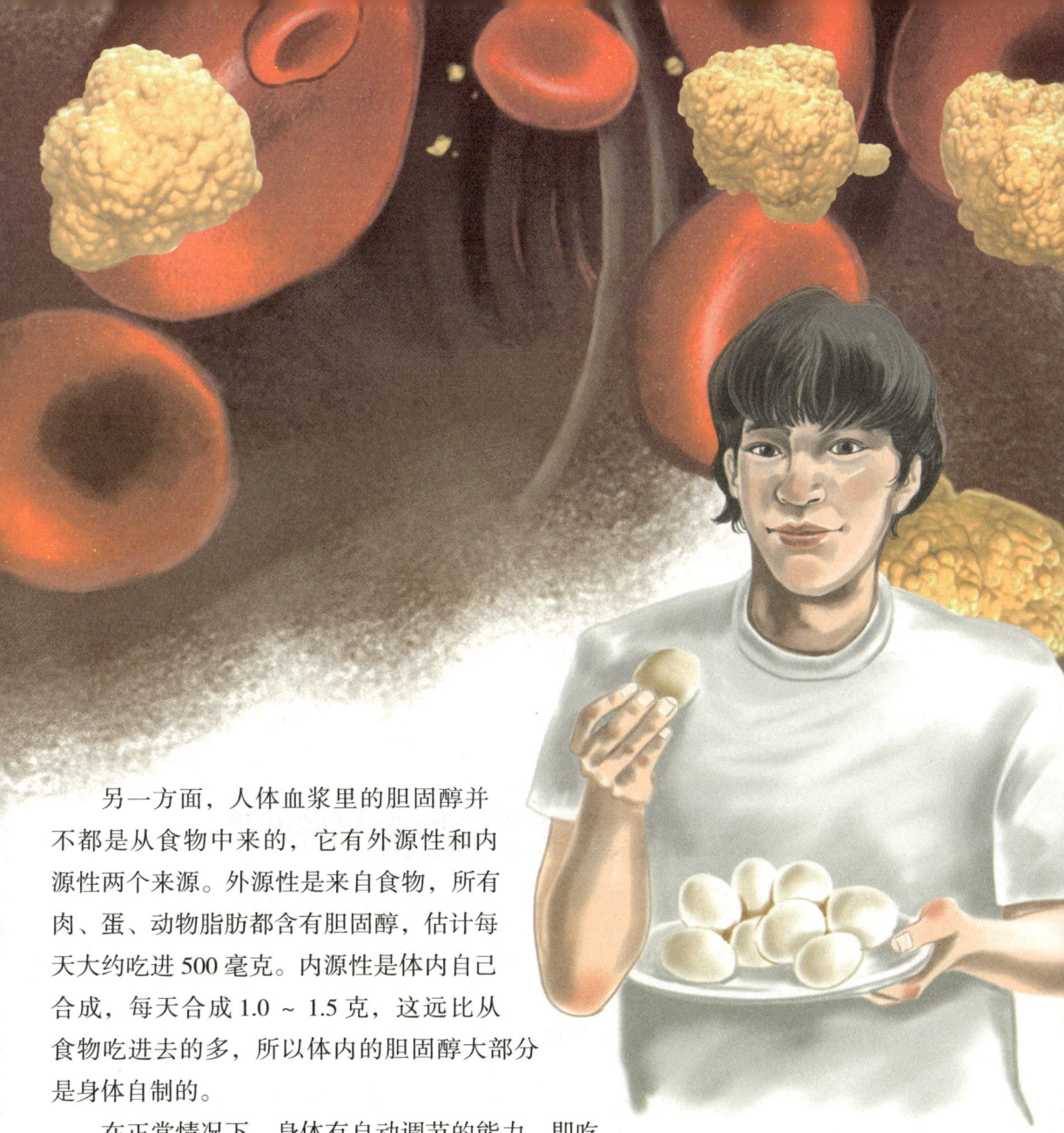

　　另一方面，人体血浆里的胆固醇并不都是从食物中来的，它有外源性和内源性两个来源。外源性是来自食物，所有肉、蛋、动物脂肪都含有胆固醇，估计每天大约吃进 500 毫克。内源性是体内自己合成，每天合成 1.0 ~ 1.5 克，这远比从食物吃进去的多，所以体内的胆固醇大部分是身体自制的。

　　在正常情况下，身体有自动调节的能力，即吃进去的胆固醇多，体内合成的数量就少；吃进去的少，体内合成的就多。此外蛋黄里还含有丰富的卵磷脂，这是一种强乳化剂，可使血液中的胆固醇和脂肪颗粒变小，并保持悬浮状态，从而抑制胆固醇和脂肪在血管壁的沉积，使之透过血管壁为身体组织所利用，不会增加血浆胆固醇。

胆固醇不受鸡蛋影响

　　美国密苏里州立大学的玛加烈·弗林博士曾组织了一个专门研究"鸡蛋与胆固醇"的小组，对 116 名 32 ~ 62 岁的男性进行了为期半年的实验。他们先让受试者连续三个月不吃任何蛋品食物，测定血清胆固醇的含量，然后每人每日加2个鸡蛋，3个月后再测胆固醇，结果两次数值相差不明显。这说明受试者体内胆固醇的含量不受鸡蛋胆固醇的影响。

一个血液胆固醇浓度处于正常范围的老年人，如每天吃两个鸡蛋，其血内胆固醇最多增加2毫克，这个很微小的量不会造成动脉粥样硬化，而鸡蛋中的其他营养成分，却会给人带来更多好处，因此不必害怕吃鸡蛋。当然吃过多的鸡蛋也不好，一是浪费优质蛋白质，二是蛋白质分解产物会增加肝、肾负担，对身体不利。而一个代谢正常的人，适当吃些鸡蛋，例如每天吃 1 ~ 2 个，是对身体有好处的。

真相是这样的 »

每天吃一个鸡蛋更多的是一种健康饮食的建议，而不是说一天只能吃一个鸡蛋，对于正常人来说，多吃几个鸡蛋并不会引起胆固醇明显超标。

微波炉食品致癌，是真的吗？

近来微波炉加热食品危害人体健康的文章传播于各大网站，引起热议。文章提出，微波炉加热或烹煮的食物不仅使食物营养价值流失，还会改变食物分子结构，产生新的致癌物质，并且微波辐射还会严重损伤大脑。这些传言让经常使用微波炉的家庭很是苦恼。微波加热食品真的会致癌吗？

剖析 »

微波炉加热食物的原理

微波是一种频率极高的电磁波，照射在理想导电金属表面上将被全反射。照射在介质表面则有一小部分被反射，大部分能穿透到介质内部，并在内部逐渐被介质吸收而转变为热能，其穿透深度主要取决于介质的介电常数和电磁波的频率。

微波加热的原理简单来说就是：当微波辐射到食品上时，食品中总是含有一定量的水分，而水是由极性分子（分子的正负电荷中心，即使在外电场不存在时也是不重合的）组成的，这种极性分子的取向将随微波场而变动。由于食品中水

的极性分子的这种运动，以及相邻分子间的相互作用，产生了类似摩擦的现象，使水温升高，因此，食品的温度也就上升了。用微波加热的食品，因其内部也同时被加热，能使整个物体受热均匀，升温速度也快。

通俗地讲就是，微波加热是微波进入物质内部，引起物质内部分子激烈运动，互相摩擦而发热。也就是说，微波炉加热是从内到外一齐热，因此，不能用它加热内部含水外表有皮的物体。

由此可见，微波加热与通常的加热方式不一样。通常的加热方式是要有一个高温热源，通过辐射和传导，先使物体的表面加热，然后再由传导和对流在物体内部逐渐向其纵深加热，这样的加热速度很慢。

而微波炉加热是用磁控管产生微波，然后将微波照射到六面都用金属组成的空箱中，食物放在箱中，微波在箱壁上被来回反射，同时从各个方向穿透到被烹调的食物中去，对食物进行加热，箱壁不吸收微波，只有箱中的容器和食物被加热，因此效率高、速度快。

由于加热速度快，因此对食物营养的破坏很少。

微波加热食品致癌？

微波是指频率为 300MHz~300GHz 的电磁波，是无线电波中一个有限频带的简称。跟收音机、电报所用的电波、红外线以及可见光本质上是同样的东西，差别只在于频率不同。

微波的频率比电波高，比红外线和可见光低。电波和可见光不会致癌，自然也就不难理解频率介于它们之间的微波也不会致癌。微波作为一种电磁波，确实存在辐射，但跟 X 光以及放射性同位素产生的辐射是不一样的。

X 光虽然也是电磁波，但是其频率比微波高得太多，因而能量也高，而放射性同位素在衰变过程中会放射出粒子，所以它们能让生物体产生癌变。

由于微波食品的加热时间短、温度低，所以产生的致癌物就少，比其他加热方式的安全性甚至更高。对于鱼、肉等食物来说，传统加热尤其是烧烤炸等方式容易导致肉变焦，从而产生一些致癌物。用微波炉加热可以有效降低这类致癌物的产生。

所以说，微波炉不会对人致癌，也不会让食物产生致癌物质。

微波炉是否可以放心使用？

微波辐射能够加热食物，当然也能够加热人体组织。高强度的微波辐射可以烧伤皮肤，也有可能导致白内障。但是因为微波炉有多重保险防止微波泄漏，从微波炉泄漏的微波的强度，远远达不到这个水平。

在离微波炉 5 厘米处，微波炉的微波泄漏必须控制在每平方厘米 5 毫瓦之内，这个强度不足以对人体造成任何损伤。而且，微波强度是与距离的平方成反比而衰减的，在离微波炉 50 厘米处的微波强度只有离微波炉 5 厘米处的百分之一。

可见，正常使用微波炉加热时，能够到达人体的辐射能量还有多少呢？况且微波炉在正常使用过程中是不可能出现超标泄漏的，而万一由于微波炉损坏而出现大量微波泄漏，最可能的后果之一也可能只是让你觉得皮肤发热。

微波炉使用过程中的另一个安全问题在于加热时使用的容器。一般，塑料容器加热中会释放有害物质。

美国食品药品管理局测定了各种塑料容器在正常微波炉中加热可能释放到食物中的有害物质的量，要求这个量低于动物实验确定的有害剂量的百分之一甚至千分之一，才可以标注为"可微波加热"。所以，我们只要使用那些标注合格的塑料容器，是相当安全的。如果还是不放心，或者怀疑厂家的标注可信度，我们还可以使用陶瓷或者玻璃容器。

真相是这样的 》

谣言破解。关于微波炉加热食品产生致癌物的说法都是谣传。微波加热不会因破坏分子结构而产生新的致癌物质，微波炉加热食物方便快捷，不存在微波辐射致癌之说。微波辐射也在安全范围内，更不会对大脑产生严重损伤。

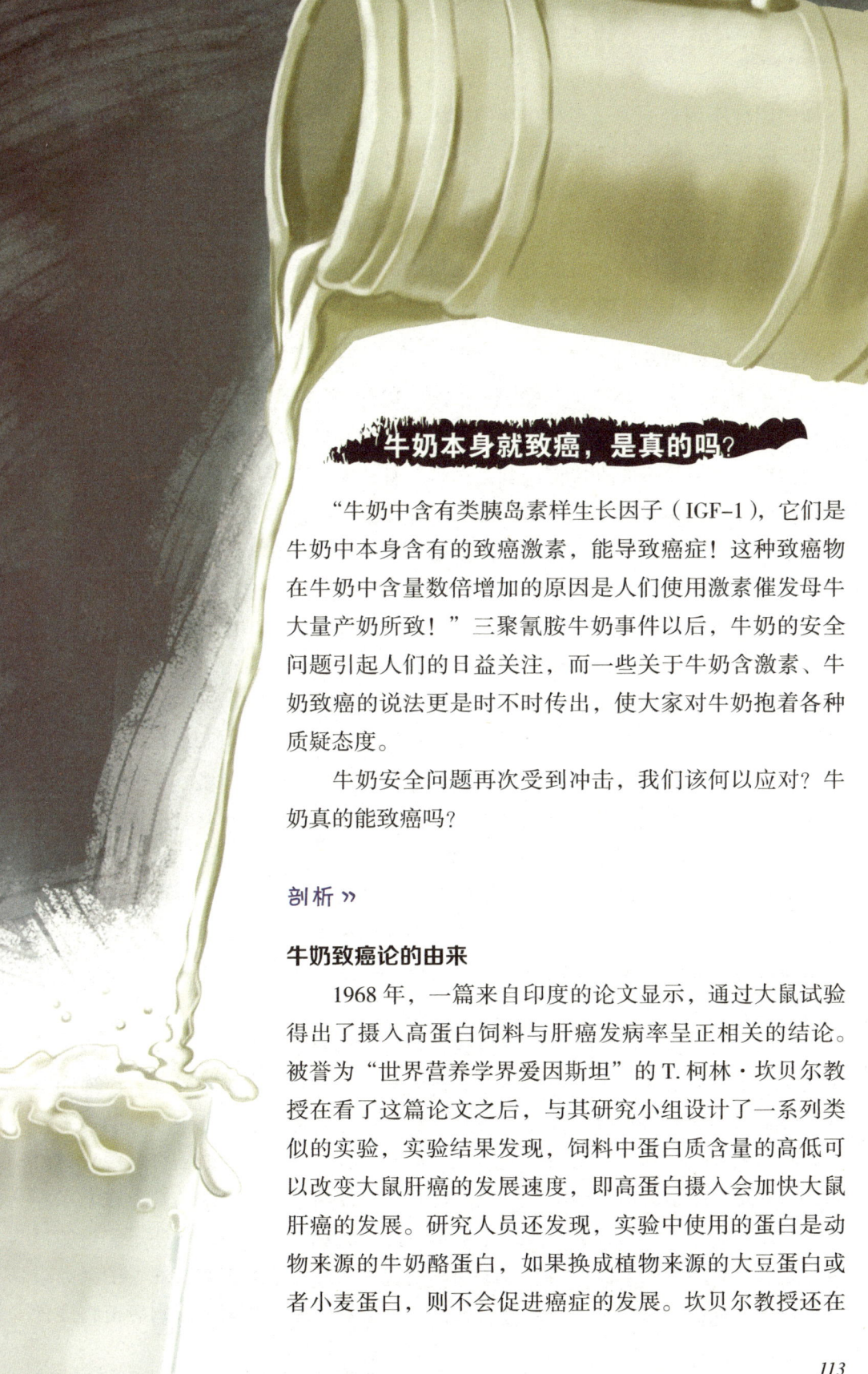

牛奶本身就致癌，是真的吗？

"牛奶中含有类胰岛素样生长因子（IGF-1），它们是牛奶中本身含有的致癌激素，能导致癌症！这种致癌物在牛奶中含量数倍增加的原因是人们使用激素催发母牛大量产奶所致！"三聚氰胺牛奶事件以后，牛奶的安全问题引起人们的日益关注，而一些关于牛奶含激素、牛奶致癌的说法更是时不时传出，使大家对牛奶抱着各种质疑态度。

牛奶安全问题再次受到冲击，我们该何以应对？牛奶真的能致癌吗？

剖析 》

牛奶致癌论的由来

1968年，一篇来自印度的论文显示，通过大鼠试验得出了摄入高蛋白饲料与肝癌发病率呈正相关的结论。被誉为"世界营养学界爱因斯坦"的T.柯林·坎贝尔教授在看了这篇论文之后，与其研究小组设计了一系列类似的实验，实验结果发现，饲料中蛋白质含量的高低可以改变大鼠肝癌的发展速度，即高蛋白摄入会加快大鼠肝癌的发展。研究人员还发现，实验中使用的蛋白是动物来源的牛奶酪蛋白，如果换成植物来源的大豆蛋白或者小麦蛋白，则不会促进癌症的发展。坎贝尔教授还在一项中国健康调查中通过对比中美两国人民的日常膳食摄入和一些疾病的发病率得出：肉类和乳制品等高蛋白膳食是许多疾病的根源，素食更有利于健康。

坎贝尔教授根据这些实验研究形成了《中国健康调查报告》，报告中提到牛奶中的酪蛋白会促进各阶段癌症。此观点迎合了推崇素食主义的美国责任医疗医师委员会和提倡保护动物权益的善待动物组织的理念，因而被他们广泛用来在全球范围内进行反对乳制品的宣传。牛奶致癌说就是他们反对乳制品的论据之一。

牛奶致癌，是真的吗？

对于牛奶增加患癌症的风险这个问题，我们还是回到上述实验中。实验中，坎贝尔教授研究的是已经通过大剂量黄曲霉素（一种强致癌物）诱导出了癌变细胞的大鼠，结果并不能直接推论到人体。并且，实验中所用的酪蛋白是大鼠唯一的蛋白质来源，这有别于人类膳食结构。即使按照中国营养学会的建议，每天摄入相当于 300 克牛奶的乳制品，其中也仅含有 7.5 克左右的酪蛋白，仅占人体每天摄入的蛋白质的一小部分（不到 10%）。可见，一项或某几项这样的实验的主要意义在于指导进一步的研究，并且需要结合其他研究来综合判断，不能就此得出结论，更不应该以此不确切的观点宣传误导大众饮食。

那么，实验为什么不直接以人作为研究对象呢？这是因为人们的饮食方式、生活环境、遗传背景等多种因素都会对结果产生影响，并且很难排除。20 世纪 80 年代，中国人和美国人除了饮食习惯之外，人种差异、生活环境、工业化水平等也大大不同，这些都有可能影响调查结果。所以，以人作为研究对象进行此类实验，更应谨慎，且实验结果的准确性更无法论断。

牛奶的营养成分很复杂，不能单凭一种成分的作用推断多种不同营养成分共同作用于人体的结果。并且，研究牛奶与癌症的关系，还受研究方法、研究团队等众多因素的影响。而主流的科学观点则是在综合评估了所有研究的结果之后得出的总结。

坎贝尔教授的《中国健康调查报告》曾经在社会上引起了很大关注。因为其中列举了很多的实验数据，也引用了大量的参考文献，看起来很专业、严谨的样子。但学术界的大多数科学家并不认同。对立观点认为，这本书中表达的更多是作者的个人观点，其中提到的研究结果，都是作者有意选取的能支持其观点的研究，而有意忽略了大量其他不符合他的观点的研究结果。坎贝尔的观点在学术界并没有达成共识，当然，更不能代表学术界的主流观点。但由于一些不完整的报道，导致实验结果被误传，引发了牛奶致癌说。当然，坎贝尔教授在《中国健康调查报告》提倡的减少高脂肪高蛋白的肉食，增加水果、蔬菜和谷物等植物性食

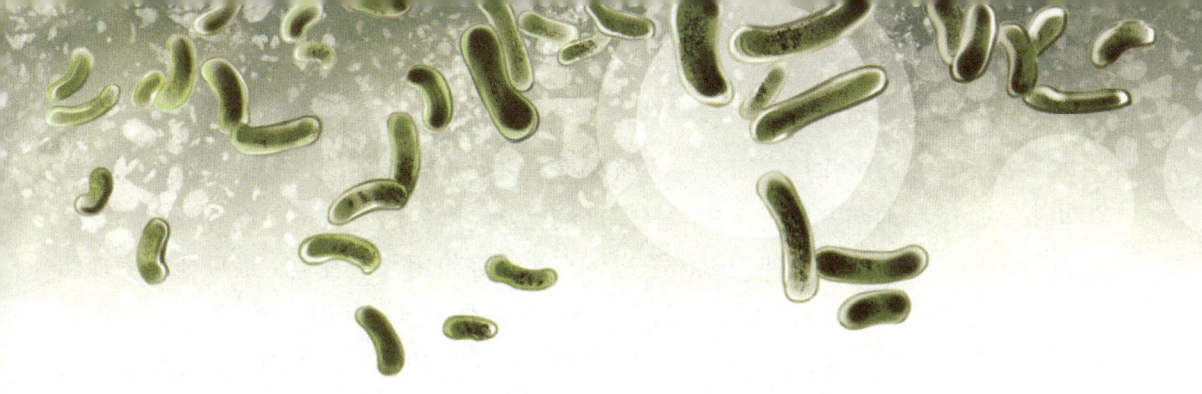

物的观念还是有积极意义的，因为当前多数人群日常膳食中脂肪和蛋白质摄入量确实过高。目前的中国人人均乳制品消耗量还远远低于世界平均水平，如果因为这些没有被科学证实的观点而放弃这一优质蛋白来源，那就得不偿失了。

真相是这样的 》

"牛奶致癌"的说法是谣传。截至目前，主流学术界没有有说服力的证据证明牛奶能增加或者降低癌症风险。况且对于消费者来说，日常喝牛奶是绝不可能达到国外实验中的数量的，所以用某一动物实验来类推奶类的促癌效果是不科学的。

除菌香皂比普通香皂更有效吗？

很多年来，电视广告告诉我们除菌剂更有益健康。

经典广告给我们展示了一个温暖、惬意的家庭生活画面，广告里的人很严肃地警告人们："你有小孩，你就有细菌！你需要一块杀死细菌的香皂。"

这看上去很合乎逻辑，记者采访的一些人就相信这个说法。

第1位顾客：在流行性感冒盛行的季节，我想确定自己是否杀死了这些病菌。

第2位顾客：除菌香皂的作用就是为了除掉病菌。

剖析 》

除菌香皂只是宣传而已

除菌香皂在很长一段时期被认为可以减少细菌数量，这就是医院使用它们的原因。但是它们

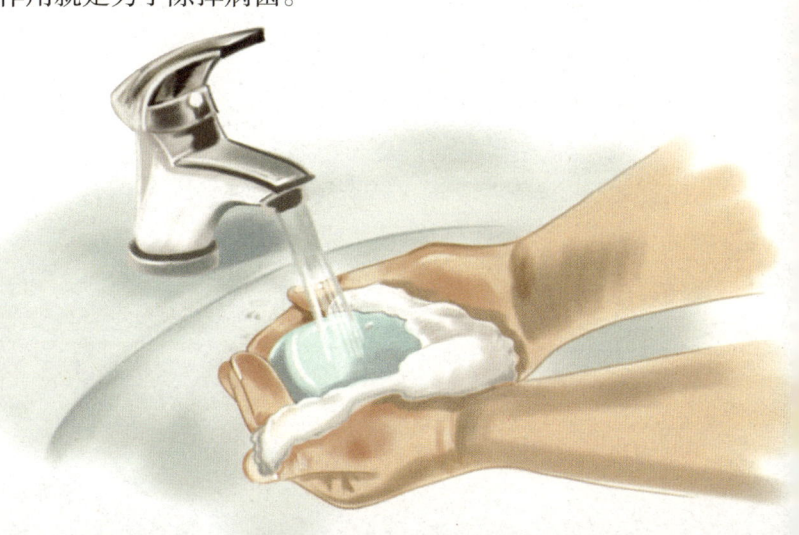

对病毒并不能产生作用，而且一些研究也没有发现什么证据可以证明除菌香皂能更有效地减少细菌、预防疾病。美国哥伦比亚大学的研究人员曾经对数百个家庭进行了调查，有些家庭使用除菌香皂，有些家庭使用普通香皂，最后他们发现两种香皂对预防咳嗽、流鼻涕、喉咙沙哑等病痛的作用没有任何不同。

一个微生物专家从纽约国家动物园的工作人员的手上采集到了细菌样本，他让他们中的一些人用除菌香皂洗手，另一些人用普通香皂洗手。然后她再次采集了细菌样本，她发现两种香皂在杀菌上都起到了很好的效果。其他更科学的研究也得到了类似的结果。

正确洗手更重要

事实上，选择如何洗手要比使用哪种香皂更重要。那位微生物专家说："人们需要学习洗手技巧的课程。"课程？但是当记者看到她后，明白了她的观点：正确的洗手时间要比我们普通人洗手的时间更长，至少要30秒，涂上较多的香皂，并且用力摩擦双手。擦干手后，当心不要用你干净的手去碰任何皮肤。这通常意味着你要用餐巾纸关掉水龙头。

那位微生物专家说，那样比把细菌传到除菌香皂上好。事实上，美国食品及药品管理局称过度使用除菌香皂可能会让细菌产生抗体，长期使用会带来更多的问题。

真相是这样的 »

使用常规香皂正确洗手就可以除掉手上的病菌。

问题是，人们重视洗手吗？没有。在全美国的公共区域所做的一项调查发现，10%的妇女在使用公共卫生间后都不洗手，男性更糟糕，25%都不洗手。这对他们来说是一种不好的习惯。

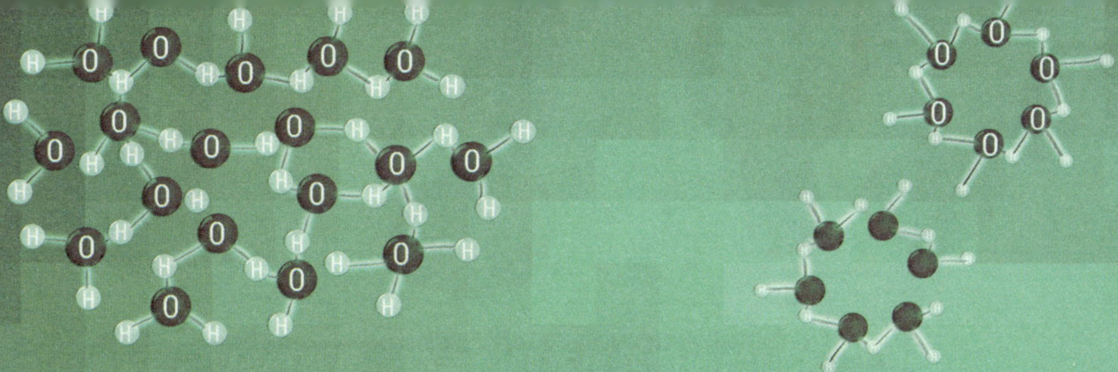

第三章　健康知识要学会去伪存真

不同的血型易患不同的疾病，是真的吗？

每个人都有自己的血型，而且不会改变，甚至能够遗传到你的下一代。作为人体最稳定的遗传性状之一，许多专家力求找到血型与疾病之间的关系。比如俄罗斯医学家们就公布了他们的研究成果：O型血的人普遍长寿；A型血的人几乎没有对天花的免疫力，蚊子也更爱叮咬他们；B型血的人很少得癌症；AB型血的人有很高的肌体免疫力。

网络上更是列举出不同血型易患的疾病：O型血的人易患的疾病包括胃溃疡和十二指肠疾病、肝硬化、胆囊炎、阑尾炎、支气管哮喘、脓肿等。A型血的人容易患葡萄球菌化脓感染、沙门氏菌病、结核病、白喉、痢疾、流行性感冒、动脉粥样硬化、风湿病、心肌梗死、癫痫、慢性酒精中毒等疾病。B型血的人易患包括痢疾、流行性感冒、神经根炎、泌尿生殖系统炎症、关节炎等疾病。AB型血的人容易患脓毒性感染、急性呼吸道疾病、病毒性肝炎等疾病，另外，AB型血的人患精神分裂症的概率比其他血型高出3倍多，但AB型血在患结核病、妊娠贫血症的概率上，则比其他血型的人低很多。

但以上这些说法靠谱吗？不同的血型易患不同的疾病，这是真的吗？

剖析 »

血型进化史

血型是对血液分类的方法，通常是指红细胞的分型，其依据是红细胞表面是否存在某些可遗传的抗原物质。ABO血型系统是1900年奥地利人兰德斯坦纳发现和确定的人类第一个血型系统，是根据红细胞表面有无特异性抗原（凝集原）A和B来划分的血液类型系统。根据凝集原A、B的分布，把血液分为A、B、AB、O四型。

虽然血型系统的发展只有100多年，但人类血型的演变经过了几十万年。

O型血是人类最古老的一种血型，约在10万年前，地球上大部分地区只有O型血的人群。他们以狩猎和采集食物为生，其特点是对高蛋白食物非常适应，但对谷物吸收极差。因此O型血人的体质与原始人比较接近。

随着人类的生活方式由渔猎逐渐转变为农业，才开始演化出A型血，这类人适合以蔬菜为主的食物，某些植物蛋白质如大豆蛋白对他们来说是最佳健康食品，而由于豆类制品的特点，常食可减少心血管病和癌症发病率。

B型血在人类学上出现比A型血更晚。最早的B型血者是游牧民族，因而对肉类和乳类食品相当适应，但对这类人来说，鸡肉、玉米、番茄、大部分坚果类食品却不是健康食品。A型血和B型血是比较近代才出现的血型，体质接近农业时代。

AB型血是在经过各部族的融合之后才出现的，是最晚出现也是最稀少的血型，在总人口中所占比例不到5%。这类人拥有部分A型血和部分B型血的特征，既复杂又多变。他们既适应动物蛋白，也适应植物蛋白。AB型血人具最现代的体质，先天的免疫机能较能适应多变环境，更符合现代生活。

血型的地域分布

由于不同地域的人生活习性和饮食习惯的不同，ABO血型也具有种族差异和地域差异。

中欧地区的人群中，约40%以上的人为A型，近40%的人为O型，10%的人为B型，6%的人为AB型。90%的美洲土著人则为O型。西南非洲地区O型血较多，而A型血在欧洲分布最多，往亚洲方向逐渐减低；B型血人在亚洲最多，欧洲则最低。

在中国大陆，由北向南方向，B型血的数量逐渐下降，而O型血却逐渐增加，如在云贵川和长江中下游地区 A 型血的数量较高，而广东、福建和台湾地区 O 型血的人比其他地区多。可见，血型的地域差别较大。

对于血型的地域特点，可以解释为：血型由基因决定，一种基因在人类某一群体的进化中能被保留下来，或者占有较高的比例，说明这种基因对这个群体的生存和繁衍有利，所以才能够通过遗传传递并扩大其比例。

血型与疾病无特定关联

科学家一直在试图确定 ABO 血型究竟会向我们提供什么益处。尽管人们给出了各种答案，但迄今还没有一个很明确的解释。

其实，ABO 血型并没有直接的生死优势。有些科学家认为，血型存在的理由可能就在于其变化，因为不同的血型可以保护我们免受不同疾病的困扰。在 20 世纪中叶，医生们开始注意血型和疾病之间的关联，发现越来越多。

血型和疾病之间的这些关联具有神秘的任意性，科学家也才刚刚弄清楚其背后的缘由。加拿大科学家凯文和同事一直在调查，为什么 O 型血的人比其他血型的人能更好地防止染上严重的疟疾。他们的结论是 O 型血人的免疫系统更容易识别出受到感染的血细胞。

但更令人费解的是血型同与血型毫无关联的疾病之间的联系。例如，诺如病毒能引起剧烈的呕吐和腹泻，其通过侵入肠道上的细胞来"作恶"，并不会对血细胞造成什么影响，然而，血型却会影响人被诺如病毒的特定菌株感染的风险。

我们的祖先曾与无数的病原体（包括病毒、细菌）进行过漫长的斗争，各种不同的血型抗原可能已经适应其中的一种或多种病原体。与血型适应得最好的病原体最有优势，因为它们能感染的宿主数量最多，但这些病原体逐渐将宿主杀死，也毁掉了自己的优势。与此同时，拥有罕见血型的灵长类动物开始繁衍生息。血型存在的原因可能最终和血液没有任何关系，血型的存在或许只是为了我们的进化。

真相是这样的 》

血型确实跟某些疾病存在相关性，在人类演化初期像疟疾这样严重威胁人类生存的传染性疾病影响了人类的血型分布。但血型并不像传言所说，跟一些具体疾病存在直接对应关系，更不存在某类血型易患某种疾病的说法。在现代社会，个体患特定疾病的风险及患病后病情的严重程度，影响因素很复杂，血型不是重要的影响因素。

酸性体质致病是真的吗？

"酸性体质"是百病之源的说法近年来流传甚广，认为体液偏酸会导致人的免疫力降低，易患感冒及其他感染性疾病。甚至高血压、糖尿病、癌症都和体液呈酸性有关，而碱性体质的人则不易患病。再加上一些保健品商贩的推波助澜，经过反复的传播和再加工，俨然成为一条流行的"医学常识"。

但有人对该说法提出了反驳，认为酸碱论纯属胡说八道，人体的 pH 值正常情况下不可能"变酸"，血液 pH 值到 7.2，就已经是严重的酸中毒，而 pH 值低于 7，人就无法存活。但仍有人坚持，人的体质有酸碱性，而且还列出了酸性体质的生理表现，并指出最准确的鉴别方法就是去医院做下血液酸碱鉴定。

那么，在科学或者医学的范畴内，是否真的存在"体质酸碱性"的说法？"酸性体质的人容易得癌症"这一说法是否成立呢？

剖析 》

体液酸碱度不同于体质酸碱性

人体体液有很多种，比如细胞内液、细胞外液（血液、组织液和淋巴液）、分泌的各种消化液（如唾液、胃酸、肠液、胆汁等）、排泄出的汗液、尿液等都属于体液。不同体液各有各的酸碱度，且相差很大。胃酸的 pH 值在 1 ~ 2 之间，而血液的 pH 值可以达到 7.45。即便是同一种体液，由于环境的不同，自身酸碱度也会存在一定的浮动范围。例如正常的尿液 pH 值在 5.0 ~ 7.0 之间，其酸碱度会受到所吃食物的影响，吃肉、蛋、奶时，pH 值会偏低一些；吃蔬菜、水果则会相对偏高一些。但尿液的酸碱度是肾脏"调节"的结果，而且作为被

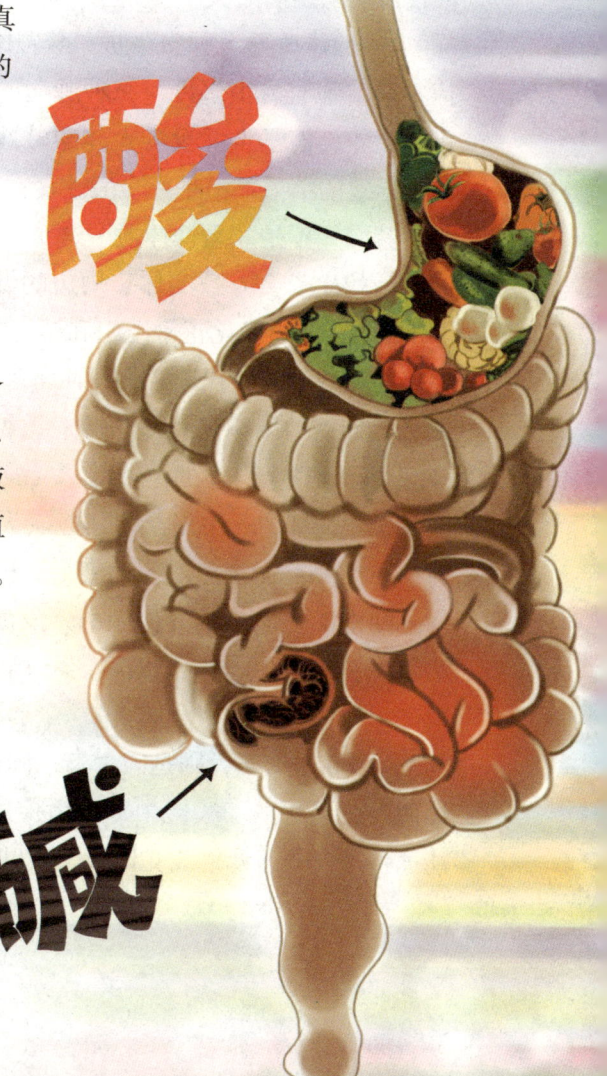

隔离在膀胱中的排泄物，不会影响到人体的机能。

在人体中，关于体液或血液的酸碱性，自有一套缓冲机制，可以让血液中的pH值保持在一个恒定的值。这套缓冲机制有三个环节：一个是碳酸和碳酸氢盐，一个是肾脏，另外一个就是血红蛋白。这三套缓冲机制就像过滤网和天平一样，自动调节血液里的酸碱度，让它们保持在一个正常的值。因为这些缓冲机制，不管摄入什么食物，都不会对身体造成明显影响。要知道，任何食物要经过的第一关就是胃，然后才是肠。在这样的缓冲机制下，任何食物在胃里都呈酸性，到了肠里就都变成碱性的了。

因此，以某一种体液在某一时刻的酸碱度来衡量所谓体质的酸碱性是不科学的。"酸碱体质说"在传播过程中，将体液或等同于血液，或等同于尿液，或等同于唾液，或不加区分笼统地称为人体体液，是典型的错误言论。

酸性体质与疾病无关

"酸性体质导致肿瘤"是"酸碱体质说"经常提到的一个观点，许多人对此深信不疑。肿瘤有很多种，每种肿瘤的诱发因素都不同，公认的致癌因素很多，到目前为止，医学上并没有人体酸碱性和肿瘤诱因有关这个说法。肿瘤是各种综合因素导致的结果，不是一个酸性食物就能诱发的。

其实并不是"酸性体质"这个"恶因"诱发了肿瘤，而需要将因果对掉过来，即肿瘤的生长会导致实体瘤周边的微环境变酸。科学研究发现，实体肿瘤周围微环境的pH值的确比正常组织和器官要低。这是因为肿瘤细胞在生长过程中生成了更多的乳酸等酸性代谢产物，使得肿瘤组织周边的组织液pH值降低。此外肿瘤对体液酸碱度的影响只局限于肿瘤组织周边的微环境，目前尚无科学证据表明实体肿瘤会导致整个身体的体液都"变酸"。

至于"理论"中提及的其他症状与酸碱失衡是否有关呢？健康人的血液pH值为7.35～7.45。当血液pH值低于7.35，已经属于酸中毒了，是需要治疗的严重疾病。酸中毒一般是某种疾病的并发症，病因也复杂多样。比如代谢性酸中毒可由腹膜炎、休克、高热、腹泻、急性肾功能衰竭等引起，而呼吸性酸中毒则可由脑膜炎、血栓、脊髓灰质炎、支气管哮喘以及广泛性肺疾病引起。反之，如果血液的pH值高于7.45，则是碱中毒，同样是需要治疗的严重疾病。所以并不是"碱性体质"就是好的。酸碱中毒多由疾病导致，而非因为体液过酸或者过碱，也不可能通过进食普通食物改变体液的酸碱性。

食物不能调节酸碱性

普通食物绝不可能引起身体血液或淋巴的酸碱度变化，除非一次性摄入大量的偏酸或偏碱性食物，才会引起血液或体液的 pH 值变化。被"酸碱体质说"推崇的蔬菜、水果等"碱性食品"，之所以对一些慢性疾病有预防作用，主要是因为它们产生的能量低，且富含维生素、矿物元素、膳食纤维等，而不是所谓碱性的作用。

如果按照"酸碱体质说"的饮食观念，纠正"酸性体质"靠每天饮用苏打水就可以解决问题，完全不用大费周折去吃各种"碱性食品"——事实上，即便是苏打水对人体体液酸碱度的影响也微乎其微。健康的饮食应该是均衡的饮食，含蛋白质、碳水化合物、脂肪、维生素和矿物质等各种营养素的食物都应该适量合理地摄取，而不必在意什么酸碱性。

除了药物或疾病干扰外，正常人会引起体内酸碱变化的有两种因素：呼吸和代谢。放慢呼吸或不呼吸，会使体内的二氧化碳增多，从而血液的 pH 值降低，造成酸中毒，支气管炎和哮喘患者也容易酸中毒。呼吸过于频繁或深呼吸过多，体内二氧化碳减少，pH 值加大，会引起碱中毒，肝硬化或服用阿司匹林的人容易碱中毒。糖尿病、肾功能不全、腹泻或服用利尿剂等有代谢疾病的人就容易酸中毒，而严重呕吐或肾脏控制酸碱不平衡的人容易碱中毒。

迄今为止，世界上没有任何一种药可以包治百病。单一的膳食结构、缺乏锻炼、不规律的生活方式包括遗传等都会对人体健康造成危害，但同时人体有着严格精密的自我调控机制，这些都远非一个"酸碱性体质"能够轻易解释的，试图通过食补药补来强身健体本身也是一种急功近利的偷懒行为。

充满漏洞的谎言

酸性体质论就像一个到处都是漏洞的谎言一样，而填补这些窟窿的是一个又一个谎言。酸性体质论者说 1931 年诺贝尔医学奖获得者瓦尔堡就提过缺氧状态下，身体呈酸性，是癌症的根源。但事实上，这位德国生物化学家所有的公开论著中，没有任何涉及酸性体质或者酸中毒的研究。

同时，酸性体质论者主推的重要理论，就是通过补充碱性营养剂或进行食物选择，让身体从酸性转向碱性。撇开食物并不能影响身体酸碱性的事实，如果真的想把身体变成碱性的，其实不必喝那些成分很可疑的矿泉水或根本不知道有多少科技含量的碱性补充剂。实际上，廉价的小苏打才是酸中毒最有效的解药。

所以，不管酸性体质论者强调碱性体质最健康是为了卖他们的碱性补充剂，

还是为了提醒我们注意饮食搭配均衡多吃蔬菜少吃肉，我们都不该被各种本来就没有任何科学依据的饮食论者牵着鼻子走，否则好好的人都该被折腾成病人了。

真相是这样的 》

由于人体体质根本就不分酸碱性，所以"酸性体质"这一说法本身就是错误的，更何况"酸性体质的人容易得癌症"这种错误论断了。同时，食物区分酸碱性也毫无意义，食物进入体内后会被消化吸收，人体体质也不会因为某种食物而发生变化，均衡的饮食配合、适量的运动，才是保持身体健康的最佳办法。

"发物"影响伤口愈合，是真的吗？

忌食发物是在民间广为流传的一种说法，很多时候患者会被告知不能吃"发物"，不然不利于疾病治疗和机体康复。据传明太祖朱元璋登基后大肆屠戮功臣，大将徐达因患背疮忌食"发物"鹅肉。朱元璋听闻后便赐鹅肉给徐达，徐达食用后背疮发作而亡。可见在传说中，"发物"的力量不可小觑。

按民间说法，在日常生活中，发物主要有以下几种，当身上有伤口或长了疮、痈，发生红肿时不宜食用。一为发热之物，如姜、花椒、胡椒、羊肉、狗肉等；二为发风之物，如虾、蟹、香蕈、鹅、鸡蛋、椿芽等；三为发湿热之物，如饴糖、糯米、猪肉等；四为发冷积之物，如西瓜、梨、柿等各种生冷之品；五为发动血之物，如海椒、慈姑等；六为发滞气之物，如羊肉、莲子、芡实等。这些说法真有科学道理吗？

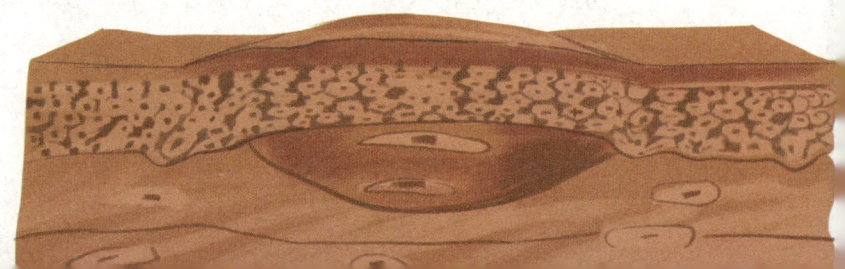

剖析 》

　　长长的发物名单几乎包含所有品类，让忌口在操作上显得益发困难。经历手术或外伤后仍处愈合期的患者对此颇有疑惑，"我要不要忌口"则成为外科医生最常回答的问题之一。

　　然而，到底何为"发物"，经典的传统医学典籍上却似乎没有明确说明。从名单来看，民间所谓发物多是一些具有刺激性或蛋白质和脂肪含量较高的食物，前者以辣椒等调味品为代表，后者则以易引起过敏的蛋、奶、红肉和海鲜为代表。有些极端的说法甚至把糖也作为发物列了进来。

　　不可否认，某些特定人群在食用这些食物时的确需要加以控制，然而伤口愈合时真的也不能吃这些吗？

伤口愈合的过程

　　一般来说，伤口愈合可以大致分为三个阶段。受伤早期，伤口出血并形成血凝块，纤维蛋白充填其间，起到止血和封闭外部环境的作用；随着伤后时间的推移，新生的毛细血管和纤维细胞开始出现在伤口内部，旧有的血凝块被分解吞噬，肉芽组织占据受损部位。

　　随着肉芽组织内胶原纤维的增多，肉芽组织逐渐转变为纤维组织，伤口变得坚硬，瘢痕逐渐形成。到了第三阶段，瘢痕组织开始逐渐塑形，以适应局部生理功能。

　　伤口愈合受多方面因素的影响，其核心在于执行修复功能的各类细胞能够良好地完成自己的工作。这些影响因素可以分为两类，一类为局部因素，另一类则是全身性因素。

伤口愈合会受哪些因素影响？

　　感染是伤口愈合的大敌。一旦伤口内存在致病菌活动，病菌产生的酶及毒素等会大大干扰正常的愈合过程，严重时伤口内会形成化脓性病灶，加重组织的破坏。我们在受伤后通常要进行清创消毒，正是为了最大限度地预防感染，促进愈合。

　　如果伤口缺损过于严重或伤口内存在异物，那么愈合速度也会大大减慢，缝合就是拉拢创缘，缩小缺损。

　　受伤后局部处置不当，组织受压缺血缺氧则会导致愈合延迟。一些特殊部位受伤后要保持稳定并制动，反复牵拉也则影响愈合。以上这些都是影响愈合的局部因素。

至于全身因素，营养不良的患者缺乏机体修复所必需的蛋白质、微量元素等营养物质，这无疑会对伤口愈合造成不利影响。

糖尿病控制不佳或患有艾滋病等免疫力低下的患者，细胞功能受抑，伤口也易感染并愈合延迟。

年龄方面，老年人的愈合速度也会较年轻人慢。长期服用某些细胞毒药物或者糖皮质激素的患者，愈合功能也会下降。总体来说，伤口的愈合情况也可看作全身因素在局部的反映。

"发物"对伤口愈合有影响？

综上所述，如果说发物会对伤口愈合产生影响，那么它必将通过局部和全身两种途径起作用。伤口感染同病原微生物污染和滋生有关，消毒和保持局部清洁干燥是防治感染的关键。目前没有证据提示食物会增加伤口的感染率，其中自然包括那些"发物"在内。

当然，如果某些食物会引起过敏，那么无疑应当避免摄入，这无论对健康人还是伤口愈合期的患者来说都一样。

较轻的浅表外伤对全身的影响微乎其微，愈合时并不要求动员很多的营养储备，这种外伤不必刻意追求高营养，同时，"发物"这些高脂高蛋白或刺激性食物也不会对愈合产生不利影响。而重大外伤或大手术后的患者处于应激状态，机体以分解代谢为主，此类伤口的愈合需要动员大量的营养储备，此时应对患者补充足够的营养。

富含蛋白质和脂肪的"发物"们反倒是患者应当重点摄入的对象。即便患者因为病情所限不能进食，医生也会对此类患者静脉补充高营养。至于刺激性发物如辣椒等，只要胃肠功能允许，并不排斥适量摄入。

流言中称"忌食发物对于外科手术后减少伤口感染和促进伤口愈合具有重要意义"是毫无根据，也是站不住脚的。

真相是这样的 »

"发物"的神秘源自对食物进行性味归经的传统认识。现代医学的临床实践并不支持忌食"发物"的观点。在人们对食物进行了科学分析，对食物的成分已了解得较为透彻的现在，"发物"影响伤口愈合的固有观念必然会逐渐淡化。

有伤口时不能吃深色的食物，是真的吗？

在《孙子从美国来》中有过这样一段台词：老杨头问文化站站长"白人长得白是喝牛奶长大的，那黑人也喝牛奶咋那黑呢？"文化站站长回答："杨叔你不懂，黑人是喝巧克力奶长大的。"这段对话很幽默，讽刺了文化站站长的"惯性思维"。不过民间还真有一些类似的说法，其中一个就是"身上出现了伤口，不要吃酱油、巧克力等深色食物，不然会留疤"。

深色食物真的对伤口愈合不利吗？深色食物真的会让疤痕发黑吗？

剖析 »

黑色素沉着是自然现象

任何人的身体上都会有或多或少的疤痕，可是我们并不了解它。疤痕，医学上称为瘢痕，是浅表创面愈合后的黑色素沉着，主要是皮肤的黑色素细胞受刺激所导致，多见于暴露部位。黑色素的沉着是人体的一种自我防护机制，因为新生的皮肤比较娇嫩，惧怕紫外线的照射，它的存在会有助于削弱紫外线的损害。其预防措施主要是避免日晒。如果皮肤损伤严重，黑色素细胞缺失，则不仅不会有黑色素沉着，反而可能因为色素脱失形成白斑。

认识伤口愈合过程

我们首先要谈谈伤口愈合的过程，这其实是两个并行的过程。

第一个是细胞的增生。伤后 24～48 小时，细胞增生在炎症反应的基础上开始，伤缘上皮增厚，一部分基底细胞与真皮脱离，向缺损区移行并发生分裂。同时来自动脉外膜和其他组织的纤维细胞及来自血管损伤处的内皮细胞也开始大量增生。细胞增生形成新的组织，逐步填补创伤造成的缺损。

第二个是纤维组织的增生。新的组织在伤处起填充、支架和连接的作用，纤维组织内决定张力强度和抗拉强度的主要因素是胶原纤维，而胶原纤维主要由纤维细胞等合成。

目前医学上公认的影响伤口愈合的因素包括：感染、异物存留或血肿、组织低灌流、药物、全身性疾病等。上述这些影响因素，均为病理状态，细胞的增生或（和）纤维组织的增生都会受到直接或间接的影响，与食用深色食物没有关系。

紫外线

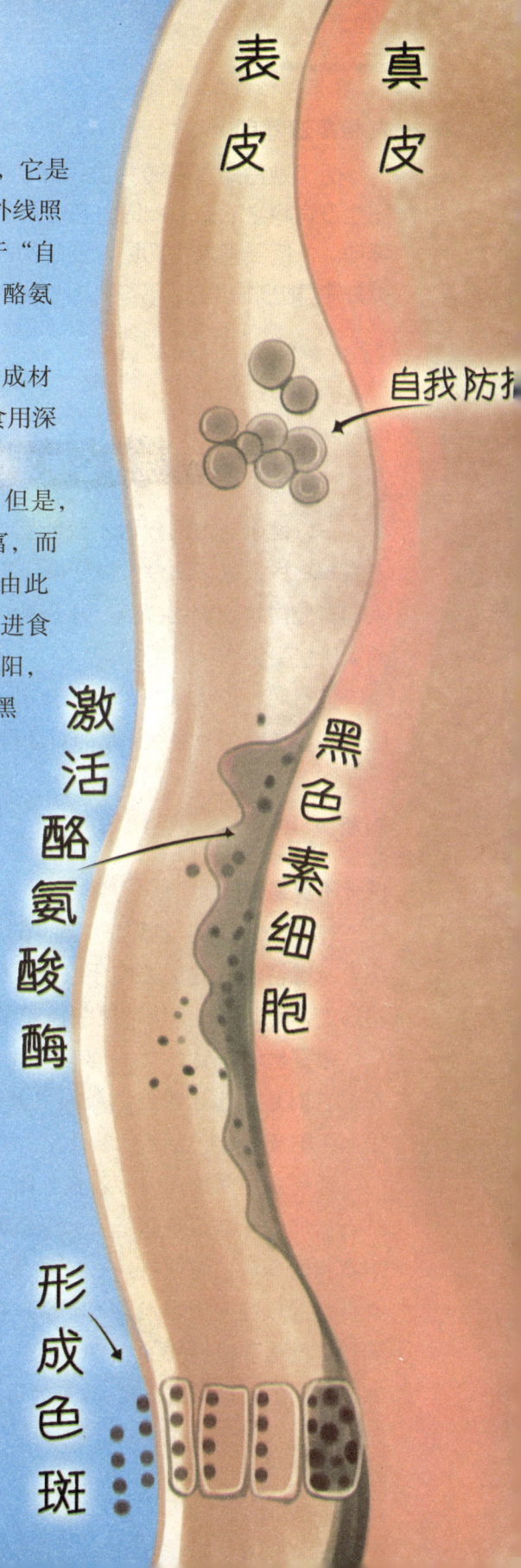

表皮

真皮

自我防护

激活酪氨酸酶

黑色素细胞

形成色斑

深色食物不会令伤口愈合处发黑

诱发皮肤颜色发黑的物质，叫作黑色素，它是由存在于表皮中的黑色素细胞分泌的。当紫外线照射到皮肤上作用于皮肤基底层，肌肤就会处于"自我防护"的状态，激活酪氨酸酶的活性，以酪氨酸为材料生成黑色素。

黑色素的合成有两个必备因素：作为合成材料的酪氨酸，作为合成工具的酪氨酸酶。那食用深色食物是否会影响到这两个环节呢？

很多深色的食物中，确实富含酪氨酸，但是，在很多非深色的食物里面酪氨酸含量同样丰富，而且，酪氨酸是一种可以自体合成的氨基酸。由此可知，想要抑制黑色素的合成无法通过控制进食食材来达到目的。就像去热带海边晒几天太阳，哪怕顿顿都吃浅色的食物，皮肤也是会变黑的。而对酪氨酸酶就更没有影响了，酶类是一种蛋白质，它在胃肠道里面会被分解，无法通过口服的途径进入人体皮肤。所以答案是"不"。

那"深色食物"会不会影响伤口愈合呢？只要是正常的食物就不会。为什么？因为上述两个过程，细胞的增生和胶原纤维的合成，不仅是创伤修复过程，同时也是人体中 24 小时持续不间断进行的人体正常的组织更新过程。假如某种物质对这两个过程的影响能被观察到，那这种物质无论是深色还是浅色，都必然是毒物而不是食物。影响前一个过程的物质，其毒性表现和各种抗癌药物类似，影响后一个过程的物质，必然产生山黧豆等物质中毒的表现或者坏血症的表现。

真相是这样的 »

伤口愈合期需要避免食用深色食物的说法，更像是人们惯性思维下的产物，完全没有科学依据，同时，在任何的创伤和烧伤治疗指南当中也没有提及此注意事项。各位爱美人士切记，要想伤口良好愈合不出现色素沉着，注意不要感染发炎并注意防晒即可。

洗牙会使牙齿变松，是真的吗？

一口健康洁白的牙齿不仅能够让你展现迷人的微笑，而且使人更加自信。但现实却不尽人意，许多人被牙齿问题所困扰，有的人甚至"满口黄牙"。如今随着人们口腔防护意识的提高，牙齿美白已成为一种新的时尚需求，洗牙被越来越多的人所接受。

但有一种说法认为，洗牙会造成牙齿松动、酸痛，在洗牙后的第一天对冷热酸甜都会敏感。经常洗牙真的对牙齿有害，会致使牙齿变松吗？

剖析 »

洗牙不仅是美白

"洗牙"的医学名称是"超声波牙周洁治"。所谓洁，就是利用超声高频振动配合水雾清洗的方法去掉牙齿表面的细菌、牙结石、色素等牙垢；所谓治，则是指通过打磨抛光和药物冲洗减轻牙周组织炎症，是治疗牙周病的基本方法之一。

根据医学统计，在我国有60% ~ 70%的人口腔存有不同程度的牙垢和牙结石，它们是引起牙龈炎、牙龈出血和口腔异味的主要原因，而牙龈若长期水肿、出血，不及时治疗会引起牙周病，使牙槽骨破坏吸收，导致牙齿松动、脱落。

牙周病主要致病因素就是黏附于牙齿表面的菌斑，菌斑矿化之后就形成了牙结石。那么牙结石具体是怎么形成的呢？我们吃完各种食物后，会在牙齿表面留下食物的残渣，而这些残渣仅靠每天早晚刷牙是很难清洁干净的。其次，如果没有良好的口腔卫生习惯，不能掌握正确的刷牙方法，那么有些部位比如牙缝刷不到位，就会造成残渣的积累。而菌斑的生成速度很快，在彻底清刷后的半小时内即会有新的菌斑形成，在30天内可达到最大量。久而久之，这些残渣加上唾液中的钙、磷等矿物质的沉积就形成了牙结石。

那么，洗牙除了能够有效清除牙垢和牙结石，真的能够美白牙齿吗？

正常牙的结构是一层较为透明的牙釉质内包含着淡黄色的牙本质，所以牙齿的正常颜色应该是略带黄色的，经过正规的洗牙后，牙面色素被去除，使得牙齿会有一定程度的美白。然而作为一种预防及治疗牙周病的手段，洗牙对于美白的作用是有限的。

所以洗牙主要不是为了美白牙齿，而是祛除牙垢防治口腔疾病。

洗牙对牙齿无害

目前常规的洗牙方式有三种：手工洁牙，超声波洁牙，气动洁牙。

手工洁牙是指医生手持洁治器使用人工物理刮治的方法，虽然效率低，清洁效果不佳，但对牙齿的伤害几乎为零，而且减少了交叉感染的概率。

超声波洁牙是采用超声机头清除菌斑和牙石的方法，使用时机头直接接触牙齿。即使是对付较为牢固的牙结石，也只是轻轻接触，以震动的力量去除结石。这样的力量不仅很小，而且作用方向几乎与牙面平行，所以不会造成牙齿松动。

气动洁牙是国际上最新一代的洁牙机。它是利用气动能量转化成频率为6000～6500Hz的振动能量去除牙结石。因为振动频率较低，振幅可调等，使用气动洁牙时顾客会感觉更加舒适。利用个性化探头在不损伤牙龈的情况下还可深入牙龈内部清除牙结石。

虽然洗牙的方式不同，但它们都有一个共同的特点，就是对牙齿几乎不会造成伤害。

牙齿松动的真正原因

有的人在洁牙后确实发现牙齿松动了，这又怎么解释呢？洁牙后松动很容易让人认为是洗牙造成的，但实际上牙齿早已松动才是主要原因，洗牙只是诱因。

为什么这么说呢？首先，牙齿之所以能牢牢地长在口腔中，是因为牙周组织的支撑，包括牙槽骨、牙周韧带和牙周膜的共同作用，就像一座大楼有一个稳

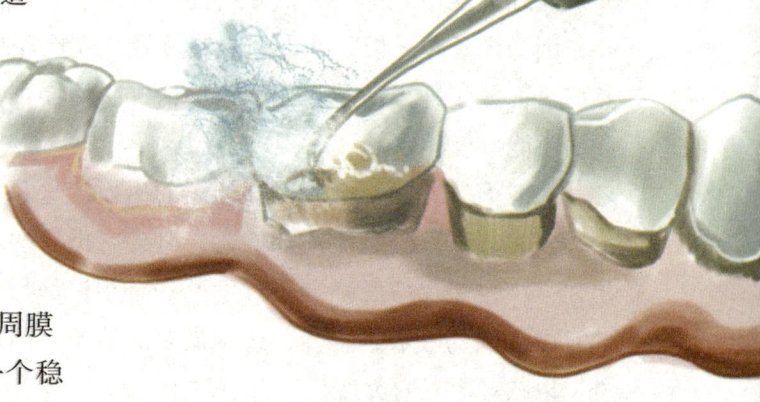

固的根基。

把一颗健康的牙齿拔出就像将一棵大树从土中连根拔起，除非你有鲁智深那样的神力，否则是很困难的。但如果是一棵水土流失严重的树苗呢，肯定会轻松许多吧？患上牙周炎的牙齿就是这样一棵弱不禁风的树苗。牙周炎会引起牙槽骨的高度降低，退缩到牙颈以下，牙齿没有了足够骨质的支撑，就会出现不同程度的松动。只不过由于牙结石的存在，使得相邻牙齿通过结石连到一起，起到了一定的固定牙齿的作用。洗牙之后，牙结石被清除，牙齿没有结石依靠自然就松动了，而且牙龈也会暴露在外面，引起酸痛感。

或许有人会有这样的疑问：既然牙结石起到了固定牙齿的作用，那就留着它好了，为什么还要去洁牙清除结石呢，这不是自找罪受吗？但其实牙结石容易吸附细菌或毒素，加上结石本身的局部刺激，可使牙龈红肿出血发炎，形成牙周囊袋，更易导致食物残渣、牙菌斑和牙结石等的堆积，这种新的堆积又更进一步地破坏更深的牙周膜，如此不断地恶性循环的结果，是使得牙周组织全部破坏殆尽，妨碍咀嚼功能，加重消化负担，最终导致牙齿松动、脱落。

洗牙的注意事项

洗牙的方式方法有很多，无论选择何种方式，只要操作正规是不会伤害牙齿的。但如果在洁牙时给牙齿施压过大，仪器功率过大，或在同一个点上停留时间过长，甚至还用超声机头去刮的话，还是会损害牙齿表面的牙釉质。对于较为顽固的牙结石如果采取粗鲁的做法，也会给牙齿造成伤害。

由于洁牙的复杂性，一般专业的口腔医院洁牙过程需要 1 ~ 2 小时，而在许多小诊所和美容院，二三十分钟就能完成，这不仅达不到洁牙的目的，甚至会危害牙齿的健康。

此外，很多人都会在洁牙后的一两天感觉牙齿酸痛，对冷热酸甜敏感，这主要是因为牙颈和牙根部本来就比较敏感，洁牙后失去了牙结石的隔绝"保护"，突然完全暴露于外界所致。遇到这种情况不用慌张，轻者只要几天内避免冷热的刺激，就能慢慢适应。

一般人洁牙时都会有局部牙龈的出血，这和平时的牙龈出血一样，也是炎症的表现，当结石碎裂脱离牙面时，碰到有炎症的牙龈就会引起出血，所以洁牙时出血多少也是反应炎症严重程度的一个指标。另外，在洗牙时混有洁牙机头喷出的水及本人的唾液，也会造成出血多的假象。洁牙之后还需要用抗菌液含漱、冲洗，以减轻牙龈的炎症。

真相是这样的 »

洁牙是通过去除牙结石和牙菌斑达到预防和治疗牙周病的目的，并不是简单的美白牙齿。正规的洁牙不但不会造成牙齿松动，相反可以防止牙齿的进一步松动。

洁牙后牙齿松动的主要原因是因为牙齿本身已经松动，洁牙后因为清除了牙结石使得这种松动表现出来，洁牙使牙齿松动的说法是不正确的。

不过在洗牙时，一定要选择正规、专业的口腔医院，由经验丰富的口腔医生亲自为你洗牙，保障你在洗牙过程中免受各种伤害及病菌交叉感染。

心脏不得癌症是因为温度高，是真的吗？

随着环境污染的加剧以及不健康的生活方式，得癌症的患者越来越多，癌症已经成为危害人类健康的主要疾病。而且，由于癌症的高死亡率，致使人们谈癌色变。不知道大家有没有注意这样一个奇怪的现象：我们听到最多的是胃癌、肺癌、肝癌、肠癌等，但却没有心脏癌的说法，似乎人体每个器官都会患癌，唯独心脏不会。

有的肿瘤科医生甚至表示，自己当了一辈子医生，也没有见到一例心脏得癌症的患者。这是不是意味着心脏不会得癌症呢？而且，更流传着这么一种说法：人体里唯一永远不可能患癌症的器官就是心脏。因为心脏五行属火，人体大部分热量是心脏产生的，心脏部位的温度高，所以不会得癌症。

这是真的吗？

剖析 »

重新认识心脏

心脏由心肌构成。心脏的作用是推动血液流动，向器官、组织提供充足的血流量，以供应氧和各种营养物质，并带走代谢的终产物，使细胞维持正常的代谢和功能。心脏是一个不停运动的器官，它跳动一次可以向外输送约60毫升的血液，相当于人体的一个血泵，把血液运输至全身各处。有人推算，如果一个健康人活到70岁，心脏以每分钟跳动72次计算，它一生要跳动26亿次，相当于将3万千克的物体向上举到喜马拉雅山顶峰的高度。

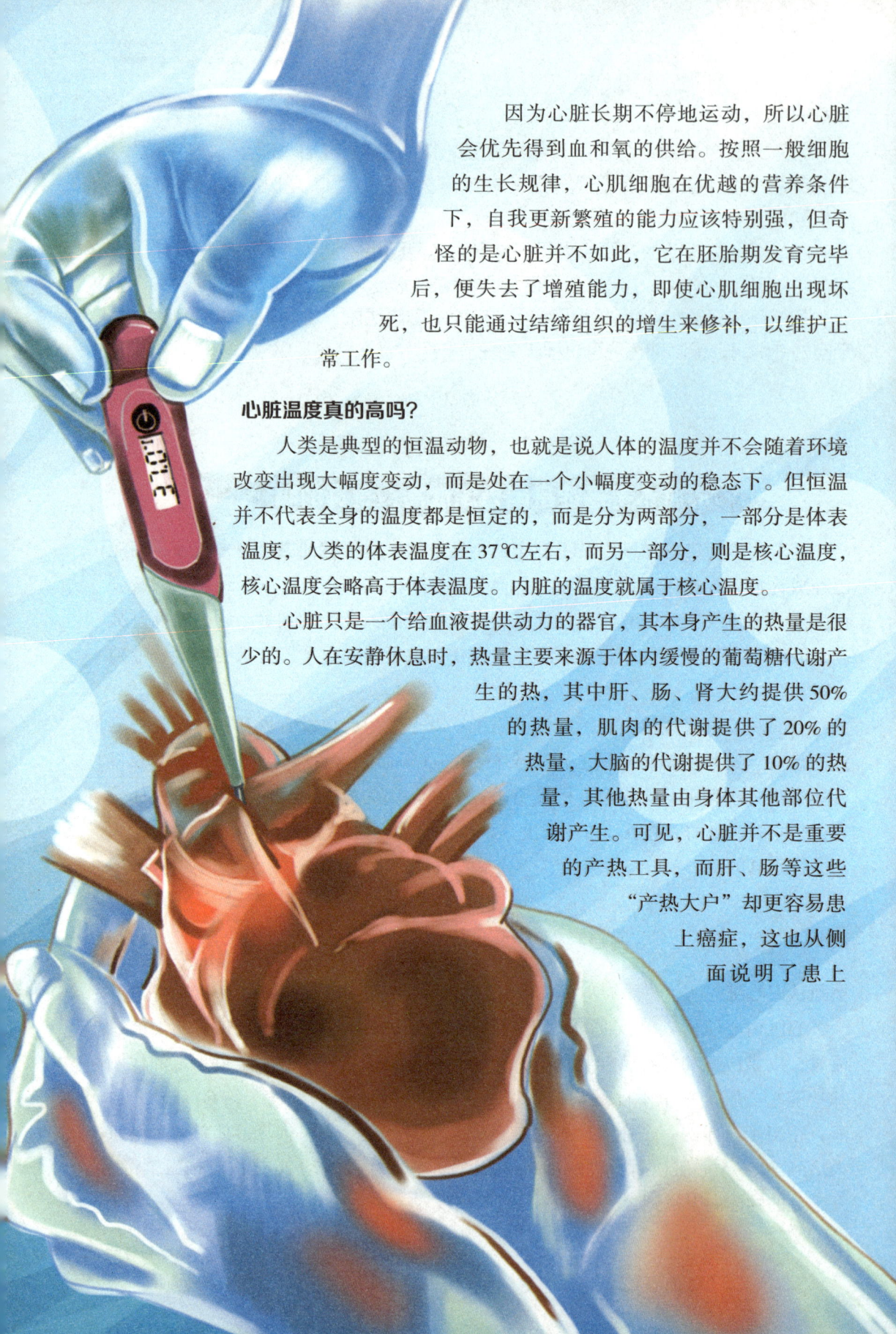

因为心脏长期不停地运动，所以心脏会优先得到血和氧的供给。按照一般细胞的生长规律，心肌细胞在优越的营养条件下，自我更新繁殖的能力应该特别强，但奇怪的是心脏并不如此，它在胚胎期发育完毕后，便失去了增殖能力，即使心肌细胞出现坏死，也只能通过结缔组织的增生来修补，以维护正常工作。

心脏温度真的高吗？

人类是典型的恒温动物，也就是说人体的温度并不会随着环境改变出现大幅度变动，而是处在一个小幅度变动的稳态下。但恒温并不代表全身的温度都是恒定的，而是分为两部分，一部分是体表温度，人类的体表温度在 37℃ 左右，而另一部分，则是核心温度，核心温度会略高于体表温度。内脏的温度就属于核心温度。

心脏只是一个给血液提供动力的器官，其本身产生的热量是很少的。人在安静休息时，热量主要来源于体内缓慢的葡萄糖代谢产生的热，其中肝、肠、肾大约提供 50% 的热量，肌肉的代谢提供了 20% 的热量，大脑的代谢提供了 10% 的热量，其他热量由身体其他部位代谢产生。可见，心脏并不是重要的产热工具，而肝、肠等这些"产热大户"却更容易患上癌症，这也从侧面说明了患上癌症的概率和是不是重要产热器官并没有直接联系。

事实上，癌细胞和正常细胞一样怕过热和过冷的环境，当体温超过 43℃时，癌细胞和体细胞会一起死亡，所以，并不是因为心脏产热，或者心脏温度更高，所以才不容易患上癌症。

心脏不得癌症的原因

首先我们要知道人体细胞核内的 DNA 控制着蛋白质和酶的合成，所以细胞的繁殖取决于 DNA 的合成环节。当 DNA 复制完毕时，细胞才能开始进行分裂活动，这时，一旦遇上致癌因子，致癌因子便会迅速扰乱正常细胞核内 DNA 的合成活动，使 DNA 合成失去控制，细胞内的蛋白质和酶的新陈代谢过程也随之进入混乱状态，结果导致组织细胞发生疯狂增殖，形成肿瘤。然而心肌细胞被称为"终末分化细胞"，即这种细胞的寿命与人一样，从人出生后不再分裂增殖，数量保持不变，已经高度分化，只具有特定功能了，关于分裂增殖的基因无法表达。因此，心肌细胞的原发癌症极其罕见。

实际上，心脏也不是绝对不患癌，血管肉瘤、横纹肌肉瘤、淋巴瘤等原发性恶性肿瘤可见于心脏；另外，如黑色素瘤、肾癌、肺癌、绒毛膜癌、乳腺癌等也能转移到心脏，称为继发性恶性肿瘤。但是，与其他器官相比较，心脏的恶性肿瘤是非常罕见的。

总的来说，心脏不易得癌症的主要原因有下面四点：

1.首先是和心脏的组织结构有关。

上皮组织覆盖着人体表面，也覆盖着消化道、呼吸道、泌尿、生殖道的内表面，还是构成肝、肾、乳腺、前列腺等器官的实质成分。癌是由上皮组织发生的恶性肿瘤，心脏中没有上皮组织，所以不会有原发性癌的发生。

2.心脏和血管构成了一个封闭的血液循环系统，使其不易受到外界有害物质的直接侵袭。人们生活中面临的许多致癌物质都可能对鼻咽、口腔、肺、皮肤等器官造成不同程度的伤害，进而引发恶性病变。心脏深藏在躯体核心位置，进入到血流的有害物质也能在经过肝脏、脾脏和肾脏时不断得到解毒、净化处理，使致癌物质不易对心脏造成危害。

3.与心脏的功能有关。心脏是人体血液循环的泵站，流经心脏的血液永不停息，使转移中的恶性肿瘤细胞不宜在心脏中停留。心脏中的恶性肿瘤少与我们的发现不够也有关系，绝大多数心脏肿瘤，不管是良性还是恶性，都要经过尸体解剖才能确定。

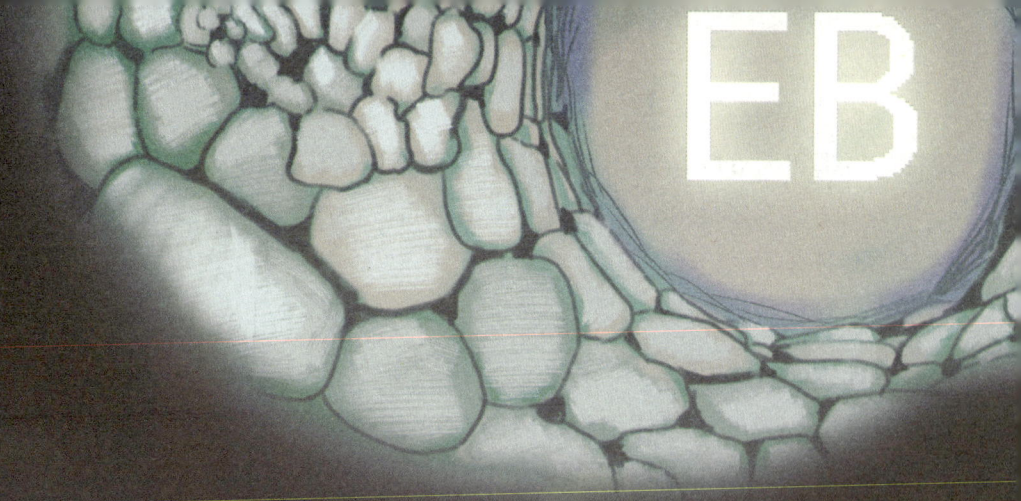

4. 近年国外有关专家还发现心脏内含有一种能抑制癌变的物质。专家们在大鼠和猪身上做实验，证实这些动物的心脏提取物有明显抑制骨髓癌以及转移腹水癌生长的作用，并且还能杀伤癌细胞，这很可能是心脏不得癌的又一原因。

真相是这样的 》

人体器官的温度是相对恒定的，心脏并非人体主要产热器官，心脏的温度也不会比其他器官高，所以心脏不患癌是因为心脏温度高的说法本身是错误的。心脏不是不患癌，而是不易患癌，心脏肿瘤还是存在的。

心脏不易患癌的主要原因是因为心肌细胞从人出生后不再分裂繁殖，所以心肌细胞很难出现癌变，而且心脏中血流极快也让癌症很难转移到心脏上。

"致癌植物"不能养，是真的吗？

现在越来越多的人喜欢在家里放上几盆植物，除了看上去赏心悦目之外，绿色植物还能净化室内空气，文艺的说法就是任何昂贵的家具与鲜活的植物相比都会黯然失色。

然而网络上有这样一条消息：经权威部门检测，虎刺梅、变叶木、夹竹桃等52种植物含有致癌物质和致癌病毒，连栽种过的土壤中都含有致癌病毒，同时附上致癌植物黑名单。此消息一出即引发广泛关注，一时间草木皆兵，不仅名单上的花草惨遭清洗，甚至牵连其他植物。众多养花爱好者心惊胆战，同时也让想购买花卉的人犹豫再三。

这种说法是真的吗？

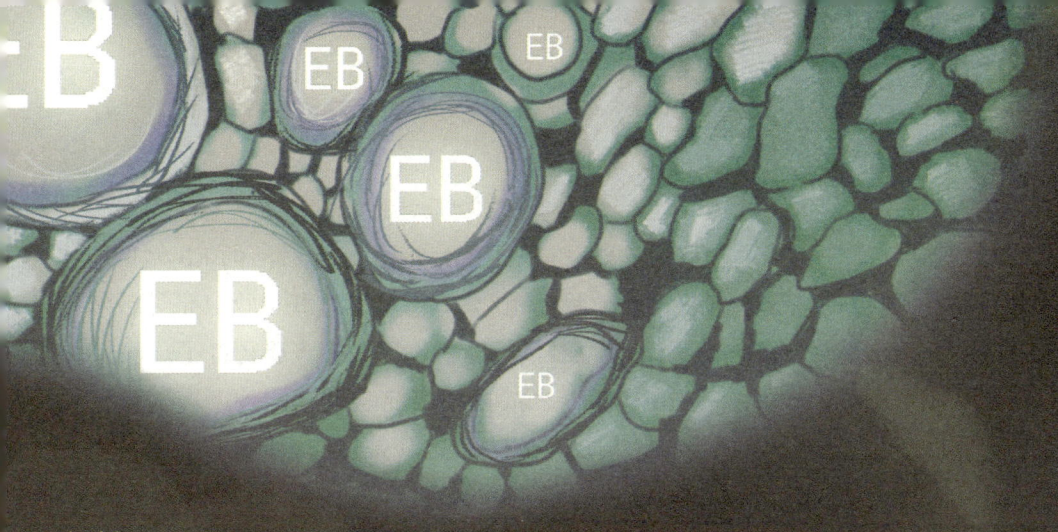

剖析 »

致癌名单的来历

既然如此详细地列出了"致癌植物"黑名单，我们不妨首先来探讨下名单的来历。

这个"致癌植物"名单来自中国预防科学院病毒研究所曾毅院士在 1992 年发表的一篇名为《诱导 Epstein—Barr 病毒早期抗原表达的中草物和植物筛选》的文章。曾毅院士筛选了带 EB 病毒的 1693 种植物，通过实验发现其中 52 种具有诱导 EB 病毒早期抗原表达的作用，并且详细列出这些植物名单。而这 52 种植物，恰好就是网络中提到的"52 种致癌植物"。我们再来认识一下什么是 EB 病毒。

EB 病毒，全称是 Epstein–Barr 病毒（Epstein–Barrvirus，EBV），是由 Epstein 和 Barr 等人从患有淋巴瘤的人群中分离到的一种病毒。EB 病毒属于疱疹病毒的一类，被称作人类疱疹病毒第四型，同时被列为可能致癌的人类肿瘤病毒之一。

EB 病毒是分布最为广泛的病毒之一，地球上 90% 以上的人口都受到过这种病毒的感染，在美国这个比例更高达 95%。不过，EB 病毒虽然分布广泛，但大多数时期并不会对人体健康产生显著影响，在个别情况下，EB 病毒感染会造成发热、单核白细胞增高等状况。

EB 病毒与植物的关系

那么 EB 病毒和癌症、植物之间又有什么联系呢？

EB 病毒一般呈现"休眠"状态，受到外界刺激时，EB 病毒就会"苏醒"过来，开始进行大量的复制活动。而其复制活动的产物，会影响其所感染的细胞内部的正常分化、增殖，从而发生癌变；不仅如此，EB 病毒活动的产物还能促进其他具有致癌作用的病毒的活动。而曾毅院士论文中提到的"早期抗原"，正是病毒开始变得活跃的标志。一般认为，检测到了早期抗原，就表明 EB 病毒可能具有了导致细胞癌变的能力。

而前面所述的"致癌植物"会产生某种化学物质导致 EB 病毒从潜伏状态转变为活跃的复制状态，虽然这些植物本身没有致癌性，但由于其激活的 EB 病毒能够使细胞癌变，所以就把这些植物称为"致癌植物"。可见，这些植物只是导致癌症的"帮凶"，顶多称为"促癌植物"，替 EB 病毒背黑锅不免有点受冤枉了。

现在，我们可简单总结一下 EB 病毒、植物和癌症三者间的关系：这类植物或者其残留物具有诱导 EB 病毒早期抗原的能力，也就是能够激活 EB 病毒；而激活后的 EB 病毒的复制活动，则可以促进细胞的癌变。但植物本身并不产生 EB 病毒，也不会导致癌变的发生。

所以"植物含有致癌病毒"的说法并不准确，歪曲了正确的科学结论。

"致癌"植物照样能养

这些植物虽然不能直接致癌，但某种意义上说，其确实存在"促癌"作用，现在大家最为关心的问题应该是这些植物还能养吗？可以肯定地说，对于这些含有促癌物质的植物，在正常养护过程中是不会对人体造成危害的。

首先，促癌物质基本上都属于植物的次生代谢产物，是植物体产生的一大批结构和种类复杂，并不直接参与植物生长发育的化合物。比如我们常用的橡胶和香料，还有精油及植物中提取的药物，就都属于植物次生代谢产物。这些次生代谢产物不仅不会对人体造成危害，反而能够造福人类。

而且由于促癌物质并非易于挥发的酯类、烷烃类等，同时多为水溶性物质，这在含水量较高的植物中更进一步限制了其挥发能力。因此促癌物质通过挥发而被人体摄入的量是微乎其微的，除非直接食用，促癌物质是很难进入人体内的，也就不会造成危害了。

正确对待有毒植物

除了名单上的"促癌植物"，我们身边还有没有其他有毒植物呢？

比如夹竹桃就是比较有名的一种。夹竹桃由于其茎叶中含有多种强心苷类物质，摄入人体后可以导致心肌收缩显著加强，过量摄入则会导致心律不齐，严重的导致死亡。而且，由于气温较高时夹竹桃会散发出异味，更让其不受待见。

虽然竹桃中含有强心苷类物质，但与上面提

到的促癌物质一样，其平时都安静地存在于植物体内，并不会挥发到空气中。只有在误食其枝叶，或是其分泌物接触黏膜时，这些强心苷类物质才会被机体吸收，造成中毒症状。

可见植物体内即使含有毒性物质，只要不直接接触或者食用，注意以下这些方面，就可以安心地去养。

1. 不要随意摘取植物的花、叶、茎，以免释放其体内的有毒物质；

2. 在接触这些植物后，要仔细清洗接触部位，防止有毒物质存留；

3. 千万不能随意取食植物组织，同时也要避免植物组织和食物的接触。

4. 若出现中毒症状的，要及时送医就诊。

注意到以上几点，我们就无须对有毒植物抱有恐惧心理，可以在日常生活中合理种植这些植物，让它们为人们的生活带来益处。

真相是这样的 »

虎刺梅等 52 种植物中的确检测到了有促癌效应的物质，但这些物质在植物体内含量不高，只有在经由口服才能表现出促癌性，并且促癌并非等同于致癌，谣言歪曲了正确的科学结论。而"土壤中含有致癌病毒"以及"夹竹桃致癌"更是没有根据的。喜爱养花的朋友只需注意正确的养花方式，就可以毫无负担地去养这些植物。

喝小分子水治心血管病，是真的吗？

水污染事件层出不穷，公众对于饮用水的健康关注度日益增强，各大商家也是找准时机，相继推出竹炭水、月子水、冰川水、小分子水等。甚至有商家宣称自己研制的水杯能够通过磁场多次切割使普通水变为易吸收的小分子水，能治疗各种心血管疾病！

还有商家不仅言之凿凿，更是拍胸脯保证小分子水"由于渗透力与溶解力强，易进入细胞内滋养细胞，在血中容易使聚集成团的红细胞分散开，并使新生的红细胞刚度小，变形性大，从而使血液流变学指标改善，降低血液黏度。饮用后可改善人体生物化学作用，升高血液中的高密度脂蛋白，成为血管清道夫"。

如此"专业"的科学描述，是真的吗？

剖析 》

小分子水无检测标准

初中时就学过，水的分子式是 H_2O，一个水分子由两个氢原子和一个氧原子构成。但自然界的水分子不像米粒一样是单独存在的，而是通过首尾相连以分子团（簇）的形式存在，就像是饭团一样。

饭团有大小，水分子团也分大小。通常的水是由 10 个以上的水分子组成一个水分子团，叫大分子团水。小分子团水，则由 5 ~ 6 个水分子缔结而成。大自然中，冰雪刚融化的源头活水为 6 个水分子的小分子团水。静止状态的水很快会聚合成几十个分子的大分子团水。生活中常见的自来水 10 ~ 13 个，纯净水 13 ~ 30 个，死水 40 个以上。

但首先要明白的是水分子团是一种动态结合，即不断有水分子加入某分子团，又有水分子离开该水分子团，而且随着外界影响撤离一段时间后，又可能回复到原来的分子团结构，所以水分子团的大小是一个动态过程。其次水分团的大小与水的温度、离子浓度、pH 值、外界施加的能量有关，它们都会对水分子团的变化有影响。最后小分子团水离开水源地或失去能量后，又会聚合为大分子团水。

另外，目前国际上还没有任何标准的检测指标能够判断水分子团大小，水的分子团相当复杂，还有待科学家深入研究。商家所说的小分子团水能治病的说法毫无依据。

小分子团水多喝无益

知道了什么是水的小分子团，那么下边来探讨喝小分子团的水对身体有什么

影响。首先，不管是什么水，喝到胃中后，由于胃内的温度、pH 值、离子浓度等影响，其分子团都会发生变化。到了胃里的水就不是原先你喝的水了。

另外，目前没有任何研究表明，喝小分子团的水对人体有什么好处和坏处。比如，由于热水温度高，水分子所具有的能量高，所以热水的水分子团小于冷水的分子团，但西方欧美国家普遍喜欢喝冷水，我国普遍喜欢喝热水，最终并没有表现出我国人均寿命和居民体质就比欧美国家的好。因此，从某种意义上来说，饮用水分子团的大小与健康无关。

前面已经说了，目前不论是在中国还是在外国，都没有检测水分子团大小的检测方法标准，有些单位用核磁共振来检测同一水样，得出的实验数据和结果往往都不一致。

所以，以什么样的标准去定义水分子团的大小还在探讨研究中，一个厂家如何能宣称自己研发的设备能够产生小分子团的水？

水并不能磁化切割

商家关于"小分子水"的宣传称，利用磁场的切割等方式可将水磁化，改变水分子的取向，切断部分氢键，就能够得到团簇小的小分子水。也就是说，在商家眼里，水就像一块木材，通过切割就能够变成小块木板，这样真的好吗？

虽然，关于磁化水的研究近年来不算少见，也得到结论：水经过静止磁场或者变化磁场的处理，其理化性质的确会发生改变，而且能在数小时内保持这种性质。但相关的研究却表明，磁化处理水的结果是水中的氢键含量有少量上升，会造成水的团簇变大。这不是自相矛盾吗？

可见，商家完全是在炒作概念，还不知道有哪种技术可以将大分子团水还原成小分子团水，通过一台所谓的机器是绝不可能改变水分子团结构的。

用科学粉碎谣言

针对商家所说的小分子水的神奇效果，让我们用科学来一一粉碎谣言。

第一条，小分子水能够升高血浆高密度脂蛋白？高密度脂蛋白主要代谢血液中多余的血脂，并将血液中多余的胆固醇转运到肝脏，处理分解成胆酸盐，通过胆道排泄出去，从而形成一条血脂代谢的专门途径。因此，它是国际医学界唯一公认的、真正的血管内脂质"清道夫"。目前提高其浓度的方法主要是抑制降解酶，仅通过饮水是达不到这样的效果的。

第二条，促进酶的活性，提高降血脂效果？血脂的代谢是个涉及许多酶的复杂过程，降血脂的过程需要部分酶处于激活状态，部分酶被抑制。单纯促进酶的

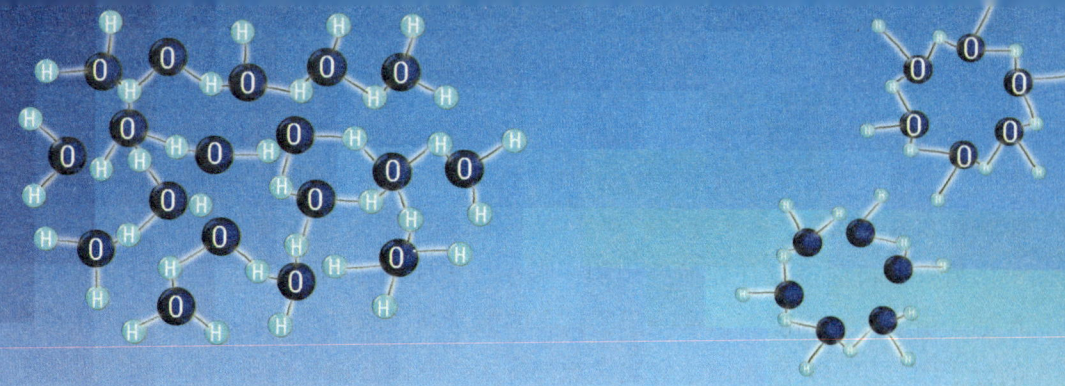

活性并不能提高降血脂效果，而且人体内酶的活性与多种因素有关，不同的酶有不同的最佳工作环境，一杯水把什么事都解决了，太不现实。

第三条，小分子团水离子浓度高，渗透能力强易吸收，能降低血液黏度？离子浓度高是什么概念？

水的离子是氢离子和氢氧根离子，它们的浓度与 pH 值和温度有关，氢离子浓度高这水就呈酸性，不能喝；氢氧根离子浓度高，这水就呈碱性，也不能喝；两者都高又不符合科学依据。而且细胞内的水含量最重要的是平衡，通过细胞内外的渗透压控制水分的吸收，维持细胞内的离子在合适的浓度。细胞内的水并不是越多越好，再容易吸收的水也不能一股脑都吸收了，那样细胞是会"爆炸"的；至于血液黏稠度，红细胞在受到损伤后其黏结力才会增强而导致血液黏稠，但在通常情况下都不是主要原因，所以分散红细胞降低血液黏稠度的说法也站不住脚。

第四条，权威认证？这才是商家的终极武器。一般不太了解的消费者看到这种水是"权威认证，专家推荐"的，就打心底里放心，哪承想，这都是商家的噱头。其实，商家所称的《世界卫生组织饮用水标准》并没提到"弱碱性水有利于身体健康"及"小分子水"的概念。

真相是这样的 »

小分子水治疗心血管疾病，没有可靠的科学依据，现有的科学知识也不支持这些所谓的功效。种种说法只不过是商家的自吹自擂罢了。

任何水质标准中，都没有水分子团大小的指标，更没有关于水分子团大小的测试方法与标准。号称的"小分子水"及其制取装置也没有足够的、公认的科学依据，更没有可靠的实验数据和论证，"小分子水"对人体健康的影响缺乏令人信服的临床医学报告和科学鉴定。所以，饮用水中分子团的大小与健康无关，更不能治疗心血管疾病。

维生素 C 预防感冒是真的吗？

20 世纪 70 年代，诺贝尔奖获得者、化学家莱纳斯·鲍林曾经写了本名为《维生素 C 和一般性感冒》的书籍，使得维生素 C 能预防感冒的观念深入人心。健康栏目的专家们会特别强调要补充高剂量维生素 C，因为高剂量维生素 C 有着预防和辅助治疗感冒的作用。

维生素 C 能够预防感冒，这是真的吗？

剖析 》

感冒的预防要分具体情况

在我国很多地方，感冒都被称为"着凉"，认为感冒与天气条件有着密切的关系。其实这是不准确的。感冒，分为普通感冒和流行性感冒，致病的原因不同，发病的规律也就不同。由流感病毒引起的是流行性感冒；由鼻病毒、艾柯病毒、科萨奇病毒等其他病原体引起的则称为普通感冒。可见，感冒与"着凉"并不能简单等同。

普通感冒没有所谓的季节规律，一年四季都会

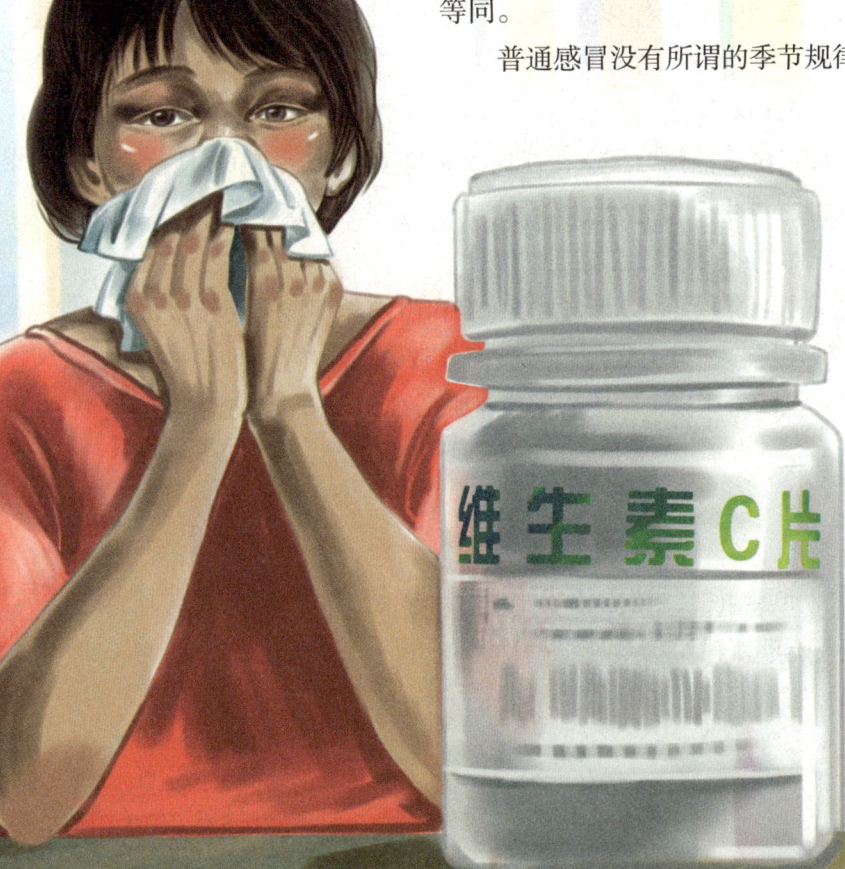

发生，在春秋季气候变化大，可能更容易发生。而流感本身是秋冬季节好发，还存在流行甚至爆发流行的情况。普通感冒通常不用吃药也能好，但流感的情况就严重多了，医治不及时有可能致死。

此外，也有一些疾病，例如过敏性鼻炎、肺炎，在发病初期的症状和普通感冒很相似，要仔细鉴别，否则延误治疗会造成严重后果。

至于预防感冒，分两种情况：一是预防普通感冒，一般认为多喝水、注意保暖、适当锻炼身体等非药物手段能够减少患感冒的概率。二是预防流行性感冒，注射流感疫苗是一个不错的选择，此外，流感流行时，尽量不要去人多拥挤的地方，以减少感染的概率。

维生素C不能大剂量服用

关于"维生素C预防感冒"的说法，这里的感冒其实是指普通感冒。大剂量的维生素C的确能促进免疫蛋白合成，提高机体功能酶的活性，可以增强白细胞吞噬细菌、病毒的能力，提高免疫力，但按照每日60毫克的基础量是不能预防和治疗感冒的。

还有很多人认为既然大剂量的维生素C可以防治感冒，那么每天服十几片100毫克的普通维生素C是不是就能达到预防感冒的效果？实际上这种做法也是不对的，固体形态的维生素C片剂，需要在胃肠道分解后才能被吸收，如果一次性服用大量的维生素C片容易造成胃黏膜损伤。

其次，维生素C的药物说明书里也没有明确指出具有预防和治疗感冒的功效。比如它的作用之一增强机体抵抗力，这在任何疾病的预防和治疗中都是很重要的，显然我们不能依此推出维生素C包治百病的结论。在很多情况下，维生素C作为人体必需的营养素，对它的摄入只是辅助性的治疗。

此外，若大剂量服用维生素C，人体的细胞和组织长期泡在高浓度的维生素C里，会适应了这种环境，一旦突然停药，反而导致人出现维生素C缺乏的症状。并且人若长期服用大量的维生素C，还会增加肾脏的排泄负担，甚至可能会使人患上肾结石。

真相是这样的 »

维生素C是人体必需的营养素，是一种高效的抗氧化剂，参与人体内多种生化反应，要保证每日足够的摄取量。感冒的发病机制不同，其预防及治疗手段也不同，简单地服用维生素C并不能用来预防感冒。

糖尿病是吃糖多造成的，是真的吗？

我们先来看一道小学应用题：李雷有 323 个冰糖，289 个棉花糖，134 个棒棒糖。今天李雷吃了 289 个冰糖，124 个棉花糖，98 个棒棒糖。请问，现在李雷有什么？在众多的答案中出现了这么一个不寻常的答案：有糖尿病。一道简单的数学题，却因为一个不简单的答案蹿红网络，不禁为该学生的思维鼓掌。

嬉笑之余，又反映出一个现实情况：大多数人认为糖尿病是因为吃糖太多造成的。众所周知，虽然糖尿病本身并不可怕，但该病真正最大的危害是并发症，如导致肾脏衰竭、心脏衰竭、肝功能衰竭等多脏器损伤，给患者带来诸多苦恼。

那么，糖尿病是因为吃糖多造成的，是真的吗？

剖析 》

糖类是维持生命的能量源泉

糖类又叫碳水化合物，是人体生命活动最主要的能源物质，包括单糖（如葡萄糖、果糖等）、双糖（如蔗糖、麦芽糖、乳糖等）及多糖（主要指淀粉类食物）。多种食物皆含有丰富的糖类，包括水果、汽水、面包、意式面食、豆类、马铃薯、米糠、稻米及麦类等。

而我们平日所说的糖仅指单糖和双糖，这类"简单糖"食入后可很快被人体吸收使血糖显著升高，而多糖（如大米、面粉、土豆等）要先在肠道消化分解为葡萄糖，然后再缓慢吸收入血，故不会造成血糖急剧增高。多糖是人体热能的主要来源。此外，糖类在人体内还参与许多其他重要的生命活动。

糖尿病不是吃糖多引起的

正常人的血糖之所以能保持在正常范围，是因为有充足的胰岛素能够正常发挥作用。而糖尿病病人是由于体内的胰岛素分泌不足或作用缺陷，影响了对血糖的调控，才出现了血糖升高现象。因此，"得糖尿病是因为吃糖多了"的说法显然站不住脚。

糖尿病的成因非常复杂，到现在还没有定论。遗传、肥胖、老化或生活方式等都有可能。正是由于以上各种因素的共同作用，导致体内胰岛素分泌缺陷及胰岛素抵抗，身体代谢功能出现障碍，无法正常代谢碳水化合物，才造成糖尿病。

因此，是因为得了糖尿病，才需要控制饮食中的碳水化合物，而不是因为糖类吃多了才得的糖尿病。而且糖尿病病人要严格控制碳水化合物的摄入总量，糖只是碳水化合物类中的一种。

由此可知，将患糖尿病的原因简单归结为糖（此处指单糖、双糖等简单糖）吃多了的说法并无充分的科学根据，两者之间并没有必然的因果关系。

糖类不宜多吃

事实上，如果人体胰岛素分泌和功能正常，即便吃糖多点，也不会得糖尿病；倘若胰岛素分泌或功能出了问题，即使糖果一点也不吃，照样会得糖尿病。所以，我们不能简单认为糖尿病是因为吃糖多才得的。

其次，每个人体质不同，各自代谢能力也存在一定差异。例如，有的患者虽然从小很少吃糖，却得了糖尿病。而有的人偏爱甜品，并且长期吃各种糖果，却不一定得糖尿病。

比如，小孩子喜欢吃的棒棒糖这类属于单糖食品，人体对单糖吸收较快，所以在吃过棒棒糖后短时间内，人体的血糖就会升高，而此时就要注意人体胰岛素分泌是否足够。长期大量吃单糖类食品，有可能会增加体重，并影响血糖变化，出现脂肪肝、高脂血症等疾病症状，造成糖尿病。

虽然多吃糖不一定会得糖尿病，但也不推荐吃过多的糖和甜品，建议科学饮食、合理膳食，养成良好的生活习惯。例如，一天只吃两顿饭，也容易增加得糖尿病的概率。最后，还应坚持适量运动，将体重控制在与身高比例正常的范围之内，哪怕有家族病史，也能降低和缓解糖尿病的病发。

真相是这样的 》

糖尿病是因为体内胰岛素分泌缺陷导致糖类代谢失衡，无法正常代谢碳水化合物，病因非常复杂，而不是因为糖类吃多了才得的糖尿病。因此，得了糖尿病，需要控制饮食中的碳水化合物。

常服抗生素会降低免疫力，是真的吗？

医学界流行一句话，说在美国买枪很容易，但买抗生素却很难。于是有人指出，国内抗生素滥用严重，且"抗生素滥用严重损害抵抗力，这也是中国癌症急剧增加的一大原因"。

滥用抗生素危害大已经被我们所接受，但常服抗生素会降低免疫力，是真的吗？

剖析 》

消炎药就是抗生素吗？

一般情况下，老百姓平常所说的消炎药就是抗生素，但从严格意义上讲，消炎药和抗生素是不同的两类药物。那么它们到底有什么区别呢？

消炎药只是人们的一种俗称，一般医学上所指的消炎药是解热镇痛抗炎药，它是一类具有解热、镇痛，多数还有抗炎、抗风湿作用的药物。

而抗生素是在非常低的浓度下对所有的生命物质有抑制和杀灭作用的药物。

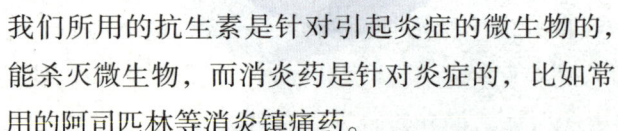

我们所用的抗生素是针对引起炎症的微生物的，能杀灭微生物，而消炎药是针对炎症的，比如常用的阿司匹林等消炎镇痛药。

消炎药和抗生素是不同的两类药物。但长期以来，很多人搞不清楚两者之间的区别。在很多人心中，抗生素似乎扮演着"炎症克星"的角色。实际上，抗生素仅对由细菌引起的感染有效，而对由病毒引起的炎症则无效。

抗生素会降低抵抗力吗？

免疫力是人体自身的防御机制。人体的免疫力主要取决于遗传基因，但也受环境的影响。抗生素会对免疫系统造成一些影响，但几乎不会损害免疫力。像众多药物一样，抗生素有引起白细胞减少的副作用，继而会降低抵抗力，但这种副作用的发生率很低，即使发生也多为轻度，不足以影响免疫力，而且停药后就可以恢复。

此外有一些抗生素，如阿奇霉素，还具有免疫调节的作用。

此外，确实有一些研究表明，使用抗生素与增加癌症风险相关。比如使用抗生素与乳腺癌风险轻微增加有关，另外也有研究提示抗生素使用与其他癌症（如前列腺癌、肺癌）风险增加存在相关性。不过，我们并不能以此得出"使用抗生素会致癌"的结论。

总的来说，抗生素对免疫系统有一些影响，也与轻度增加癌症风险相关，但抗生素并不会导致抵抗力下降，也不会导致癌症的发生。

真相是这样的 »

人体的免疫力大多取决于遗传基因，抗生素会对免疫系统造成一些影响，但几乎不会损害免疫力。现代人免疫力下降的责任不能简单地归结为滥用抗生素。环境状况、生活节奏、生活习惯等，都有可能影响人们的免疫力。

滥用抗生素危害很大，是值得关注的问题，但为了引起人们对抗生素滥用的重视而夸大其危害并不是值得赞许的做法。如果因此产生对抗生素的误解，可能会在确实需要使用时抵制用药，延误了治疗，反而可能危及健康和生命。

含氟牙膏致癌，是真的吗？

"含氟牙膏，坚固牙齿。"这类的广告语大家一定不陌生。不过，同时也流传着"含氟牙膏致癌"的说法，让人不寒而栗。牙膏，作为我们每天使用的生活用品，却能成为致病致癌的源头，威胁着我们的生命健康。这是真的吗？

剖析 >>

牙膏为何要含氟？

含氟牙膏是指含有氟化物的牙膏。科学家发现，氟化物能有效预防龋齿，如今被添入牙膏预防龋齿的氟化物有氟化钠和氟化胺类。

龋病是牙体硬组织脱矿与再矿化动态平衡被打破的结果。脱矿，就是牙齿中的矿物质溶解、流失；再矿化，就是溶解的矿物盐重新在牙齿上沉积。氟化物可使再矿化作用大于脱矿作用，阻止龋病的发展。

刷牙时，含氟牙膏中的氟释放出来，与膏体中的钙磷等矿物盐发生化学反应：一方面氟离子可以替换牙齿组织矿物盐中的羟基，形成含氟矿物盐，增强牙齿抗龋能力；一方面氟化物可以促进牙齿表面矿物质的沉积，使早期龋齿再矿化，修复牙釉质。由于牙齿在整个龋坏过程中都会发生脱矿，因此推荐多次、局部使用氟化物。而在牙膏中添加氟化物，可以很好地满足局部、多次使用的条件，是有效维持口腔内适宜氟浓度的首选。

现在市面上的大多数牙膏都含氟化物，美国牙医学会认可的牙膏都含有氟化物，《中国居民口腔健康指南》也认为使用含氟牙膏刷牙是安全、有效的防龋措施，提倡使用含氟牙膏预防龋病，特别适合于有患龋倾向的儿童和老年人使用。

含氟牙膏用多少？

任何物质都可能因为过量摄入引起中毒，含氟牙膏也不例外。不过正常使用含氟牙膏是安全的。

一个 60 千克体重的成人，建议每日氟摄入量应低于 4.2 毫克。成人牙膏的氟浓度一般为 1000 ～ 1500 毫克 / 千克，如果使用 1 克的含氟牙膏（约 1 厘米长的膏体），每天刷牙 2 次，氟总量只为 2 ～ 3 毫克。刷牙后吐掉牙膏浆，已经吐掉了大部分的氟，会被吞咽到体内的氟只是很少的一部分，不会对人体产生伤害。

对于儿童，特别是 6 岁以下的儿童，由于吞咽反射比较差，容易在刷牙时吞入牙膏，要注意防止氟摄入过量。一方面，儿童应该使用含氟量更少的儿童牙膏（含氟浓度一般为 250 ～ 500 毫克 / 千克），并且不要超过每天 2 次，每次的用量也不要超过一颗豌豆的大小。另一方面，家长要监督孩子刷牙，鼓励他们吐出牙膏，不要吞咽。偶尔发生的吞入不用过于担心，因为即使是使用含氟 1500 毫克 / 千克的牙膏，1 岁儿童也要一次服下 33 克才会达到可能中毒量。美国疾病控制与预防中心则建议，在幼儿满 2 岁后，再开始使用含氟牙膏。

含氟牙膏并非人人适用

《中国居民口腔健康指南》提出，氟化物的推广应用适合在低氟地区、适氟地区以及龋病高发地区的高危人群中进行。高氟地区人群是不适合使用含氟牙膏的。

长期过量摄入氟，会造成慢性中毒。轻度中毒会引起氟斑牙，极少数重度中毒的会导致氟骨症。氟斑牙患者的牙面会出现白垩色斑点，甚至点状凹坑，由于牙本质暴露和着色而变成黄褐色。所谓的"含氟量高的水质会造成牙齿发黄"，其实就是说摄入过量的氟会引起氟斑牙。这些地区的人不应该再使用含氟牙膏。

氟超标的危害

氟斑牙只是氟化物对人们的一次警告，长期摄入高剂量的氟化物，还可能导致癌症、神经疾病以及内分泌系统功能失常。

由于氟化物主要存在于骨骼中，因此骨骼是科学家寻找氟化物印记的最佳组织。很多以骨质疏松症患者为对象的研究显示，高剂量氟化物能刺激造骨细胞增殖，对于老年患者同样如此。其中的确切机制还不明晰，不过科学家推测，氟化物能通过提高酪氨酸磷酸化蛋白质（参与了向造骨细胞传递生化信号的过程）的浓度，从而产生上述效应。虽然氟化物可能增加骨容量，骨强度却明显降低了。

接触牙齿的氟离子

促进钙和磷酸根的沉积

流行病学研究与动物试验显示，长期摄入高剂量氟化物会让人们更易骨折，尤其是老年人和糖尿病患者。对于"氟化物危险论"，科学界尚存争议。

即便如此，很多专家都认为，如果人们一生都在饮用氟含量超过 4 毫克 / 升的水，发生骨折的概率肯定高于健康人群。他们还指出，低浓度的氟化物也可能增加骨折概率，只是目前没有足够的证据可以证明这一点。

牙膏致癌系误读

了解了前面的知识后，我们再回到含氟牙膏致癌的问题上。

含氟牙膏的危害最初起源于一篇发表于《科学美国人》上的文章。这篇文章标题虽然是"含氟牙膏的危害"，其实主要内容都是在讨论氟化物摄入过量的问题，这与当地的饮用水中添加氟的背景有关。其中，氟摄入过量引发"神经疾病、内分泌疾病甚至癌症"的内容是存在争议的问题，却以讹传讹地变成了"含氟牙膏致癌"。

2011 年 10 月，美国加州致癌物鉴定委员会公布了一份题为"氟化物及其盐类致癌性的证据"的文件，该文件对关于氟化物及其盐类致癌性研究的论文进行分析，认为不能得出氟化物致癌的结论。该委员会最终也没有将氟化物加入致癌物名单。

其实，早在 1977 年就有人提出肿瘤死亡率与饮水氟化有关，世界卫生组织对此给予极大关注；此后各国进行了大量流行病学研究，多数结果表明癌症与饮水氟化之间无内在联系；我国关于饮水氟含量与癌症发病率或死亡率的关系也有许多报道，也未发现存在相关性；动物实验的研究也尚未能提供有力证据说明氟与肿瘤发生的关系。

真相是这样的 »

"含氟牙膏致癌"的说法纯属争议性问题的以讹传讹，没有任何科学依据。含氟牙膏能有效预防龋齿，如今被添入牙膏预防龋齿的氟化物有氟化钠和氟化胺类。长期过量摄入氟，是会造成慢性中毒，轻度中毒会引起氟斑牙，极少数重度中毒的会导致氟骨症。但这与日常所用的含氟牙膏并没有多大关系，正常使用含氟牙膏不会对身体有危害。

要对反式脂肪"赶尽杀绝"吗？

近年来，反式脂肪（trans fatty acids，TFA）不再是一个"默默无闻"的词汇，由于它普遍存在于人们的日常食物中并引发多种疾病，而得到了越来越多的了解。2015 年 6 月 16 日，美国食品和药物管理局宣布，将在 3 年内完全禁止在食品中使用人造反式脂肪，以期降低心脏疾病发病率。面对许多人对反式脂肪的恐慌，我们是否真要对反式脂肪避之不及呢？

剖析 》

反式脂肪的危害与"安全标准"

反式脂肪是一大类含有反式双键的脂肪酸的简称，被称为"餐桌上的定时炸弹"，主要来源是部分氢化处理的植物油。过多摄入反式脂肪会使血液胆固醇增高，从而增加心血管疾病发生的风险。世卫组织及各国食品安全健康主管部门对反式脂肪的规定也是基于它对心血管健康的影响而制定的。英、法等国规定每日摄入反式脂肪的热量不超过食品总热量的 2%，而中国采用的是不超过 1% 的推荐标准。

需要注意是，这里的"推荐标准"不是"安全指标"，更不是"食品安全线"，而是说"低于这个量，带来的风险可以接受"。我们追求的目标，应该是"尽可能低"。

不过，不同研究调查人员对"摄入量与冠心病风险的关系"这一论题得出了不同的结果。

风险最大的一个研究结论是反式脂肪的热量占食物的总热量的比例"每增加 2 个百分点，冠心病发生率增加一倍"。而其他研究调查的结果显示出的冠心病发生风险要比这个小得多。而且，"冠心病发生风险增加一倍"是一个理论上的相对比例，具体的风险还取决于实际的发生率，比如从 0.1% 增加到 0.2%，跟 1% 增加到 2% 的一倍相比，实际风险要低得多。

有人认为 2 型糖尿病、高血压、癌症等疾病也与反式脂肪有关系，但这种论断暂时还没有研究人员能够拿出确实的论据来证明。

反式脂肪零摄入不现实

加工食品是城市居民膳食反式脂肪酸的主要来源。其中氢化油是"臭名昭著"

的反式脂肪酸来源。反式脂肪是植物油经过部分氢化处理产生的，为增加食品的稳定性和改善口感而添加氢化油的产品中都可以发现反式脂肪酸。

植物油的氢化是通过在不饱和键上加氢，使得油的熔点升高从而改善食品加工的操作性。

在不完全氢化的情况下，有一些双键从天然的"顺式结构"转化为"反式结构"，从而使得含有它们的脂肪成为"反式脂肪"。随着氢化反应的进行，反式脂肪酸的含量会减少，如果此氢化反应能进行完全，那么是不会留下反式脂肪酸，所以改良加氢工艺能大大降低反式脂肪的产生。

那么所谓的"天然食品"中是否就不含反式脂肪呢？从北京、广州两城市居民的膳食中不同食物的反式脂肪贡献率的调查中，牛、羊的奶与肉是反式脂肪的天然来源。

但是，这种天然的反式脂肪与植物油氢化过程中产生的反式脂肪具有不同的化学结构式，它们对健康的影响程度是否一样，目前还没有足够的科学论据。同时，牛、羊肉或奶虽然含有一定量的反式脂肪，可依然是各种营养物质比较丰富的优质食物，不应该因为其中的反式脂肪而因噎废食。

所以在日常摄入物质上追求"反式脂肪零摄入"是不现实的，也是完全没有必要的。

氢化油主要用于加工食品，比如薄脆饼干、焙烤食品、谷类食品、面包、炸薯条、人造黄油等。这些食品在中餐食品中所占的比例并不大。唯有植物油消耗量比较大，对反式脂肪的贡献反倒比较大。不过，植物油中反式脂肪的含量比较低，所有的都加起来，总量也不算多。

中国人吃了多少反式脂肪？

根据风险评估中提供的 1997-1999 年我国农村地区抽样调查（共计 839 人，男性 416 人、女性 423 人）数据显示，男性和女性的反式脂肪供能比均为 0.2%。2011 年北京、广州这样的大城市的居民 TFA 供能比为 0.3%。

从风险评估中反映出，我国居民中绝大多数人的反式脂肪摄入量低于 1% 的推荐标准。

但同样从评估中需要指出的是，虽然 TFA 的摄入总量低于推荐标准，但从北京、广州各年龄组 TFA 供能比平均值来看，低年龄组的反式脂肪摄入水平较高。3 ~ 6 岁年龄组的 TFA 供能比达到了 0.34%；TFA 平均摄入量最高的是 13 ~ 17 岁年龄组人群，为 0.61 克 / 天。这意味着，反式脂肪酸针对年轻一代的城市居民的风险仍然存在。

与反式脂肪相比，更应警惕饱和脂肪

反式脂肪有一定的危害，所以食品制造业应该尽量减少反式脂肪的使用，人们在日常生活也要注意其每日摄入量。

从健康角度来说，在所有各种脂肪中，以反式脂肪最让人担忧，其次则是大量的饱和脂肪。

烘焙等行业中需要熔点高的油脂，没有反式脂肪就意味着使用其他饱和度高的油脂来代替，比如棕榈油、动物油、完全氢化油等。在植脂末的生产过程中，可以做成油脂的全氢化，这样反式脂肪几乎为零，但同时饱和脂肪就会高达99%以上。

所以说，即使在这种反式脂肪为零的情况下，摄入如此大含量的饱和脂肪，也会增加心脏病和糖尿病的危险。

如果单位含量的反式脂肪和饱和脂肪相比，饱和脂肪当然没有反式脂肪那样严重的危害，但以中国人的饮食结构而言，二者的量完全不在同一数量级。换句话说，饱和脂肪是大部队，反式脂肪不过是小团伙。因此比起破坏力来，饱和脂肪要更大。

《中国居民营养膳食指南》推荐将来自饱和脂肪的热量限制到7%以下，相当于每天十几克。

但从中国人的膳食结构来讲，基本上很多人都会超出推荐标准。比如，2两五花肉就有近20克脂肪了，而即使看上去似乎没多少肥肉的瘦肉、排骨，其中也有相当含量的饱和脂肪，更不用说还有各种糕点、零食、油炸食品了。

真相是这样的 »

反式脂肪是饮食中的一个"定时炸弹"，人们日常生活要注意减少其摄入量。

但从《中国居民反式脂肪酸膳食摄入水平及其风险评估》中可以看到，我国居民通过膳食摄入的反式脂肪所提供的能量占膳食总能量的0.16%，北京、广州这样的大城市居民也仅为0.34%，远低于世界卫生组织建议的1%限值，也显著低于西方发达国家居民的摄入量。

所以反式脂肪对我国居民来说，它的危害是在可掌控范围内的，没必要将其"赶尽杀绝"。人们更需要注意的是在努力减少含反式脂肪较多的食品时，别忘记控制饱和脂肪带来的风险。

针刺疗法可做急救用，是真的吗？

哮喘、中风和心梗是常发疾病，患有此类疾病的人们在病发时，由于发病急，若抢救不及时，将会危及生命。

在民间有这样的说法，说针刺疗法可做急救用。当半身不遂征兆出现时，取缝衣针刺破双耳下垂各挤出一滴血，可以救急；心脏病猝发，用缝衣针刺破十个脚趾尖各挤出一滴血，病人即清醒；哮喘病人出不来气憋得脸红，用缝衣针刺破鼻尖挤出两滴黑血即愈；抽羊角风，用缝衣针刺破人中穴挤出一滴血，即可。

但这样真的可行吗？

剖析 》

何谓针刺疗法？

针刺疗法是以中医理论为指导，运用针刺防治疾病的一种方法。其方法是将针刺进体内纵横交叉的主要经络上的若干穴位内。

针刺疗法和灸法共同组成针灸疗法，是中医针灸学的重要技术和治疗手段。

针刺疗法通常用于解除疼痛。在接受针刺疗法的慢性病人中50% ~ 70%的疼痛都得到了短期或长期的缓解。但是，医生们都在争论针刺疗法是不是只是一种安慰剂。因为通常用安慰药丸缓解疼痛时，也有30% ~ 35%的作用。如果再配合以令人信赖的器械和医疗步骤，效果可以提高到50%。当然，如果你关心的仅仅是解除痛苦，那么你大可不必在乎针刺疗法的作用是物理的还是心理的，只要能让你感觉更好。

实际上，在1997年美国国立卫生院的专家讨论会上，针刺疗法的确显示了它的有效性。它适应的范围包括：牙科术后疼痛，晕车、晕船反应，妊娠性呕吐，化学疗法的副作用。其他的研究成果也显示针刺疗法配合其他常规疗法，在治疗哮喘、骨关节炎、腰背痛、头痛（包括紧张性疼痛和偏头痛）、痛经等能引起慢性疼痛的疾病方面都有疗效。

另外，针刺疗法还用于戒除药物成瘾和戒酒，而且针刺疗法也广泛用于避免放射性污染的门诊部。针刺疗法还可以促进中风瘫痪的恢复和减轻其症状。

针刺疗法真的有效吗？

针刺疗法是一种古老的治疗手段，国外也有过放血治疗的时代，但随着医学的发展，放血疗法被发现不但起不到人们所期待的效果，反而是一种有害的行为，因此早已被现代医学所淘汰。

虽然中国传统医学的刺血疗法远比西方的放血疗法使人失血要少，但对于传言中所说的几种疾病，刺血对于急救而言恐怕是无济于事的。

从解剖学理论上来说，刺血这个过程仅仅是刺破皮肤的毛细血管，挤出其中的一滴血，因此不管刺什么部位，都不会产生所谓的急救效果，反而更像是一种隔靴搔痒的巫术仪式。在急重症治疗方法已十分发达的今天，刺血疗法更可能会因为耽误宝贵的急救时间而给病人带来无法挽回的损失，是不可取的。

真相是这样的 »

在紧急情况发生时，及时呼救和拨打急救电话是第一要务。在等待急救车到来时，应检查患者的意识情况及呼吸、心跳。如果呼吸心跳停止，立即进行心肺复苏术，这是最重要的急救方法。切记：针刺急救不可取！切勿因此耽误了宝贵的治疗时间。

第四章　食品安全，你必须知道的真相

家用臭氧机能去除肉类中的激素和添加剂吗？

随着经济水平的不断提高，人们对生活品质越来越重视，对于食品安全有了更高的追求。家用臭氧机开始逐渐进入人们的生活，且备受人推崇。在网上搜索家用臭氧机会出现了数千件商品，价格从几十元到三千多元的都有，销售非常火爆。卖家们称家用臭氧机可以"给果蔬消毒，降解农药""去除肉类激素""给宠物消毒杀菌除臭""去除装修居室内的有害气体"等。但许多买家对使用效果仍抱有疑问。

臭氧机真的可以去除肉中的激素和添加剂吗？它的其他功能又如何呢？

剖析 》

脏脏的泡沫是什么？

在绝大多数臭氧机的广告中，我们都可以看到相同的一些宣传展示。比如，将某品牌的家用臭氧机放在展示台上，然后把肉或菜放在水中，通上臭氧，半小时后便有大量的泡沫出现，泡沫很黏稠，再烧会儿会发黑并释放出一些难闻的气味。这时，营销人员就会告诉我们，这些泡沫是激素或抗生素或化肥农药，去除

了这些泡沫就去除了这些成分，可以放心食用了。

我们不能轻易判断这些泡沫中是否含有激素或添加剂，但仅凭泡沫的形成与否就判断肉类里是否含有激素、抗生素、化肥、农药这些成分显然是不大可信的。我们知道肉类中的主要营养成分是蛋白质和脂肪，而这些成分是极易在水中形成泡沫的——组成蛋白质的基本成分氨基酸本身有容易结合水的那一类与不容易结合水的那一类（一方面排斥与水的结合，另一方面却容易与脂类结合），一些组成脂肪的分子也具有一端亲水、一端疏水的性质。

在正常的保存环境下，肉类并不会专门经过无菌化处理，那么附着在肉类上的微生物会慢慢地分解这些蛋白质与脂肪，并把这些小分子氨基酸和脂类释放到水中。在往水里打入气体之后，这些小分子就会聚集在泡沫的表面，起到稳定泡沫的作用。与这类似的还有冲洗刚吃完冰激凌或牛奶的杯子，也很容易起泡。此外无论是氨基酸还是脂类，它们的分子结构中都含有碳原子，而碳原子不完全燃烧后会留下黑色的残余，或许这就是我们在上文中提到的黑色物质。事实上，哪怕是用空气通入水中或者用自家养殖的禽畜肉，也可以达到这种效果。

臭氧的功用

臭氧与我们呼吸的氧气相比多了一个氧原子，这个氧原子使得臭氧的结构变得不稳定，让它具有很强的氧化性。臭氧能够杀菌的主要原因就在于，这种氧化性能够在细胞表面打上一个小洞，让细胞破裂。对于生吃的蔬果，杀菌还是有一定意义的，但臭氧恐怕很难用以"提取"出肉类中潜在的激素和添加剂。

水溶性和脂溶性是激素根据其溶解性分为的两大类。水溶性的激素（比如说胰岛素）主要作用于细胞的表面，经过水的浸泡就会逐渐流失，恐怕有无臭氧的帮助都没有太大的区别；而脂溶性的激素（如避孕药的主要成分孕激素）则能够通过细胞膜进入细胞内。使用臭氧使细胞发生破裂在理论上说确实可以把这些激素从肉类里赶走，但别忘了，一块肉可能有几千层的细胞，而臭氧只能破坏肉类表面的几层细胞。如果较真起来，通过注臭氧能够减少的脂溶性激素恐怕只是九牛一毛。

臭氧机的一些风险

看了上面的分析，且不说臭氧机的作用多大，很多人可能会担心，臭氧机是否存在风险问题。我们在这里不得不告诉大家，使用臭氧机确实是存在一些风险的。浙江省疾病预防控制中心的一项研究表明，在杀菌的同时，臭氧会让水中的亚硝酸盐含量超标，而亚硝酸盐含有较高的毒性，在高温烹煮后还有产生致癌物质的可能。此外，能够使细胞破裂的臭氧在达到一定浓度时对人体也会有影响。世界卫生组织在 2005 年颁布的臭氧标准是每 8 小时的平均浓度不高于 100 微克每立方米，而某购物网站上的一些"正品臭氧机"的"活氧发生量"号称能达到每小时 400 毫克（100 微克的 4000 倍）。倘若用户的住房面积较小，环境较为封闭，在长时间使用后，难免会有健康上的隐患。

在国外，家用的往水中注入臭氧的机器的最大应用，是海水水族箱的清洁，而不是对蔬菜水果或者肉类的处理上。如，美国的家电市场上，有一种叫作 Protein Skimmer 的装置有着类似的原理。这种装置通过产生大量的小尺寸泡沫，能使水中的氨基酸或脂类附着在泡沫上，从一定意义上起到净化水体的作用。如果从这个角度来看，对这个装置最感兴趣的应该是那些养殖观赏鱼的用户。

真相是这样的 »

食物本身含有多少激素与添加剂暂且不说，不过对食物进行臭氧处理很难对消除激素与添加剂有明显效果，还会产生不少潜在的健康隐患。此外，与其说这个装置有去除激素和添加剂的作用，不如说这个装置具有去除一些游离的氨基酸与脂类的清洁消毒功能。

橄榄油是最好的食用油，是真的吗？

近年来，橄榄油逐步进入普通家庭。市场上对橄榄油的功效大肆宣传，让很多消费者认为橄榄油是最适合人体营养的油。商家宣传说它在生产过程中未经任何化学处理，天然营养成分保存完好，不含胆固醇，消化率高。宣传中还提到橄榄油对婴幼儿的发育极为适宜，它的基本脂肪酸的比例与母乳相仿。

橄榄油真的像宣传中说的那样完美吗？

剖析 »

橄榄油好在哪里？

橄榄油是一种由油橄榄果实直接冷榨而成的植物油，在地中海沿岸国家被食用已有几千年的历史。在西方，橄榄油被誉为"液体黄金"，后来因为被盛传具有极佳的天然保健功效而流传到世界各地，逐渐被营销成为一种"高档食用油"。

橄榄油的营养成分及功效有哪些呢？首先，橄榄油富含单不饱和脂肪酸——油酸，油酸含量可达 70% 以上。单不饱和脂肪酸除了能供给人体热能，还能调整人体血浆中高、低密度脂蛋白胆固醇的比例，能增加人体内的高密度脂蛋白 HDL（好胆固醇）的水平和降低低密度脂蛋白 LDL（坏胆固醇）水平，从而能防止人体内胆固醇过量。因此，对于习惯摄食肉类食物而导致饱和脂肪酸与胆固醇摄入过多的人，选择橄榄油做食用油，便能有效发挥其降血脂的功能，有助于减少高血压病、冠心病、脑中风等病的发生风险。橄榄油曾在 2004 年被美国食品药品监督管理局批准可以使用这么一条标注："有限而非结论性的科学证据显示：由于橄榄油中的单不饱和脂肪酸，每天吃两勺（23 克）橄榄油有利于减低冠心病的风险。为了获得这一可能的益处，橄榄油需要被用于代替相似量的饱和脂肪并且不增加全天的热量摄入。"但是，油酸并非橄榄油所独有，比如双低油菜榨出的油（或者叫"芥花籽油"）也含有很高含量的油酸。市面上其他"高油酸植物油"也有很多。在商品营销中，美国食品药品监督管理局批准的那条标注中的限定语"有限而非结论性的科学证据"以及减少冠心病风险的条件"橄榄油需要被用于代替相似量的饱和脂肪并且不增加全天的热量摄入"往往都被忽略了。

其次，橄榄油中还含有一些维生素 A、维生素 B、维生素 D、维生素 E、抗氧化物和其他多酚类化合物。一般认为其多酚类化合物具有抗氧化作用。

再次，橄榄油富含与皮肤亲和力极佳的角鲨烯和人体必需脂肪酸，吸收迅速，能有效保持皮肤弹性和润泽。此外，橄榄油中还含有 ω — 3 脂肪酸，而 ω — 3 脂肪酸中的 DHA 可以增加胰岛素的敏感性，让细胞膜最具活动性。当人体摄入适当比例的此类脂肪酸时，新陈代谢会更为正常，而发生肥胖、糖尿病的概率则会降低。

橄榄油不是"万能油"

除以上功效外，传言中其他的宣传都算不上橄榄油的特别优势。比如提到的橄榄油"不含胆固醇"。事实上，其他任何植物油都不含有胆固醇。另一条宣传"消化率高"更不能说明问题。首先，消化率不用来衡量油的优劣；其次，没有和其他植物油对比，就无从谈起高低；再次，油的"消化率高"未必是人们想要的。许多减肥药物的作用原理就是通过抑制脂肪酶从而减少油脂的吸收，如果一种油天然地"消化率高"，不是会增肥吗？

广告宣传中"橄榄油对婴幼儿的发育极为适宜，它的基本脂肪酸的比例与母乳相仿"更是无稽之谈。为什么这么说呢？

胆固醇对于细胞膜的构成至关重要。胆固醇主要来自人体自身的合成，食物中的胆固醇是次要的补充。成年人的胆固醇日常摄入量通常都超过了需求量，而且达到了有害的地步。婴儿因为生长旺盛，所以对胆固醇的摄入量要求要大于成年人。母乳中，胆固醇的含量在 115 ~ 150 毫克 / 升。配方奶粉标准中胆固醇含量通常会明显低于母乳。日本学者做过一项研究，发表于 1996 年《美国临床营养研究》上，比较了母乳、普通配方奶、强化胆固醇的配方奶对婴儿红细胞膜的影响。三种奶的胆固醇含量分别为 117 毫克 / 升、42 毫克 / 升和 82 毫克 / 升。研究结果显示，喂强化胆固醇配方奶的婴儿在血浆胆固醇含量和红细胞膜组成方面，比喂普通配方奶的婴儿更加接近母乳喂养。一方面强调完全不含胆固醇，一方面又说对婴幼儿发育极为适宜，完全是自相矛盾的说法。另外，母乳中的营养成分主要是维生素、碳水化合物、脂肪、蛋白质和矿物质，营养成分含量受人群、食物、哺乳期等因素影响而各不相同。脂肪是乳汁中的第二大组成成分，根据世界各地母乳分析结果，一般饱和脂肪在总脂肪中占比 40% 左右，包括短链、中链、长链脂肪酸及大脑和视网膜发育所必需的长链多不饱和脂肪酸。如此看来，母乳中的脂肪组成相当独特。仅仅是富含油酸的橄榄油，又怎么能"基本脂肪酸的比例与母乳相仿"呢？

橄榄油炒菜不具优势

橄榄油一度被奉为"最适合人体营养的油"，可以用来凉拌菜肴，那么橄榄油可以用来炒菜吗？

橄榄油当作常规的烹饪用油，并不比其他常见的植物油有多少优势。

橄榄油的说明书中也有提到可以用来炒菜，只不过它并不太适合炒菜使用。原因如下：

根据加工工艺分类，橄榄油可分为压榨的和精炼的。"好的橄榄油"应该是冷榨未精炼的，因为它是用成熟的橄榄鲜果，采摘 24 小时内压榨出来的。它加工环节最少，没有添加任何化学成分，保留了天然的营养物质、橄榄苦苷、绿原酸等植物活性物质，烟点在 190 ~ 200℃。跟其他未经精炼的植物油相比，其烟点比较高，这也是为什么橄榄油不易冒烟的原因。通常炒菜的温度在 200℃以上，而冒烟会产生一些有害物质。实际上，不仅是橄榄油，各种未经精炼的油，都不适合炒菜。精炼后的植物油，有更高的烟点，比如花生油、大豆油烟点在 230℃以上，芥花油的烟点在 220℃以上。

精炼橄榄油就是用初榨橄榄油剩下的原料，加入有机溶剂，让其溶出更多的油，而这种油跟其他精炼的植物油差不多，烟点高，抗氧化物质和香味成分也被除去了大部分。

如果橄榄油真的有"独特价值"存在，也主要是来自于其中的多酚化合物。这些多酚化合物的"保健功能"来自于抗氧化，而抗氧化的作用机理就是遇到氧化时，牺牲自己从而保全目标。加热就是一种严峻的氧化考验，于是这些多酚化合物就不复存在了。经过高温的橄榄油，跟其他的植物油相比，也基本上没有大的区别了。

用"液体黄金"炒菜，并无不可，没有什么危害，也不影响健康。不过是经济上有些浪费，且没有得到实质上的益处。在常温下用橄榄油来代替饮食中的动物油脂才是让高价的橄榄油的营养价值发挥最大的方法。

真相是这样的 »

橄榄油作为一种食用油，没有明显比其他植物油更高的营养价值。有一定特色，但它不符合婴幼儿的营养需求，与母乳中的脂肪组成更是相去甚远。同时用橄榄油炒菜没有什么特殊优势，因为加热过程会破坏其中的抗氧化成分。

浸出油不安全，是真的吗？

食用油是人们日常生活中的必需品，因而食用油品的质量安全直接关乎人们的身体健康。目前市面上的食用油生产工艺分为压榨和浸出两种。有传闻说浸出油对人的身体健康有害。此说法认为：浸出工艺的优点是出油率高，企业能降低成本，缺点是会产生有害物质：铅、汞残留和反式脂肪酸！而这两种物质是强烈致癌物质。浸出溶剂正己烷则是神经毒素，接触极其微量也会对人类健康有极大危害！

这是真的吗？

剖析 》

什么是浸出油？

浸出油是指用浸出制油工艺制成的植物油，也就是采用溶剂（六号轻汽油——正己烷和环己烷的混合物）将油脂原料经过充分浸泡后进行高温提取，经过"六脱"工艺（即脱脂、脱胶、脱水、脱色、脱臭、脱酸）加工而成。这种生产方法最大的特点是出油率高、生产成本低，这也是大豆色拉油的价格一般要低于压榨油的原因之一。

浸出法制油工艺的理论依据是萃取原理，它于1843年起源于法国，是一种安全卫生、科学先进的制油工艺。现在工业发达国家用浸出法生产的油脂占总产量的90%以上。浸出法制油的优点是粕饼中含残油少、出油率高、加工成本低、经济效益高，而且粕饼的质量高，饲养效果好。

合格浸出油的安全标准

不过，在采用这种工艺生产食用油时，食用油中的残留不可避免，国家标准规定，即使合格的浸出大豆油每千克也允许含有10毫克的溶剂残留。

溶剂残留是在生产过程中不可避免的，那么检测标准又有哪些规定呢？

我国国标对食用油中正己烷之类的溶剂残留的标准是不得检出，浸出油厂用的正己烷都必须是食品级的。食品级的正己烷是经过重金属脱除处理的，铅、砷等有害金属残留都低于10ppb（亿分之一），这么低的残留不会对生产的油有危害。而脱除溶剂的最高温度只有110℃，远远达不到反式脂肪酸生成的温度。

正己烷——代罪的羔羊

浸出油是利用浸出法制作出来的，那么浸出法是一个什么样的过程，又在哪个环节产生了溶剂残留呢？

浸出法是利用油脂和有机溶剂相互溶解的性质，将油料破碎压成胚片或者膨化后，用有机溶剂（一般情况下是正己烷）和油料胚片在名叫浸出器的设备内接触，将油料中的油脂萃取溶解出来，然后通过加热的方法，脱除油脂中的溶剂。通过这种方法，可以将油料残渣中的残油降低至1%以内。

其实很多石油化工产品的生产都涉及浸出法，可能由于正己烷是石化产品，因而有人就产生了吃浸出油就是吃汽油，不安全、不健康、有毒等想法。有些人即使知道浸出后还有脱除溶剂的工艺，仍然很担心正己烷能否脱除干净，怕残留的正己烷对人体有害。那么正己烷到底是何物？

工业上的正己烷是有微弱特殊气味的无色液体，沸点是69.74℃，易于挥发，会通过呼吸道、皮肤等途径进入人体，长期接触可导致人体出现头痛、乏力、四肢麻木、呕吐等症状。

食用油油料中的油脂被正己烷萃取出来形成的混合液叫作"混合油"。正是利用正己烷的沸点低的特性，将混合油和油料残渣分离后，通过几次加热汽提（最后一步加热至110℃左右），将正己烷去除，得到的粗油叫作浸出毛油。挥发掉的正己烷经过冷却后回收，循环利用。正己烷因沸点低极易挥发，所以经此混合油中的正己烷绝大部分已被带走，溶剂残留能降低至100ppm（万分之一）左右。100ppm看起来也是个蛮大的数字，是不是还不安全呢？且慢，这个毛油并不是我们直接食用的油。

对大部分油料来说，不管是压榨还是浸出，得到的毛油因为含有磷脂、游离脂肪酸、农药残留等，都不能直接食用，都必须经过脱胶、脱酸、脱色和蒸馏脱臭等精炼工序后，才能得到可供我们食用的油。

压榨油更安全吗？

我们知道，浸出法是生产食用油的工艺之一，还有一种方法叫压榨法。

顾名思义，这种工艺是采用纯物理压榨制油。由于不涉及添加化学物质，保留了油料内的丰富营养，无化学溶剂污染，不含化学防腐抗氧化剂，能保证产品的安全、营养、美味，从而更符合人体健康需求，适宜长期放心食用。但是这种工艺的缺点也很明显，那就是出油率低。压榨油工艺目前在国内主要应用于花生油、橄榄油、坚果油等高档油品。

在食用油生产过程中，经过精炼后的油脂主要成分是甘油三酯，而粗榨出的毛油里除了三酰甘油，还有一些其他的成分：游离脂肪酸、磷脂、油料渣末，以及在种植、收获、晾晒、储藏等各环节可能带入的多环芳烃、黄曲霉素及农药残留。

游离脂肪酸和磷脂的存在，首先使得油脂易于氧化，缩短了保质期，另外这二者的存在还使油脂在加热时容易冒烟。油脂加热至持续发烟的温度，称之为烟点。一般情况下，大豆毛油或菜籽毛油加热至150℃就开始大量冒烟，而精炼油的烟点能提高至210℃以上。油脂加热后如果到达烟点，会对人体健康不利。因为烟里含有丙烯醛，这是一种具有强烈刺激性的物质，能够损害呼吸系统和眼睛。至于多环芳烃、黄曲霉素及农药残留，这些更是对人体健康危害极大的物质，需要脱除。精炼阶段中，通过吸附、蒸馏等过程，可将这些危害物质降至安全范围。

食用油是否安全，不在于前段制取是压榨还是浸出工艺，主要是由后续的精炼工艺决定的。天然健康的压榨油在没有精炼之前，也不一定是安全的。我国的国标对于食用油的外包装必须标明制取工艺，是为了给消费者以知情权，并不意味着两种制取工艺在食品安全上有差异。

实际上，精炼一级油是无法通过检测手段来检验最初的制取工艺的。

传统的"压榨法"设备简单，操作也容易，小作坊就可以进行。不过出油率低是其最大劣势。

不同的油料和压榨工艺产油率不同，一般而言能把70%的油榨出来就很难得了。

"浸出法"需要的设备和工艺比较复杂，但其优势也很明显。它可以得到原料中几乎所有的油，而且获得相同的油所需要的操作成本还要低一些。对于消费者来说，直观的感受就是：浸出油总比相应的压榨油便宜。

我们常见到的橄榄油是压榨油，但它是比较高档的油，而在国外，浸出油是很多家庭都在用的。

浸出油必须要进行精炼。相对于压榨油，浸出油的颜色和味道都要淡许多。

消费者喜欢压榨油，也愿意付出更高的价格。所以，一些厂家会先进行压榨，获得高价的产品。然后对残渣进行浸取，来回收其中的残油。

但为了获得更多的"压榨油"，会对油料进行反复高温加热，而有机物在高温加热的时候可能产生多环芳烃之类的致癌物，比如最常见的苯并芘。这些致癌物会进入油中，曾经爆出的茶油苯并芘超标，就是这么产生的。也就是说，"浸出法"本身并不产生致癌物，如果为了提高压榨的出油率而进行高温加热，倒是有可能产生。

不进行高温加热而"冷榨"，出油率就要低得多，相应的价格也就要贵多了。

真相是这样的 »

从上分析可见，人们之所以会对浸出油产生怀疑，是因为浸出油生产过程中使用了正己烷，人们只知道它是化工产品却不知道食品级的正己烷用于浸出法生产食用油是安全的。其实，不论是压榨工艺还是浸出工艺生产出来的油，只要符合我国食用油质量标准和卫生标准的，就都是安全的食用油。

催熟的香蕉会导致性早熟，是真的吗？

从苏丹红到三聚氰胺，从注水肉到地沟油，每当社会上出现食品安全问题，大家的心都会被狠狠地震惊一下，担心自己的身体健康。不过这之中既有真实事件，也有捏造的假新闻。有传言果农为了缩短香蕉的生长周期，利用一种名叫"乙烯利"的化学药剂将青香蕉催熟，食用了这种催熟的香蕉不仅没有什么营养价值，还能导致儿童性早熟，令无数为人父母者直呼担忧。然而这是真的吗？

剖析 »

乙烯利是什么？

这得先从乙烯说起。乙烯是最简单的烯烃，分子式为 C_2H_4，也是五大植物激素之一（其他四个分别是：生长素、赤霉素、细胞分裂素和脱落酸）。20 世纪初，由于市场对水果需求量的增大，使果农们迫切需要解决产量与生产周期的问题。之后发现乙烯能够催熟水果，于是用含有乙烯的"煤炉气"帮助水果成熟的方法就在果农间流传开了。不过，乙烯是种气体，用起来难以精确控制。在这种背景下乙烯利出现了，使用它的溶液喷洒、浸泡果实能加快其成熟。

植物生长过程中会产生乙烯，所以即使不使用乙烯利，水果也能自然成熟。

不过自然成熟的水果，尤其是娇嫩的热带、亚热带水果，极难长时间保存，也就很难运输，杜牧的"一骑红尘妃子笑，无人知是荔枝来"就证明了这个问题。其实北方的老百姓能够吃到新鲜美味的热带水果都是乙烯利的功劳。据研究，经过乙烯利处理的香蕉，其营养物质与天然熟透的相比差别不大，而且成熟均匀、色泽光亮，更有卖相。所以，乙烯利自20世纪60年代被发现以来受到了众多果农的青睐。

乙烯利对健康的影响

那么，乙烯利是否对人体有害呢？乙烯利本质上是一种有机磷化合物，其急性中毒的症状与其他的有机磷农药类似，但它是一种磷酸中羟基未被完全取代的磷酸酯，所以毒性较弱。在有记录的两例乙烯利急性中毒案例中，病人都有瞳孔缩小、肺水肿等有机磷中毒的症状。这两个人究竟摄入了多少乙烯利呢？一个取食了20克乙烯利粉剂，另一个空腹饮用了250毫升乙烯利溶液。

对于消费者来说，一般情况下我们食用的水果蔬菜上的乙烯利残留不太可能让人产生急性中毒的情况。我国现行规定是，包括香蕉在内的热带、亚热带水果乙烯利残留量不能超过 2 毫克 / 千克。以上述两例中毒案例作为标准，假设我们买到的香蕉乙烯利残留量超标 100 倍（200 毫克 / 千克），那么一位成年人需要吃掉上百斤的香蕉才会中毒——而在此之前，更应该担心的是会不会把人给撑坏了。

乙烯利的服用半致死量约在 2000 毫克 / 千克以上。研究报告称，小鼠摄入的乙烯利剂量达到半数致死量的 1/16 就可以对其免疫系统造成严重影响，达到半数致死量的 1/4 就会造成体细胞、生殖细胞的畸形。这些数据乍看起来觉得很可怕，但是仔细推敲下，单靠香蕉里的残留量的话，离那些危险数值还有很大距离。美国的研究人员做过这样一个研究：选取 20 名测试者，以每日每千克体重 0.5 毫克的剂量服用乙烯利，16 天之后，发现测试者的红细胞胆碱酯酶含量没有变化，血浆胆碱酯酶有所下降。不过在其后的两个星期内，这一指标又逐渐恢复到了正常水平。基于这项研究，美国环境保护局（EPA）的一份报告指出，正常成年人每日可摄入乙烯利量为每千克体重 0.05 毫克。就是说，一位 50 千克体重的成年人每日摄入 2.5 毫克乙烯利（相当于 2.5 千克符合国家规定的香蕉里乙烯利的最高残留量），身体不会有任何变化，健康也不会受到任何影响。

当然，作为对人体有害的物质，应当尽量减少甚至避免摄入。其实果农是不会过度在水果上使用乙烯利的，否则水果会因为成熟过快而更容易腐烂，这在无形中为食品安全提供了一个保障。所以一般情况下，残留乙烯利的量不会很高。此外，乙烯利的水溶性很好，食用之前仔细清洗水果也可以大大减少水果表面的残留。

乙烯利不能催熟儿童

植物激素不能同样作用于动物，人类无法通过服用生长素长高，也无法利用脱落酸祛个腿毛之类的。乙烯利能催熟香蕉，可是要催熟个孩子它还是做不到的。儿童性成熟是受到性激素的调节，在人体内它们都有特定的结构和特异性的受体。无论是乙烯还是乙烯利都不能参与性激素的合成，更不可能发挥出性激素的作用。所以，乙烯利在儿童性早熟上，是非常无辜的。

真相是这样的 》

水果催熟剂乙烯利是国家规定下允许使用的农药，现使用较普遍。乙烯利毒性较低，只要香蕉上残留的乙烯利没有超过国家标准，既不会对人体健康产生明显影响，更不会造成儿童的性早熟。

无籽水果是用避孕药种出来的，是真的吗?

吃的时候需要吐籽的水果有很多，常常让人觉得很麻烦，于是一些新育品种如无籽西瓜、无籽葡萄在市场上很受欢迎，且价格不菲。不过有些人对无籽水果的安全性提出质疑，他们觉得没有籽的水果"不自然"。并且有流言称"无籽水果中含有大量激素，是用避孕药处理来达到无籽效果的，经常食用对人体有害"。事实果真如此吗?

剖析 》

果实与种子的形成

说到无籽水果，自然就涉及果实与种子的形成。我们日常吃的水果，基本都属于被子植物的果实。被子植物是植物界最高级的一类，它们拥有真正的花，这些美丽的花是它们繁殖后代的重要器官，也是它们区别于裸子植物及其他植物的显著特征。果实这个器官则是为了保护和更好地传播包被在其内部的植物幼体——种子。有了果实的包被，种子得以更好地传播，也使得我们今天能够吃到美味可口的水果了。

花的子房发育成果实，胚珠发育成种子。双授精以后，种子开始发育，整个子房也在发生着

赤霉素

显著的变化：在种子活动的刺激下，子房壁细胞不断分裂膨大，使得整个子房变得膨大疏松起来，同时大量的水和营养物质被输送到膨大的子房壁细胞中储藏起来。之后，在果实自身产生的激素乙烯的影响下，整个子房变得厚实而多汁，成了我们吃到的水果，而里面被包裹着的种子，即是我们说的水果籽了。有籽水果中，若种子中的胚珠不发育，就无法产生足够的激素，子房也就会萎蔫、脱落，不能形成果实。

激素的作用

上面提到若种子中的胚珠不发育，就无法产生足够的激素。这种激素是指什么呢？在植物体内，对促进植物果实发育影响最大的激素就是生长素和赤霉素。生长素是由生物体内20种氨基酸之一的色氨酸经一系列酶促反应生成的，它对于植物体有着至关重要的作用，能促进植物的伸长生长，促进插枝生根，诱导单性结实，控制雌雄性别。

赤霉素广泛分布于各类生物中，多存在于生长旺盛部分，如茎端、嫩叶、根尖、果实、种子中。果实和种子（尤其是未成熟种子）的赤霉素含量比营养器官的多两个数量级。每个器官或组织都含有两种以上的赤霉素，而且赤霉素的种类、数量和状态都因植物发育时期而异。它与生长素不同，其运输不表现极性，不同植物间的运输速度差别很大。赤霉素的生理作用有促进茎和叶的生长、诱导抽薹开花、促进性别分化、打破休眠、防止脱落、诱导单性结实、促进无籽果实的形成。

可以看出，生长素和赤霉素都能促进植物细胞的分裂和生长，而果实的发育，其本质就是子房壁细胞的分裂和生长。

所有被子植物发育中的种子都能够大量合成生长素及赤霉素，使得果实进行发育。

无籽水果的形成过程

如何在种子不发育的同时提供足够的激素来促进果实发育呢？方法大致有以下三种：一是为果实施用一定浓度的植物激素，抑制种子发育的同时促进果实发育；二是通过杂交手段，使得种子不能正常发育，同时给予一定刺激，使果实自身可以产生足够其发育的植物激素；三是通过寻找植物自身产生的种子不育但能够产生植物激素的突变个体，来生产无籽水果。那么，我们常见的无籽水果都是通过哪种方法形成的呢？

首先，我们来看无籽葡萄。我国栽培面积最大的巨峰葡萄，本身是产生种子的。但如果在葡萄盛花期及幼嫩果穗形成期用一定浓度的赤霉素进行处理，便可以抑制种子发育，促进果实膨大，从而获得无籽的巨峰葡萄。显然，这是使用第一种方法形成的。另外，通过赤霉素处理的葡萄，不仅能够达到较高的无核率，还有增加果粒大小的效果。另外一些葡萄品种，例如"京可晶""大粒红无核"等则是使用第三种方法获得的，原理是由于其本身的变异，在授粉之后，受精胚囊很快停止发育，但果实本身可以产生激素，从而使得果实膨大发育为无籽果实。接下来，我们再说说常见的无籽西瓜。它是采用第二种方式获得的。普通西瓜都是二倍体植株，也就是细胞内含有两组染色体，可以正常结籽。人们用秋水仙素使得西瓜染色体加倍成四倍体，再将四倍体西瓜与二倍体西瓜杂交产生三倍体西瓜，这样它的胚囊在产生卵细胞时染色体会发生混乱，不能正常受精成为正常的种子。然后，再以二倍体西瓜的花粉授粉，花粉中含有的合成生长素的酶系被花粉管带入西瓜果实中，使三倍体西瓜果实内能够合成生长素，如此，无籽三倍体西瓜就诞生了。

无籽柑橘也是通过第三种方法获得的典型例子。某些枝条在芽阶段由于外界刺激发生了变异，从而使得种子不能发育，产生无籽柑橘。人们将这些变异了的能产生无籽柑橘的枝条通过扦插、嫁接等方式进行繁育，就可以大量生产无籽柑橘了。目前市场上的很多无籽柑橘品种，大多数是通过这种方法获得的。

此外，还有几种常见的无籽水果，如菠萝、香蕉等。菠萝是利用其不能自花授粉结实的特点来达到无籽目的的，而香蕉本身就是三倍体植株，自然也不会产生种子了。

植物激素与动物激素的区别

植物激素是由植物自身代谢产生的一类有机物质，能自产生部位移动到作用部位，在极低浓度下就有明显的生理效应，也被称为植物天然激素或植物内源激素。人们对植物激素的研究是从生长素开始的，除了和种子产生密切关联的生长素和赤霉素外，植物体内还含有多种其他的激素，包括细胞分裂素、脱落酸、乙烯、油菜素内酯等。这些激素严密而精确地调节着植物的生长状态和各个生理过程，所以在我们食用植物组织尤其是果实等植物激素大量产生的部位时，其所含有的内源性植物激素也一并被我们吃了下去。例如在新鲜脐橙果肉中，内源性赤霉素含量可达 10 微克 / 克，生长素含量约为 1.2 微克 / 克，我们吃上 100 克脐橙就相当于摄入了 1 毫克的赤霉素以及 120 微克的生长素。生长素及赤霉素无毒，很快会随代谢排出体外，因此对人体并无不良作用。

在农业花果管理中，人们经常会用一些人工合成的植物激素来促进果实生长和增加着果保果率。这些人工合成的植物激素中，以生长素类似物萘乙酸以及能产生乙烯的乙烯利为多。这些人工植物激素属于低毒农药，若是超量使用会造成果实异常膨大、易于腐烂、植物体生长障碍甚至死亡等不良影响，因此不会大量使用。并且对这类植物激素有最高限量标准，例如我国对乙烯利的最高残留限量为 2 毫克 / 千克，较欧、美、日等国持平或更为严格。因此购买符合标准的水果，是不用担心这些植物激素对人体的危害的。

动物（包括人）也与植物一样，其生长、发育以及生殖过程，都需要激素的参与。不同的是植物激素是由植物体的各种部位产生的，动物激素的分泌有专门的内分泌器官或细胞。动物激素通过体液来运输，而植物激素运输方式多种多样。并且，动物激素和植物激素的化学本质不同，识别机制也不同。因此动物激素无法被植物识别和产生作用。反之，植物激素在动物体内也无法发挥其在植物体内的作用，互相都是无法识别的。

避孕药确实含有激素，一般口服避孕药都含有孕激素和雌激素，但这种激素属于动物激素，在进入人体后能够被人体的响应识别机制所识别，进而调节体内各项生理指标，达到降低受孕效果的目的。而植物体内，由于缺乏相应的受体以及信号途径，根本无法识别这种激素，也就完全无法起到给植物"避孕"的效果了。同理，在农业生产上使用的各类植物激素，被摄入人体后也不会起到激素的效果。

真相是这样的 »

此系谣言。无籽水果并不是也不可能由避孕药种出来，避孕药中的动物激素无法对植物产生影响。它含有植物激素，但植物激素不同于动物激素，植物中自然产生的植物激素原本就不少，食用它们也不会对健康造成危害。因此不必谈"激素"而色变，美味水果，但吃无妨。

真有所谓"打针西瓜"吗？

每年入夏，关于西瓜的说法都会甚嚣尘上。"商贩利用注射器向西瓜内注射色素、甜味剂，让西瓜变得又红又甜"的说法通过各种渠道流传出来，成为夏天的热门消息，让人对西瓜"想说爱你不容易"。而"打针西瓜"会导致人体肝硬化的说法更是让人震惊。

那么，这是真的吗？

剖析 »

"打针西瓜"损人不利己

从现实角度讲，"打针西瓜"不大可能存在。且不说给西瓜打针需要带来人工、药品、工具等成本增加。即使给西瓜注射，那么注射的范围也会非常有限，甜味也只能融入西瓜的局部。而一旦针头进入西瓜皮，就可能留下不可愈合的针眼，使得微生物侵入果肉，西瓜就有可能很快腐烂。而想要整个西瓜变甜，一定要在西瓜上的多个地方注射。这么费力不讨好、损人不利己的事情要干成了也真是不容易！

注射液无法吸收

西瓜在生长中以及采收后，对果实采用打针方式注射液体物质是不可能吸收的。因为植物只有通过维管束组织才能吸收水分与营养，强行注入只会在微小组织内积累，且会破坏西瓜瓤的组织特性，不可能像传言中描述的西瓜瓤呈红色且汁液也很丰富。给西瓜打针注射液体在技术上明显违背植物生长规律。

西瓜有"白筋"或"黄色硬块"的真相

那么，西瓜如果没有打针，里面出现的"白筋""黄色硬块"又该如何解释呢？其实这些是由于西瓜子房发育以及果实生长过程中，遇到低温连阴天或管理不当，植株的营养生长与生殖生长不协调，导致子房与果实营养缺乏、发育不良，或在低温下授粉不均匀，部分组织发育受阻形成。这些可能影响味道，但非安全问题。西瓜出现少量白籽则是因为早春西瓜授粉受精不良造成的。

液体能打进西瓜吗？

虽然注射器是无法将液体注入西瓜内的，但是一些媒体在描述自己的测试时则表示这个动作"容易"。

确实可以通过注射器向西瓜中推入若干毫升溶液。在瓜蒂和瓜身部位，注射并不需太大力气。但是最后会出现西瓜裂开的现象，推测与注入量、西瓜成熟度、注射位置和手法有关。

在瓜脐处几乎完全打不进去；在瓜蒂和瓜身注射相对容易。其中一个瓜在推入了约5毫升液体后直接裂开了，推测可能与西瓜成熟度较高有关，或可能是打针操作本身的作用。此外，发现西瓜的成熟度可能对打针效果产生影响。因此，即使有好事者给西瓜注射液体，而又要保证西瓜完好无损，那么这真是一项经验与技术相当高超的"熟练工种"。

是否会留下可辨别的针孔？

注射会留下针孔，依注射部位等因素不同，一些针孔比较容易分辨。

选择西瓜上的三个部位：瓜皮黑色部位、瓜皮浅色部位和瓜蒂部位，分别进行注射，并在注射完成和放置48小时之后观察针孔外观。结果发现，其中一些针孔清晰可见，很容易被发现；也有一些，特别是瓜蒂部位的针孔，不仔细看不易察觉。不过总体来说，由于针孔外形呈规则圆洞，而这种痕迹在正常西瓜表面不易出现，所以并非很难识别。

色素是否会在西瓜内部扩散开?

注射器推入的溶液在一小片区域内较均匀地扩散开,但因注射溶液体积有限,扩散范围比较小,并不能将整个瓜完全染色。

给西瓜注射蓝色食用色素(每个注射点推入的溶液量为 1.5 毫升,溶液浓度未做详细定量),分别在注射完成和放置 48 小时之后,沿注射点切开观察扩散情况。结果发现,染成蓝色的区域以针头所在位置为球心,呈球形分布。放置 48 小时与马上切开所看到的染色区域大小相似,也就是说随着时间推移,色素扩散的速度变得非常慢。考虑到注射液体体积受到限制,不太可能将整颗淡色的生瓜"染成"熟瓜。值得一提的是,瓜皮部分也受到了色素的影响,且效果非常明显。不过这可能与针头较短、注射部位靠近西瓜边缘有关。

注射色素和糖溶液,是否会加速瓜的腐坏?

为了模拟传言中给西瓜"染色"和"染色 + 增甜"两种效果,配置了两种溶液:一种是纯的蓝色食用色素溶液,一种是加有蓝色食用色素的饱和阿斯巴甜溶液(假设不法商贩为了给西瓜增甜,会尽量提高甜味剂的浓度)。分别对两只新鲜西瓜的部分区域注射了上述两种溶液。放置 48 小时后,注射区域从外观上看,腐坏特征不明显,但实际品尝可以察觉到明显异常。

注射的溶液是否会沿针孔流出?

注射色素溶液后未观察到明显的溶液流出现象;注射色素 + 饱和糖溶液后,有部分溶液从针孔中流出。饱和糖溶液为高渗溶液,使得西瓜组织中的细胞液渗出,溶液体积增大,流出针孔。

实验总结

从外观上看,在排除染色效果之后,注射部位并没有出现变软、溃烂等明显的腐坏特征。实际品尝测试结果为:志愿者表示这两只西瓜整体均已不太新鲜,但注射部位的味道与非注射部位相比,还是有明显的区别。注射食用色素的瓜瓤带有难以描述、令人不快的味道;注射食用色素和饱和糖溶液的瓜瓤则带有典型、浓郁的西瓜腐坏变馊的味道。

1.怪味儿是因为注射液体带来的,还是瓜皮破损导致的?

在注射上述溶液的同时,在同一西瓜上用空针扎了若干针孔。放置 48 小时后,这些空针孔附近的瓜瓤与其他完好部位并无明显区别。这说明打针形成针孔并不是引起西瓜腐坏的主要因素,怪味儿与注入液体有关。

2. 这些味道是由注射液体本身带来的，还是注射之后、在放置过程中产生的？

据实验推断，这些怪味儿与色素、甜味剂溶液中的微生物有关。很可能是由于"打针"的行为将这些微生物注入了西瓜，从而加快了西瓜的腐坏速度。

依然可以了解到一些情况：1. 用注射器确实可以将少量液体注入西瓜，但还是有一定难度的。考虑到生瓜组织较熟瓜紧实，故此推测生瓜可能更难注入。2. 注射时色素溶液会扩散，但扩散很慢。3. 给西瓜打针留下的针孔，比较容易分辨。4. 注射行为有可能会加速西瓜的腐烂，使之在口感上发生明显变化。

真相是这样的 》

为西瓜注入色素，既增加瓜农或瓜贩的成本，还会使西瓜留下针孔，使瓜瓤与空气接触，微生物侵入果肉，加速变质。炎热的夏季，西瓜的保质期很短，如果有此做法，那真是得不偿失。如果因此传言而买西瓜不放心的话，不妨仔细查看，或者到大型超市购买。

吃一碗泡面需要 32 天解毒，是真的吗？

安藤百福在发明方便面时候，一定不会想到方便面在带给人们便利的同时也引起了巨大的争议。近年来，关于方便面不健康的说法越来越多，而且都是说者有据言之凿凿，其中不乏一些专业人士。在这些传闻中流传较广的一条就是"吃一碗泡面需要 32 天解毒"，这个说法到底是真是假？

剖析 》

BHT 有多危险？

其实传言中说泡面不健康的主要"肇事者"就是 BHT。因为方便面需要油炸，而油中就添加了 BHT。碗装泡面更甚，由于要防止碗加热后变形，也在碗中加入了 BHT。

BHT 全名叫 2，6- 二叔丁基对甲苯酚，是一种能与自由基发生反应的抗氧化剂。在食品中，它被广泛用于油脂的抗氧化。生活中我们经常遇到含油脂的坚果类、香肠等容易产生哈喇味，猪油和植物油贮存时间久了也会出现这种味道。这种哈喇味就是油脂氧化、酸败的结果。油脂氧化是指食油中含有的一种亚油酸成分，与空气中的氧发生化学反应。油脂酸败指油脂和含油脂的食品，在贮存过程中经生物、酶、空气中的氧的作用，而发生变色、气味改变等。食用了这种已经产生哈喇味的食品会对人体造成不良的生理反应或食物中毒。

BHT 常作为添加剂添加到动植物油或含动植物油的食品中，当 BHT 和油脂同时存在时，BHT 会优先产生氧化反应，以此来延迟食物的酸败。作为被人食用的食品添加剂，在它被广泛运用之前已经对其安全标准做了相关规定。联合国粮农组织和世界卫生组织的食品添加剂联合专家委员会把 BHT 的每日容许摄入量定在每千克体重 0.3 毫克。对于成年人，相当于每天 20 毫克。

按照现行的中国食品添加剂国家标准，BHT 在不同食品中（包括油炸面）的用量一般为每千克油脂0.2 克。而每包方便面的重量不过百克左右，一个人多吃几袋方便面，其 BHT 含量也远远不会超标。

大量的 BHT 是否影响健康的确有所争议。美国食品和药品管理局曾有数据显示，有些人可能难以代谢BHT，以致 BHT 存留体内影响健康。不过在国际通用标准中，中国、美国和欧盟等都许可 BHT 以氧化剂形式存在于食品中。在食品工业界，也使用例如维生素 E 等具有抗氧化功能的抗氧化剂。

泡面碗中的聚苯乙烯有多大危害？

有传言说食品加工厂利用聚丙乙烯制作泡面碗，而在泡面过程中，聚丙乙烯受热会发散出具有致癌风险的单体苯乙烯。

哈佛公共卫生学院等机构 2002 年发

表了一份苯乙烯对健康的潜在风险的综合评估。相关的结论简述如下：

1. 苯乙烯是一种用途很广的工业原料。由于现代工业的发展，它在空气中也存在，典型值在 1ppb 的量级（1ppb 等于十亿分之一）。实际上，它在一些食物中也天然存在，比如草莓、牛肉与辣椒等。在葡萄酒和奶酪的生产过程中，也会产生一定量的苯乙烯。

2. 关于苯乙烯的安全性也做过许多研究。致癌性方面，大剂量的苯乙烯在老鼠中显示了致癌性。这个"大剂量"在每千克体重几十毫克的量级。其他的健康危害方面，比如神经、呼吸系统损伤，也需要很大的剂量。

3. 环境中含苯乙烯最高的地方是强化塑料厂。有流行病学调查发现，厂里工人的肺癌和呼吸道癌发病率要高一些。不过，进一步分析数据发现，这一升高却是来自于厂中暴露于苯乙烯中最少的工人。这说明，该调查中癌症发生率上升的罪魁祸首不是苯乙烯，而是另有他物。

4. 目前的实验和统计数据不支持苯乙烯在常规剂量下致癌或者危害健康的结论。但是由于统计数据和实验结果的局限，也还不能排除这种可能性的存在。

这种致癌风险是与苯乙烯摄入量有关的。世界卫生组织的食品添加剂联合专家委员会制定的安全摄入量是每天每千克体重 0.04 毫克。美国专业机构认为从聚苯乙烯包装材料中释放出的苯乙烯不可能达到这一有害剂量，所以允许用它来盛装食品。日本、欧盟对于苯乙烯的看法与这一结论相同，并允许其在食品中使用。

而聚苯乙烯在中国的历程可谓一波三折。按照《食品包装用聚苯乙烯树脂卫生标准（GB9692 — 1988）》以及《食品包装用聚苯乙烯成型品卫生标准（GB9689 — 1988）》，聚苯乙烯发泡塑料可以用于制作一次性餐具。不过，有研究机构通过实验发现"高温下的聚苯乙烯可能释放有害物质""大量使用聚苯乙烯发泡塑料餐具造成白色污染"以及"非法企业生产的聚苯乙烯发泡塑料餐具质量不达标"等危害，自 2005 年起，包括聚苯乙烯餐具在内的"一次性发泡塑料餐具"被列入了"淘汰产品"的名单。但是随着研究实验的进行，加之对国际使用情况的关注和使用的便利，近年来，聚苯乙烯在食品工业中出现了重受重视的趋势。

作料中有什么"不需要的物质"？

据网上流传的浙江大学诺特营养中心营养师张老师的说法，"泡面的作料含有很多人体不需要的物质"，但并没有具体表明这些"人体不需要的物质"有哪些，所以这句话也没有什么确凿的理论价值。

至于泡面的佐料除了一些油、盐等常规调味品，还有食品添加剂，例如抗氧化剂、色素、香精、防腐剂等。的确这些添加剂对人体没有什么营养价值，但是在食品口感、食品造型、食品保质期等方面有各自的作用。各家泡面生产厂家添加的作料各有特色，但只要用料符合国家标准，应该不会危害健康。

肝脏有 32 天的排毒周期吗？

说到"人体不需要的物质"，不仅是加工食品，即使是"天然食品"，其中都有一些成分是"人体不需要的"。那么这种不被人体需要的物质在人体内会有以下几种可能。

1. 不被人体吸收，经过胃肠道直接排出体外。比如不可溶的膳食纤维，或者在胃肠内没有溶解的固体食物。

2. 被吸收进入血液，在肝脏的代谢作用下变成其他物质，也就是通常所说的"解毒"。

3. 在肝脏内被分解的产物，或者没有被分解的物质，主要经过肾脏过滤随尿液排出体外（少部分随胆汁排出）。

4. 有一部分随着血液循环到达身体某些部分，在那里危害细胞正常活动而产生危害。

前三种情况对健康不会产生危害。但是如果摄入量过大，肝脏和肾脏运转超载，第 4 种情况就会加剧。一般说来，合格的泡面是不会出现第 4 种情况的，而第 2、3 种情况，物质的分解速度和排出速度没有定性的"解读周期"规定，而是根据不同物质具体问题具体分析的，有些物质分解和排出速度快，有些物质分解和排出速度慢。

通常用排出 50% 或者 90% 的时间来衡量一种物质的排出速度。在某一组织中浓度下降一半的时间，被定义为"半衰期"。如果这个时间很短，比如达到几个小时或者一两天，就认为这种物质"不累积"。一般食品添加剂，都被认为是"不累积"的。如果这个时间很长，比如几个月甚至几年，就认为这种物质会在体内"累积"。许多重金属污染物，就是这样的情况。

例如苯乙烯的半衰期，从代谢产物在尿中浓度的角度计算是 8 ~ 9 小时，而从脂肪组织中的浓度角度计算则是 2 ~ 4 天。BHT 的代谢动力学比较复杂，单次喂食小鼠之后的半衰期在 9 ~ 11 小时之间，而其他的食品添加剂也不会超过这个范围太多。不过，不管怎样计算都不会有"32 天的解毒周期"。

世界卫生组织的食品添加剂联合专家委员会在制定安全摄入量的时候，必然是思虑过了该物质突破人体健康承受标准线的最高级别含量。所以，只要符合安全摄入标准，就可以认为对健康没有影响。

真相是这样的 》

从泡面的盐分含量高、热量高、营养单一这些方面考虑，它的确不是一种对身体健康有益的食品。但是方便面自有其方便之处，只要不是每日大量单一食用，还不至于对人体产生如传言般恐怖的危害，人们完全不必因此而恐慌。

罂粟壳火锅会让人上瘾，是真的吗？

继火锅"地沟油"之后，又有新闻爆出火锅店为了增加火锅的口感在汤里添加罂粟壳。当我们对一家火锅店十分钟情时，是否已经在不知不觉中染上了"大烟瘾"呢？

剖析 》

鸦片与吗啡

鸦片是从一种草本植物罂粟中提取出来的，传统的收集手法是在果实还未成熟时割伤果皮，渗出的白色乳汁经过一天的日晒变成的棕黑色膏状物就是生鸦片膏，其中的吗啡含量高达 9.5%，而提取过鸦片汁的罂粟吗啡含量仅剩 0.2%。

现在鸦片的主要用途是医疗中的麻醉和染色。20 世纪 40 年代之后，高效的现代工艺逐渐得到了广泛应用，为了提取吗啡等鸦片中的有效成分，等到罂粟完全成熟时，会收集罂粟的果实、茎、叶，同时去掉罂粟籽，浸在水中或其他溶剂中提取出可溶成分，待干燥后形成粉末，这样粉末中的有效成分较之传统人工手法提高了几十倍。罂粟壳是提取原料中的一部分，其中自然含有吗啡等鸦片成分。

罂粟壳：做调料是非法的

那么把罂粟壳加在火锅中是为了调味吗？中国药物依赖性研究所专家不认为罂粟壳能够提味："大多罂粟壳本身是没有味道的，何来'提味'一说？有些罂粟壳甚至带有酸涩的苦味，这么看来，要说提味也不会是'鲜美'的味道。"

罂粟壳中虽然只含有少量的鸦片成分，但其成分必然还是包括吗啡、可卡因等多种生物碱，长期高频率食用有可能造成毒品上瘾，而且个体对毒品的敏感程度不同，有些人对毒品很敏感，更有危险。

可见，在火锅底汤中加入罂粟壳对人体有潜在的危险，并且它又不能带来明显的提味效果，所以在很多国家和地区，罂粟壳是不允许被作为调料的。

罂粟籽：不错的食品原料

值得注意的是，罂粟籽是个例外的存在，它的吗啡等的含量非常少，这就使得罂粟籽可以作为食品原料。

从罂粟籽中还能提取出一种天价保养品——"御米油"。罂粟籽含油量可达 40% 以上，比大豆的 20% 高多了。罂粟籽油主要由不饱和脂肪组成，是一种品质很好的食用油。

真相是这样的 》

被加入火锅中的罂粟壳确实含有吗啡等鸦片成分，但它对人体的危害主要跟摄入量和个体对毒品的敏感程度有很大关系。不过火锅中加入罂粟壳并不会显著提升火锅口感，所以商家使用罂粟壳也没有明显的好处。所以如果你对一家火锅店情有独钟，可能并不是罂粟壳的功效，而只是你肚子里"馋虫"的功劳。

蘑菇越贵越好，是真的吗？

近几年猴头菇饼干和饮品红极一时，猴头菇所含的不饱和脂肪酸能降低血液中的胆固醇含量，对心血管疾病患者有一定的好处。不仅猴头菇，常吃蘑菇有利于提高机体免疫力，还有止咳、化痰、抗癌、通便、排毒、减肥的功效。市场上蘑菇种类繁多，价格也会有较大差异，但真的是越贵的蘑菇营养价值越高吗？

剖析 》

蘑菇的营养成分大同小异

网上曾流传着这样的消息：每 100 克蘑菇中含有 18 克的蛋白质，远远高于鸡蛋。其实，无论是野生的还是种植的，鲜蘑菇中的蛋白质含量通常不会超过 5%，基本上 80% 以上的含量都是水分，并且这个比例在各种蘑菇中都大同小异。例如，杏鲍菇的蛋白质含量是 1.3 克 /100 克，香菇的是 2.2 克 /100 克，鸡枞的蛋白质含量是 2.5 克 /100 克。所以谈论哪种蘑菇营养价值高就没什么必要了，且蘑菇蛋白质远高于鸡蛋的说法也不攻自破。

千万不要迷信那些宣传上的概念，那么高的蛋白质比例，只有干蘑菇才可以达到。

不过，蘑菇对于减肥来说确实不错，蘑菇属于低脂食物，鲜蘑菇的脂肪含量通常在 1% 以下，大多数甚至达不到 0.5%。且把口感与肉类相似的蘑菇加在减肥餐里，也能给减肥人群一点心理安慰。但要注意的是，通常家庭在烹制蘑菇的时候都会用上大量油脂，比如小鸡炖蘑菇，这样脂肪含量可就在不知不觉中升高了。

有些蘑菇还有一大优点，就是富含矿物质元素。例如，香菇中有含量丰富的锌，每 100 克鲜香菇含锌 0.66 毫克。所以说，蘑菇还是补充矿物质元素的一个既优质又便捷的来源。

蘑菇美味的根源

不过，滋味鲜美与是否有营养完全是两码事。说到蘑菇的滋味鲜美，主要是因为其中富含像谷氨酸或天门冬氨酸那样提味的氨基酸，以及像肌苷酸、鸟苷酸这样的呈味核苷酸。但不要以为这些氨基酸和呈味核苷酸是什么神奇的玩意，如果我们仔细看看味精、鸡精等调味料的成分说明就会发现，平时我们用的味精的主要成分就是谷氨酸钠，而肌苷酸则更多出现在鸡精等调味品中。

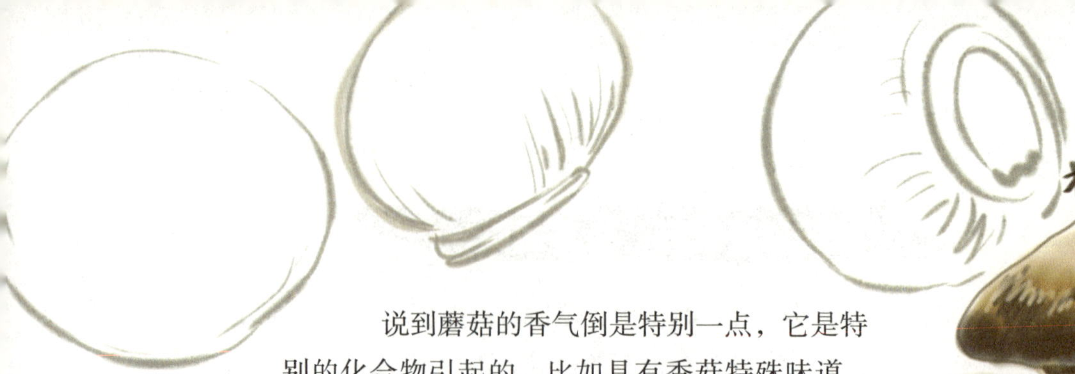

说到蘑菇的香气倒是特别一点，它是特别的化合物引起的，比如具有香菇特殊味道被称作香菇精的五硫杂环庚烷，它是香菇中的含硫化合物；松茸中含有具浓郁杏仁香味的苯甲醇和苯甲醛。但是，到目前为止，还没有研究发现这些物质与人体的健康是否有联系，所以，对蘑菇的选择就只是口味的协调了。

松茸

蘑菇的药理

我们的消化系统对某类物质还是束手无策的，比如金针菇就是第一天怎么进去，第二天怎么排出来的。这又是怎么回事呢？这是一种被称为"真菌多糖"的东西搞的鬼，它在金针菇成分中占了很大比例。这种物质虽然也被归类到膳食纤维旗下，但是这些"纤维"不同于蔬菜中的纤维素，倒是更像构成螃蟹壳、虾壳的主要物质几丁质（也叫"甲壳素"）。真菌多糖是一种很稳定的物质，弱酸弱碱都不能破坏它们。

除了吃香菇吃到肠梗阻的病例提醒我们要适度而吃，这些不易被消化的物质可以促进胃肠蠕动，还是对身体有益的。广告中多宣传真菌多糖具有提高免疫力、保护肝脏等神奇疗效，但其具体的药理大多仍不明确，其发挥作用也是在纯提取物的条件下测定的。想要靠单纯吃蘑菇就把病治好，恐怕也是不靠谱的事情。

平菇

生长时间定身价

实际上，蘑菇的生长需求十分简单，只要有锯木屑、稻草或者棉籽皮，再混上一些营养物质就可以了。但是不同种类的蘑菇生长周期有很大的差异，比如松茸需要 300 天才能采收一次，而平菇在两个月的种植周期中可以采收 4 ~ 6 次，这样的产量对比差异足以拉开两种蘑菇的身价。

除此之外，蘑菇的价格还与栽培技术有关联，像平菇这样有很长时间的栽培史、养殖技术又成熟的蘑菇，价格就会比较便宜；好多还未进行人工栽培的蘑菇，只在野外生长，从而只能靠野外采收的蘑菇，经常供不应求，身价自然水涨船高。

真相是这样的 »

蘑菇的滋味鲜美，但是鲜蘑菇中的蛋白质含量通常不会超过 5%，基本上80% 以上的含量都是水分，并且这个比例在各种蘑菇中都大同小异。蘑菇中的脂肪含量很低，含有丰富的矿物质，但并没有具体药理证实蘑菇有多少神奇特效。蘑菇的价格差异主要还是取决于生长周期和稀缺性，而与营养无关。

掉色的食物是被染色的，是真的吗？

现在，食品安全问题常常成为困扰百姓的餐桌难题。出门买盒咸鸭蛋，结果听说可能会有"苏丹红"；买盒茶叶吧，听说可能会有"美术绿"……最近几年，媒体曝光的多起有关食物的工业染色剂事件，让人们不知所措。

现在蔬菜瓜果粮食的种类日渐丰富，消费者面对新奇颜色的食物常会心生恐惧，生怕是被染了色的。另一方面，染色芝麻和染色橙子等新闻也时常曝出。到底应该如何判断哪些掉色是正常的，哪些掉色又是不正常的呢？

虽说工业染色剂对人体健康有很大危害，但我们却对染色食品无计可施，防不胜防。究竟有没有什么简便的办法辨别染色食物呢？有人说，用水泡一下如果掉色，肯定是染色的，天然食物是不会掉色的。

这，是真的吗？

剖析 »

食品染色为哪般？

染色食品曝光后，许多人表示无法理解，认为食品色素仅仅是改变颜色，只有"悦目"的作用，干吗一定要这样做呢？

现代食品技术中，有一个领域是研究食物的各种性质如何影响人们对食物的感受的。成分和加工过程完全相同的食物，仅仅是所采用的颜色不同，就会导致人们对它的评价显著不同，还会影响人们对食物的选择。其实，这个和咱们中国人对美食的追求是不谋而合的：古人都说美食应该是"色香味"俱全，这个"色"其实就是指食物的颜色。

用色素来给食物染色，并不是现代食品工业的首创，也不是食品安全事件曝光后才有的。在中国，早就有用蔬菜汁来染色做豆腐的做法。不过，合成色素的使用的确是现代食品工业发展的结果。

一般来说，一种合成色素在被允许使用到食品中之前，要经过复杂的评估实验。在安全性方面会有大量的毒理实验进行考核，确认对人体无害才允许使用。除了毒理实验之外，还有一些基础的适用性实验，也就是考察这种色素是否能够适用于常见食品的染色。

什么叫适合呢？我们知道，食品从生产到最后进入我们的口中要经过很长的旅途，比如储存过程中，它要经历温度、光照、氧气等多种严酷环境的考验，食物中的色素自然也难逃这些考验。一种合成色素适用于一种食品中，就必须能够经过这些考验且完好地保存下来，这就要求它们稳定性好，不易变色不易分解，不能因为温度变化、氧化、光照就变色了，或者产生其他的有害物质。

考虑到安全性，食用合成色素也要求用量很少就会有非常鲜艳的颜色。所以，能够用于食品中的合成色素都要求着色能力强、不易褪色、稳定性好。这也是大部分天然色素不能广泛使用的原因——天然色素大多非常不稳定，极易褪色、掉色。

会掉色的食材

洗草莓时发现水变红了，洗桑葚时候发现水变黑了，洗紫米时候发现水变黑了……它们是被染色了吗？一看到食物掉色，一些人难免会紧张。

还是来说说为什么有些食物会掉色吧。自然界中有很多种色素，它们的结构和性质都是不一样的，所以才会有不同的颜色。由于结构不同，有些色素可以溶解到水里，有的就不能。用水洗或者泡时有颜色掉出来，让水变了颜色，是因为有色素溶解到水里了。反之，如果发生掉色现象，说明这个食物中肯定有某种色素可以溶解到水里。

食品色素按来源的不同，可以分为天然色素和人工合成色素两大类。天然色素根据来源又可分为植物色素、动物色素和微生物色素。由于动物色素一般比较少，日常生活中大部分色素都是植物色素。

植物色素是非常庞杂的一类化学物质，自然界中的五颜六色在很大程度上都是拜植物色素所赐，比如我们看到的玫瑰花、蓝莓等，都是植物中含有天然色素。

草莓、桑葚、紫米虽然在颜色、形状、所属植物器官等方面有很大的差异，但是它们所含的色素都是同一类，即花青素。花青素是一类多酚色素，它们广泛分布于植物的各个部位，刚刚冒出的香椿芽、鲜红的玫瑰花瓣、飘落的火红枫叶，还有"相思"的红豆里，都有花青素的身影。

花青素也是目前食品工业中主要的一类天然着色剂，如萝卜红、红米红、黑豆红、玫瑰茄红和桑葚红等。花青素可以溶解到水里，通常也会被储存在植物细胞的液泡中，当细胞破损时就会溶解到水中了。这就是我们平时所看到的掉色。

神奇的食材变色

除了掉色，天然食物还有很多有趣的变色现象，其实都与天然色素的性质有关系，不一定就是人工添加了色素。

比如做紫薯蛋糕时，加了泡打粉之后，紫色的蛋糕胚就会变成蓝绿色。这是因为，花青素在酸性时呈红色，pH 值 >4（约为 4）时颜色较稳定，但是当环境 pH 值升高呈碱性的时候，它就会变成蓝色。紫薯的紫色其实就是花青素呈现的，而泡打粉是碱性的，做蛋糕加泡打粉是为了让面发得更好，但是花青素就受不了，于是变了颜色。

再比如，切开的苹果放一会儿果肉表面就有一层黑褐色的物质，切土豆和梨子的时候也有这种现象。这是怎么回事？难道也是被染了色？其实，这也是天然色素的一种变色反应。天然色素化学结构中大多含有不饱和双键及其他可氧化基团，在空气氧化的作用下，会发生一种酶促反应而生成褐色物质。煮绿豆汤时煮着煮着经常变成红色，也是因为绿豆汤中的天然色素氧化了。

还有一些金属离子也会对天然色素产生影响。一般少量 Na^+、Ca^{2+} 影响不大，但 Cu^{2+}、Zn^{2+} 等离子有较大影响，特别是 Fe^{3+} 的影响最大。比如，在家里用铁锅煮桃子果肉会变成灰黑色，因为多酚类色素在遇到一些金属离子比如铁离子后，会形成深色的复合物，变成酱红色、深褐色甚至黑色。这个反应虽然不会导致中毒，但说实话非常影响食欲。

色彩斑斓的色素

我们这个五彩斑斓的世界与其说是花草树木构成的，倒不如说是靠色素来装点的。

首先，我们来认识一下类胡萝卜素。

它是一类广泛分布于各种植物中的天然色素，现在已鉴定出的类胡萝卜素家族成员就有 600 多种。常见的有胡萝卜、南瓜、红薯和深绿色蔬菜中富含的 α - 胡萝卜素、β - 胡萝卜素和叶黄素，番茄和红瓤西瓜中富含的番茄红素，玉米中的玉米黄素，芸香科植物例如柠檬、橘子、橙子、柚子等富含的类胡萝卜素。其实一些动物体内也有类胡萝卜素，比如虾蟹中煮熟了会变红的虾青素。

类胡萝卜素的一个共同特点是易溶于油脂而不易溶于水中，所以除非破坏外皮、煮熟或榨成汁，简单冲洗富含类胡萝卜素的红橙黄色蔬菜瓜果是不应该出现掉色的情况的。这和下面的极易溶于水的花青素截然相反。

花青素有一种特殊的性质，就是它的颜色可以随着它所处溶液的酸碱度改变而改变。当溶液呈酸性时，花色苷的颜色会趋向红色；当溶液变碱性时，花青素的颜色会趋向蓝色。正是由于植物细胞中液泡的酸碱程度不同，各种各样的花青素随之变色，才让花瓣变得好看起来。

除了花瓣，花青素还存在于很多植物的各种组织器官中。从传统上常见的紫甘蓝、红洋葱、茄子、黑米和黑豆，到新奇的紫色胡萝卜、紫薯、黑花生和紫菜花等，富含花青素的食材一般很容易掉色，也是经常被怀疑染色的对象。

其实富含花青素的食材掉色是非常正常的，因为和类胡萝卜素不同，花青素是水溶性的。如果不放心，可以用白醋来试验一下，紫黑色的花青素溶液在遇到白醋后会变红。像紫薯、紫甘蓝等在烹饪中也很容易变色。

有一种红色植物色素，它既不属于不易掉色的类胡萝卜素类，也不属于易掉色又会变色的花青素类，那就是易掉色且染色效果极佳的甜菜红。

常见的富含甜菜红的蔬果有两种，就是俄罗斯红菜汤里用的红菜头和红色果肉的火龙果。甜菜红一般呈现一种漂亮的紫红色，对酸碱也远不如花青素敏感，食用多了还会让尿液变色，所以如果吃了红菜头或者火龙果发现自己尿液发红，不必惊慌。

尽管黑色的食材经常和花青素联系在一起，但其实黑色的食材并不一定都含有大量的花青素，比如黑芝麻和黑木耳含有大量的黑色素，而黑色素是难溶于水的。黑芝麻同时含有少量的花青素，所以出现轻微的掉色是正常的，而大量掉色以至于种子都发白了就要怀疑是否染色了。而黑木耳是完全不应该掉色的。

食物掉色科学看

在生活中经常会遇到一些食物在冲洗的时候"掉色"的情况，但是有时候同样色彩的食物却并不会掉色。这里的原因可以从两个方面来分析。

一是色素本身的性质。我们知道不同的物质在水中的溶解性也不同。食物中存在的天然花青素分子本身具有高度的共轭体系，同时有酸性和碱性的基团，是一种极性分子，根据"相似相溶"的原理，它们是很容易溶解在水、醇等极性溶剂里的。而类胡萝卜素分子共同的结构特点是带有9个双键的长链，其中大多数是脂溶性分子，在用水冲洗时就难以掉色。黑色素也是难溶于水的。

另外一方面是考虑食物中的色素是不是容易被"挤"出来。上文提到过的紫薯，它的花青素分子不仅存在细胞里，在细胞壁间也有很多，当出现这样的情况时，甚至只需要在吃的时候抓着紫薯块手上就会染上紫色。而只存在于果皮中的花青素，例如茄子和蓝莓，虽然长时间浸泡后也会掉色，但正常的冲洗、抓取并不会掉色。

随着农业科技的不断发展，蔬果粮食的颜色也日渐丰富起来，出现了各种新奇颜色食材，当中有一些容易掉色或变色也很正常。虽然最近几年食品染色事件挺多，但大家还是不能把掉色的食物都认为是染了色的。掌握了一些科学常识后，就不会草木皆兵了。

面粉越白越好，是真的吗？

日常生活中，我们挑选面粉或者买馒头、面条时，直觉都是越白越好，白的馒头不仅在视觉上占了优势，在口感上好像也觉得比不白的要好很多。市场上各种各样的面粉，比如饺子粉、面包粉、蛋糕粉、高筋粉、麦芯粉等大都"以白取胜"。可是，面粉真的是越白越好吗？

剖析 >>

面粉为什么这样白？

我们通常所说的面粉就是小麦面粉，是小麦经磨制加工后的产物。小麦的麦粒主要由三部分组成：麦麸包裹在外，占粒重的 18% ~ 25%；麦粒赖以发芽的麦胚只占 1% ~ 2%；胚乳约占 80%。胚乳与麦麸之间还有糊粉层粘连。麦粒经过制粉工艺加工，会使麦麸、麦胚和胚乳分离并将胚乳磨细制成人们食用的面粉。胚乳含有大量淀粉和蛋白质，不但在小麦种子萌发时提供营养，还是人类的口粮。

为什么有的面粉白，而有的就不那么白呢？这得从它的原形——小麦胚乳身上找原因。较直接的原因就是面粉颗粒的细度。

一般来说，面粉颗粒越细，对光线的反射效果越好，在视觉上就显得更白。如果是这样，我们把所有小麦都磨得很细不就不存在黑面粉了？问题在于，并不是所有的小麦胚乳都能磨得一样细。蛋白质含量越高，面粉颗粒就越不容易被磨细，面粉自然就显得黑了。通常在相同工艺下，含蛋白质高的硬粒小麦粉比软粒小麦粉要黑一些。

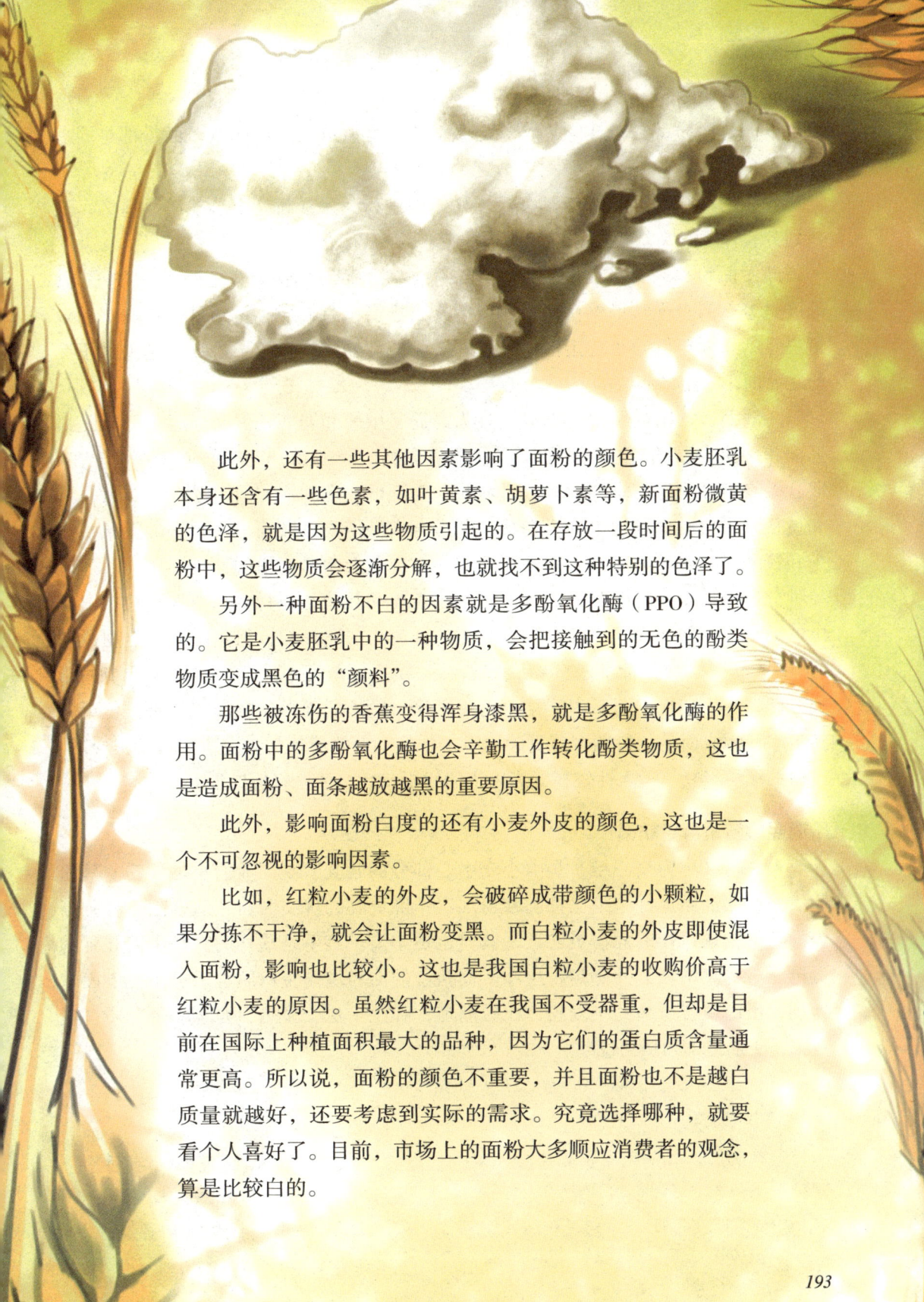

此外，还有一些其他因素影响了面粉的颜色。小麦胚乳本身还含有一些色素，如叶黄素、胡萝卜素等，新面粉微黄的色泽，就是因为这些物质引起的。在存放一段时间后的面粉中，这些物质会逐渐分解，也就找不到这种特别的色泽了。

另外一种面粉不白的因素就是多酚氧化酶（PPO）导致的。它是小麦胚乳中的一种物质，会把接触到的无色的酚类物质变成黑色的"颜料"。

那些被冻伤的香蕉变得浑身漆黑，就是多酚氧化酶的作用。面粉中的多酚氧化酶也会辛勤工作转化酚类物质，这也是造成面粉、面条越放越黑的重要原因。

此外，影响面粉白度的还有小麦外皮的颜色，这也是一个不可忽视的影响因素。

比如，红粒小麦的外皮，会破碎成带颜色的小颗粒，如果分拣不干净，就会让面粉变黑。而白粒小麦的外皮即使混入面粉，影响也比较小。这也是我国白粒小麦的收购价高于红粒小麦的原因。虽然红粒小麦在我国不受器重，但却是目前在国际上种植面积最大的品种，因为它们的蛋白质含量通常更高。所以说，面粉的颜色不重要，并且面粉也不是越白质量就越好，还要考虑到实际的需求。究竟选择哪种，就要看个人喜好了。目前，市场上的面粉大多顺应消费者的观念，算是比较白的。

面粉的各种功能

以前，面粉都是一样的，不管是做馒头还是做饺子、做面条，面粉都是同一种面粉。

现在的面粉则五花八门，有饺子粉、面包粉、蛋糕粉、麦芯粉等，那么，这些划分有什么意义？我们又该如何选择呢？

即便面粉都来自小麦胚乳，不同品种小麦的面粉口感确实存在很大的差异，这又是怎么回事呢？口感在很大程度上是由小麦中蛋白质（特别是谷蛋白）的含量决定的。要想体验小麦蛋白的韧性，尝尝"面筋"就知道了，那就是去除了淀粉之后的小麦蛋白制成的。

一般而言，国内经常将小麦划分为高筋、中筋和弱筋几大类。这种分类是根据面粉中蛋白质的含量确定的。蛋白质含量高的小麦粉，比较筋道，弹性十足，适合做有韧性口感需求的面包；蛋白质含量低的小麦粉，比较疏松，适合做饼干和蛋糕；蛋白质含量适中的小麦粉，则适合来做需要兼顾筋道和柔顺的面条、馒头和饺子皮。一般市面上的各种面粉都会在包装上明示面粉的性质和用途。还有一种分类标准是国际上常见的，即硬粒小麦粉和软粒小麦粉。基本上硬粒小麦制出的面粉为高筋面粉，而软粒小麦制出的面粉为弱筋面粉，但是跟我们上面说的"强中弱筋"的划分标准还存在一些差异。在这种分类中，还考虑到了淀粉的影响。硬粒小麦的淀粉与蛋白质结合得更紧密，磨出的面粉的颗粒比较粗，也更容易吸水，制成面条的口感也就更为爽滑；软粒小麦的淀粉与蛋白质结合得很松散，面粉的颗粒细腻，吸水性较弱，烤出来的饼干口感自然松脆适口了。

所谓麦心粉是否更筋道?

麦芯粉又称为麦心粉，是由小麦中心部分的胚乳磨制而成的小麦面粉。其粉质洁白，面筋质量好，是比特制精粉加工精度更高的优质面粉，适合制作各种高档面点。据说这样的面粉更筋道，营养也更丰富。是不是这样的呢？小麦胚乳的蛋白质主要集中在靠外侧糊粉层中，而核心的淀粉层的蛋白质含量极少。上面也提到，蛋白质含量高的小麦粉，比较筋道，弹性十足，显然，麦芯粉蛋白质含量更少，更筋道不知从何说起。

真相是这样的 »

流言破解。面粉并不是越白越好。面粉颜色不同受众多因素影响，不白并不意味着质量不好。面粉功能的细化也有助于我们更好地去选择，不同的面食用不一样的面粉有实际的意义。而麦芯粉既不筋道也不会更营养，只是人们想当然的误传。

胡萝卜吃多了会维生素 A 中毒，是真的吗？

胡萝卜营养丰富是公认的，也是常见的配菜，可最近有人说胡萝卜吃多了会中毒的。这究竟是怎样一回事呢？这个说法是真还是假？

剖析 》

维生素 A 的前世今生

其实传言中所说的吃多了会中毒的东西并不是胡萝卜，是维生素 A。

维生素 A 在 20 世纪初被发现。当时，人们发现一种特殊的未知的营养物质（已知的营养素为碳水化合物、蛋白质和脂肪）对牲畜的健康起着非常重要的作用。

随后，科学家先后发现了来源于谷物的"水溶性 B 因子"和来源于动物脂肪的"脂溶性 A 因子"，它们分别被命名为"维生素 B"和"维生素 A"。

维生素 A 以视黄醇的形式储存于我们的身体内，因此实际上维生素 A 一般指的就是"视黄醇"这种化学物质。

那么，维生素 A 对我们的身体有什么用呢？看完它的英文名称就很容易理解了。近年来很多人通过手机屏幕的分辨率了解了 Retina（视网膜）这个词，而视黄醇的英文叫作 Retinol，你看，词根完全一样！中文里也都有个"视"字，很容易让人联想到眼睛和视力。

事实上，视黄醇与人和动物的视觉功能的确有着紧密的联系，生物体内合成视觉细胞中的感光物质的关键就是需要它的参与。

像夜盲症和视力减退（严重的会导致全盲）都是由于缺乏维生素 A 所致。

除此之外，维生素 A 可以做的还有很多，例如可以帮助维持上皮细胞的结构，同时还能起到生长激素的作用，因此人体缺乏维生素 A 会表现出皮肤干燥、角质化等症状，而对于儿童来说，缺乏维生素 A 将会严重影响身体的生长和发育。

维生素 A 在人的身体内有着不可替代的地位，但是脂溶性的维生素 A 在体内代谢速度很慢，过量摄入的维生素 A 会以视黄醇的形式储存在肝脏中，时间长了会引起慢性肝损害；假如一次性大剂量摄入会直接引发急性中毒，严重的甚至会导致死亡；过量的维生素 A 对孕妇来说也更加危险，有报告显示，在孕早期过量摄入维生素 A 会大大增加胎儿畸形的可能。

以前就发生过欧洲探险者在北极吃了北极熊肝脏导致的急性维生素 A 中毒的案例（北极熊肝脏维生素 A 含量极高），现在偶有患有皮肤病症状的成年人超过正常剂量 20~30 倍服用维生素 A，或不遵从医嘱而长期大量摄取维生素 A 发生慢性维生素 A 中毒。

医学上认为维生素 A 每日推荐摄入量为：男性每日 2970IU（国际单位），相当于 891 微克；女性 2310IU，相当于 693 微克。

曲径通幽的 β 胡萝卜素

由于维生素 A 是脂溶性的，因此在动物的脂肪中含有维生素 A（肝脏中含量尤其丰富）。只要有足够量的动物性食品被吃到肚子里，人体就不会出现缺乏维生素 A 的现象。

不过像牛、羊这种食草动物，从来不吃肉，它们体内的维生素 A 是靠什么来保证的呢？这里就要请出我们的另一位主角——β - 胡萝卜素了。

β - 胡萝卜素大家一听名字就知道它从哪里来的了，对！胡萝卜里面就含有大量的 β - 胡萝卜素。那么 β - 胡萝卜素和维生素 A 到底是什么关系呢？

β - 胡萝卜素就是两个视黄醛分子尾巴接尾巴连起来的样子。只要把 β - 胡萝卜素从中间劈两半，维生素 A 就出现了。不过"劈"视黄醛分子的活儿可不是靠斧子，是需要一种酶的催化才能完成。

在酶的催化作用下，一个 β - 胡萝卜素分子被分解成两部分，末端再分别接上一个氧原子，便成功转化成两个视黄醛分子。食草动物和杂食动物（包括人类）体内都有这种酶，因此维持体内维生素 A 的需要也可以通过食用含有 β - 胡萝卜素的植物（例如胡萝卜、红薯）来获得；而纯食肉动物由于不需要这样的转化过程，体内也就几乎不存在这种酶。

β-胡萝卜素摄入过量会怎样？

β-胡萝卜素并不是维生素 A，β-胡萝卜素要在体内转化成维生素 A，需要一个生化反应的过程才能完成。

在代谢过程中，物质的转化一定要考虑转化率的问题。由于人体质各异，故酶的活性各有不同，每个人将 β-胡萝卜素转化成维生素 A 的效率也是千差万别。通常来说，日常膳食中通过 β-胡萝卜素来摄取维生素 A，效率大约是直接摄取维生素 A 的 1/12，因此，β-胡萝卜需要达到一个相当高的量的摄入才可以维持住体内所需要维生素 A 的水平。

前面我们说到过维生素 A 摄入过量，其导致的中毒症状都是由直接摄入视黄醇（酯）形式的维生素 A 引起的，摄入相同当量（即按视黄醇的 12 倍计算）的 β-胡萝卜素则没有观察到中毒症状的出现，这是由于 β-胡萝卜素被吸收之后不会直接转化为维生素 A，而是会先储存在肝脏和脂肪细胞等部位，等到身体需要的时候才会被转化为视黄醇——相当于增加了一层缓冲和调控机制。

这些储存在身体中的 β-胡萝卜素几乎是没有毒性的，不过，大家常听说的吃橘子多了会得"黄病"的凶手就是它，这种橙色的色素大量进入血液，能让你的皮肤变黄。

有些孩子一口气吃了好多橘子（或者胡萝卜、南瓜）后身体皮肤发黄，也是这个原因。

这种症状医学上被称为"胡萝卜素血症"。胡萝卜素血症虽然名字听起来恐怖，其实不然，这种症状的恢复是一个良性过程，只要停止摄入含大量 β-胡萝卜素的食物（胡萝卜、南瓜、红薯等）2～6 周就会自行消退了，对身体健康是没有影响的，只是人看起来会不太精神。

因此，通过 β-胡萝卜素的途径来补充维生素 A，是相当安全和靠谱的，也是很值得推荐的。

真相是这样的 »

总的来说，胡萝卜是不会导致人体维生素 A 中毒的，即使你非常爱吃也不必担心维生素 A 会过量。但是如果你的身体极度缺乏维生素 A 或需要维生素来改善皮肤的话，一定要去正规医院寻求医生的帮助。

鸡蛋也可以造假，是真的吗?

煮鸡蛋是老百姓早餐餐桌上的常客，一般情况下，煮熟的鸡蛋蛋黄绵软，有时需要就着粥汤吃，才不至于被噎着。但是煮熟后的鸡蛋黄十分坚韧，扔到地上竟能弹跳起来，这样的鸡蛋你敢吃吗?

在现实生活中就发生过这样的蹊跷事，有人在超市买回鸡蛋，煮熟后蛋黄十分坚韧，因此怀疑这就是传闻已久的"人造鸡蛋"。不过经权威部门检测，这些均为真鸡蛋。

但这并不能打消人们的疑虑，因为能够以假乱真的"人造鸡蛋"传闻由来已久，农户频频接触到推销"人造鸡蛋"制作方法的培训广告，也有专家表示存在人工制作"人造鸡蛋"的配方。那么传闻已久的"人造鸡蛋"真的有吗?

这些消息可靠吗?

剖析 »

国外报道

2014年2月17日的一则报道称，美国加州旧金山市区名为 Hampton Creek 的一家公司成功研制出人造鸡蛋，该鸡蛋由植物原料制造，据称营养价值、味道等均与真鸡蛋几乎一样，并将其命名为"超越鸡蛋"(Beyond Eggs)。这种"鸡蛋"的人造食材主要由从包括黄豆在内的豆类植物中提取的蛋白质构成，可以取代传统鸡蛋，可用在面包、蛋糕、蛋黄酱、鸡蛋面等食品的制造过程中。

"跳高"鸡蛋的可能原因

而前文说到超市买来的"跳高"鸡蛋经过检测均为真鸡蛋，那么这些鸡蛋是怎么检出的呢? 质量监督部门检测鸡蛋的过程主要包括: 一是鸡蛋中含有的营养物质; 二是其中可能含有的成分，包括可能添加的人工合成色素柠檬黄、用来假冒蛋白质的三聚氰胺等; 三是感官指标，如蛋壳、蛋黄、蛋白以及色泽、气味等。分析测试采用"裂解色谱—质谱（PGC—MS）

海藻酸的明矾 明胶 色素

海藻酸的液 柠檬黄

碳酸钙 石蜡 石膏粉

检测鉴别法"，比较样品蛋与正常鸡蛋热裂解产物指纹色谱图的异同。结果显示，所有送检样品均为真鸡蛋。

对于真鸡蛋为什么会"跳高"的问题，一些养殖户和鸡蛋批发商表示，北方的一些鸡蛋冬天产下来后若没有及时保存起来，就有可能被冻坏，冻坏的鸡蛋蛋黄煮后就跟乒乓球一样有弹性。而有些专家表示，农村用棉籽饼当饲料喂鸡，可能会造成"棉酚"含量过高，导致"弹丸鸡蛋"；而另外一种叫"茼麻"的野草混入饲料，也可能造成"弹丸鸡蛋"。

"人造鸡蛋"存在吗？

有专家表示，"人造鸡蛋"可利用化工原料和食品添加剂制作而成。其"蛋壳"由碳酸钙、石蜡及石膏粉制成，而"蛋清"则主要由海藻酸钠加上明矾、明胶、色素等合成，是将海藻酸钠加进水制成溶液后，不断搅拌而成。"蛋黄"的主要成分同样是海藻酸钠液，再加入如柠檬黄之类的色素后，放进模具中，最后放入氯化钙溶液中凝固而成。由于"人造鸡蛋"含有99%的水分及1%的添加剂，所以假鸡蛋价格低廉，每只仅需1毛钱。

可见，不排除有人可能用食品添加剂人工合成类似禽蛋的东西，但要想把假蛋做得跟真蛋一模一样，目前的技术还做不到。

有人在网上搜索到，许多公司公开传授所谓"人造鸡蛋"的制作技术。这些广告称，该产品造价低廉，工艺简单，口感丰润，在市场出售可以"以假乱真"。

有调查人员联系了一家公司，提出想当面学习假鸡蛋的制作技术，但工作人员却推三阻四，称原料不齐、时间很长，继而推荐记者买光盘和资料，称技术非常成熟，很好掌握，一份资料1500元。而网上其他所谓公司的"技术转让"方式也如出一辙。

曾经有接触过"人造鸡蛋"技术的人表示，现在回想起来，那个所谓的"人造鸡蛋"技术，要么就是对方在演示的过程中给观众玩了一个魔术，用真鸡蛋替换了"人造鸡蛋"；要么就是技术是存在的，不过5分钱的成本做出一个跟真鸡蛋几乎一样的东西不大可能。无论哪种结果，都是为了骗取"技术引进"费用。

真相是这样的 》

农户频频接触到推销"人造鸡蛋"制作方法的培训广告，也有专家表示存在"人造鸡蛋"的配方，但是到目前为止还没有人能真正拿出"人造鸡蛋"。这证明假鸡蛋只是一个传闻。即使有更高明的技术能制作成功，其生产成本也不会低于一个真鸡蛋的成本，如果有人想以此牟利的话，那么将是一个赔本的买卖，因此广大消费者完全不用担心！

可凭外貌判断一种作物是不是转基因，是真的吗？

坊间流传着各种凭外貌判别一种作物是不是转基因的方法，你相信过吗？看见一个以前没见过的品种，你是否第一反应是"这是转基因的"？黑脐大豆是转基因大豆！整齐白亮的大米是转基因大米！表面光滑的马铃薯是转基因马铃薯！……"教你辨别转基因食品"的帖子和配图，更在各大微博、论坛上流传。不过，先别着急照着这个方法来辨别，我们先看看这些"辨别"方式是否靠谱吧。

剖析 》

大豆豆脐颜色很多

我国是大豆的起源中心，因此我国的大豆品种资源十分丰富，截至2002年，我国已完成了 23587 份国内大豆品种资源以及从国外引进的 2156 份品种资源的农艺性状鉴定和目录编写。豆脐是豆子与豆荚的结合部位，颜色深浅只是大豆品种特征的一个表现方面，其颜色变化十分多样：从黑色、褐色直到黄色、白色，依照国际通行的划分方式有六七类之多，与是否是转基因大豆没有必然联系。就拿豆脐褐色的"黑脐豆"来说，在我国本身就有很多品种，例如江西选育的"赣豆6号"、湖北选育的"金大豆626"、安徽选育的"芦豆一号"以及新疆的"沙湾黑脐豆"等。由此可见，用"黑脐豆"这一特征来判定大豆是否是转基因是不靠谱的。同理，由于大豆籽粒大小和形状也是大豆品种多样性的体现，不同品种大豆的籽粒大小形态也具有差异，图中所讲靠形态区分大豆转基因与否的方式，也不靠谱。进口转基因大豆在我国的规定用途是饲料和榨油，市场上不应该出现完整的转基因大豆。

长得不好的大米并非转基因

我国常见水稻主要分为两类：多种植在东北、华北地区的粳稻，以及多种植在华南地区的籼稻。粳稻的籽粒较为矮胖，显得较圆，又因为其中支链淀粉稍多，做出的米饭一般较黏。我们熟知的珍珠大米，其本质就是粳稻。籼稻的籽粒较长较瘦，由于支链淀粉较少，做出来的饭黏度稍小于粳稻，著名的扬州炒饭所用米就以籼米为佳，而东南亚菜肴中所采用的大米，基本也都是籼稻类型。此外，大米本身的光泽度由于胚乳性质及碾米过程不同而不同。从这里就可以看出，所谓"又长又瘦又亮"，这本身就是籼稻的特征，若以这条标准来判断转基因大米，估计扬州炒饭和泰国香米都要中枪了。

流言中还提到，长得不好、不整齐、个头小的大米是"天然大米"，这是对商品化大米生产过程不了解所致。我们看到的大米，是水稻经过收割、脱壳、碾米等步骤生产出的胚乳，但大米在碾米后不能直接上市出售，还需要经过一个评级过程，即按照一定标准将大米分为不同档次。

根据我国大米标准 GB1354-86，需要依据不完善粒比例、杂质比例、碎米量等指标将大米分为特等、一等、二等和三等共四个等级。长得不好、不整齐的大米很有可能只是等级较低的大米，依靠这个特征来判断是否为转基因大米，是毫无价值的。

"白富美"的马铃薯不过是杂交品种

首先，我国现在并没有给任何转基因马铃薯颁发安全许可，也没有转基因马铃薯获得进口用作加工原料的农业产品的审批。因此想在市面上购买转基因马铃薯几乎是不可能的，流传的所谓辨别方法，自然也就成了屠龙之术。

马铃薯作为块茎类作物，茎上必定生有芽，马铃薯表面凹下去的地方就是马铃薯的芽眼。不过，芽眼的存在使得马铃薯加工起来颇为不便，因此人们在马铃薯育种过程中力求得到芽眼较浅、形状较为规则的马铃薯。随着人们的努力，很多芽眼浅且性状规则的马铃薯品种被选育出来，例如东北广为栽种的"尤金""早大白"等杂交品种，均为皮白、薯圆、芽浅的高产品种。

番茄，美貌换美味

平时经常听见有人抱怨，说现在的番茄看起来好看，但吃起来没有原来番茄的香甜，口感也变差了。因此有传说是由于市场上都是转基因番茄的缘故。事实真的是这样吗？

实际上，这种变化的确存在，但这并非转基因造成的，而是人们在番茄育种上一次"鱼与熊掌"的取舍。

早期番茄在未成熟的时候，表面有很多深绿色斑点，使得番茄在成熟的过程中表面不能很均匀地变红，看起来红一块绿一块。因此在 20 世纪 20 年代末，育种研究人员发现了一种具有浅绿色未成熟果实的番茄品种，它们在成熟过程中可以均匀地变红，果实品相很好。

然而，随着这个品种和以其为亲本获得的其他品种在世界范围内广泛种植，人们发现，番茄的含糖量和类胡萝卜素水平降低了。最近人们才了解到造成这个结果的原因——在这些品种中，一个名为 GLK2 的基因发生了突变。这个基因的作用是增加果实中叶绿素的含量，它突变后消除了番茄幼果上由于叶绿素累积造成的深绿色斑点，使得果实能够均匀变红，但代价是果实的光合作用强度下降，使得果实中糖和类胡萝卜素含量下降，从而造成了西红柿口味的变差。

可见，番茄变得漂亮和口味变差，并非由转基因造成。

番茄成熟除了变红外，还有一个过程就是果实的软化。果实的软化是由于其内部产生乙烯这种气体激素造成的。软化的番茄虽然好吃，但是对于运输来说却是灾难——没有一个运输商愿意看到一车番茄变成番茄酱吧？于是人们就开始着手研究让番茄变得更耐运输。

一个最简单的方法，就是在番茄尚未完全成熟时就进行采摘和运输，然后等待其自然软化或者用外源乙烯使其软化。由于这种方式下番茄软化并不均匀，因此使得番茄软硬程度不一。

二是筛选果实成熟后乙烯含量较低、果实较硬的品种。随着生物技术的发展，人们有意地采取基因工程手段，降低果实内乙烯产生途径上的一个酶的表达，生产出了乙烯含量低、耐运输的转基因番茄。

从目前市场情况来看，大部分为非转基因番茄，同时也有转基因番茄存在的可能，但是超市中的番茄由于统一采购，统一运输，相比于农家自种的品种，会显得规格均一、成色较好，但并不代表超市内的番茄有更大可能是转基因品种。此外，小番茄是地地道道的杂交品种，所谓"小番茄是转基因品种"的谬论可以休矣。

胡萝卜和大白菜，目前没有转基因的

这条"辨别方法"最不靠谱的地方，在于目前市面上压根没有转基因胡萝卜。目前被报道的转基因胡萝卜都还处于实验室开发和实验阶段，世界范围内尚无进行商业种植的转基因胡萝卜，我国也没有对转基因胡萝卜的进口许可。因此这条"辨别方法"，真是"英雄无用武之地"啊。

更令人不解的是，有些人居然宣称"夏季的胡萝卜一般都是转基因的"。在现代农业如此发达的今天，出现这样的结论令人大跌眼镜。胡萝卜是两年生植物，其肉质根是其越冬前储藏养分的部位。因此在传统上的确多是在夏秋进行播种，在秋冬趁其肉质根充分膨大时进行收获。不过目前很多胡萝卜品种都可以进行春播夏收的反季节栽培，以满足市场需求。

和马铃薯一样，传言中对于胡萝卜的区分方法也是简单的"以貌取人"。胡萝卜也存在极多品种，其肉质根的形态是区分不同品种的重要标志，一般分为圆锥形、圆柱形和球形三大类，而每类又可根据长短不同进一步划分。所谓的"尾部有时比中间还粗"的"转基因胡萝卜",实际上就是普通的圆柱形胡萝卜品种,常见的"黑田五寸"等均属此类。

流言对转基因大白菜的描述是一个大大的乌龙——大白菜品种"福山大包头",是山东农业大学进行转基因科研中使用的供试材料,其本身并非转基因品种。并且,目前也没有任何转基因大白菜品种被授予转基因安全证书。因此所谓"福山大包头是国家目前已确认的含有转基因的白菜品种"子虚乌有。

番木瓜,最常见的转基因

目前,市场上的木瓜(准确地说叫番木瓜)绝大部分都属转基因品种,转入的是抗环斑病毒基因。

环斑病毒是番木瓜生产中的一种毁灭性病害,转入该基因后能显著提高植株对该病毒的抗性,从而提高果实品质。

转基因番木瓜在 20 世纪末就在多个国家获得了商业种植许可,而我国于 2010 年也审批通过了"华农一号"等转基因番木瓜在华南地区的商业化种植。另外要提一句的是,对于进口番木瓜来说,上面贴的标签上的编码(称为 PLU)若以 8 开头,则说明该番木瓜是转基因品种。但由于 PLU 码并非强制标注以及转基因番木瓜的普遍种植,没有编码的进口番木瓜也有很大可能是转基因品种。

真相是这样的 》

现在栽培的农业作物,是经过人类千百年筛选而培育出的。由于种植环境、使用目的的差异性,造成了作物品种的多样性。这些多样性可以表现在颜色、形态、生活习性、产品性质等各个方面。

而转基因作物,转入的基因多是抗病、抗虫或抗除草剂基因,其表达产物对植物形态没有显著的影响。且在转基因作物选育过程中,尽量不改变作物原有的非目的特性,这也是选育原则之一。因此,仅依靠一些外表特征来判断某种作物产品是否是转基因,是相当不靠谱的做法。

随着作物交流的增加和育种的发展,很多之前不常见的作物品种现在都变得常见,若看到自己没见过的品种就条件反射般地想到"转基因",是没必要的。

此外要特别指出的是,市场上能够作为商品销售的转基因食物,都需经过严格检测和审批才会上市,和传统食物的安全性没有差异。因此我们在购物时,也大可不必对转基因食品另眼相待。

土豆切开不变色就是转基因的，是真的吗？

做过菜的都知道，以前在切土豆的时候，切完都会浸在水里或者马上炒熟，因为时间稍长，切过的土豆就会变色。但是最近有好多人都反映说切开土豆变色的时间长了好多，有的甚至不会变色。更有网友在网上说切开不变色的土豆就是转基因的，吃了对人体有害。

那么，这是真的吗？

剖析 》

土豆为什么会变黑？

土豆也就是马铃薯，是世界上播种面积仅次于小麦、水稻和玉米的第四大粮食作物。从中国的醋熘土豆丝到英国的炸薯条，再到美国的炸薯片，土豆是深受世界各地人民喜爱的食物。在亚洲，因为土豆的烹饪方法主要是先切开再烹饪，所以切开后不容易褐变的土豆一直是育种的一个重要目标之一。

土豆切开褐变的过程中，最重要的参与者是氧化酶、多酚类物质和氧气。在完整的土豆细胞中，氧化酶和酚类物质在空间距离上远离彼此，所以相安无事。当用刀切开土豆时，土豆细胞被破坏，多酚类物质作为底物，和多酚氧化酶等酶类接触，在氧气中被氧化成醌，醌的多聚化以及它与其他物质的结合会产生黑色或褐色的色素沉淀。这整个反应叫作土豆的氧化褐变反应。而土豆氧化褐变反应的程度，与土豆品种、种植储藏条件、切开后所处的温度和时间都有关系。

以下 5 个条件对土豆切开褐变的程度有影响。

1. 土豆中多酚类物质的含量。湿重 100 克的土豆中，多酚类物质的含量从 100 毫克到 900 毫克都有。多酚含量高被认为是土豆育种中的不利性状。

2. 土豆中维生素 C 的含量。土豆的维生素含量和西红柿相当，在以土豆为主食之一的国家，例如澳大利亚和英国，土豆提供了人均每日维生素 C 摄入量的 25%~30%。维生素 C 可以还原多酚氧化酶氧化的产物，也可以直接占据多酚氧化酶的活性位点，使得多酚氧化酶无法氧化多酚类物质。维生素 C 含量高被认为是土豆育种中的有利性状。

3. 土豆的淀粉含量。高淀粉含量的土豆（口感粉面）更容易氧化褐变，淀粉含量低的土豆（口感脆）不容易氧化褐变。

4. 土豆的种植条件。种植时遭遇干旱或者涝灾，生长期间土豆植株遭受病虫害，或收获运输时的机械损伤，都会让土豆切开更容易氧化褐变。

5. 土豆的储藏条件。我们吃的土豆是它的块茎，而俗话说的土豆的"眼"叫作土豆的顶芽。多酚氧化酶在块茎休眠时活性较高，顶芽萌动后活性迅速下降，即使再继续强制休眠活性也很低。储存时间越长，储存温度越高，土豆顶芽萌动的可能性就越高。

切开不发黑的土豆是转基因土豆吗？

培育不容易变黑的土豆，一直是土豆育种的一个重要方向。那么，不会变黑的转基因土豆存在吗？世界范围内，的确曾有两种转基因土豆被投入市场，但是它们都和抗褐变无关。这两种土豆一种是美国的 Bt 土豆，一种是欧洲的 Amflora 土豆。

1995 年开始，商品名为 New Leaf 的转基因 Bt 土豆获准开始在美国种植，种植面积增加很快。New Leaf 种植面积的迅速增长是因为它能够抵抗美国土豆最严重的病害之一——科罗拉多马铃薯叶甲虫，从而能大大减少高毒杀虫剂的使用。但是到 2000 年初，随着欧洲的反转基因运动散布到了美国，购买转基因土豆的大公司，比如嘉宝、乐事和麦当劳都受到了很多攻击，由此决定停止收购这一系列土豆。这导致转基因土豆种植面积锐减。到 2001 年，基本停止了种植。不过实际上，New Leaf 土豆是很容易在切开以后变黑的品种。

在欧洲，由于文化的原因，从一开始转基因食品就很难被民众接受。因此转基因的 Amflora 土豆即使是被用作工业用途，也没有在民众当中被接受，刚刚开始种植就被民众的反对声叫停了。甚至，培育 Amflora 土豆的德国公司都把其旗下的植物科学研究中心从德国转移到了美国。

从育种的角度来说，的确可以用转基因技术克隆土豆的多酚氧化酶基因，构建相应的反义基因植物表达载体来完全阻止多酚氧化酶的表达，从而使土豆不易褐变。不过，既然传统育种已经可以获得非常不易褐变的土豆品种了，需要多重审批的转基因明显没有竞争力，也就不奇怪为什么没有公司在推广转基因不易褐变的土豆品种了。

因此，世界范围内获得过批准投入市场的两种转基因土豆都不是为了防止褐变，而且它们如今的种植面积也都接近无了。

生活实验室

有网友在微博中说，她平时特别爱吃土豆，但是前段时间，她看到网上流传着一种说法，称土豆切开后如果不变色，就是转基因土豆。与之相关的还有一种说法，称我们市场上卖的土豆切开都不会变色，有网友据此推断，全中国市场上的土豆都为转基因产品。"对于土豆丝暴露在空气中是否变色，我以前一点都不纠结，反正是自己家里吃，品相差点无所谓的。"但听说了不变色的土豆有可能是转基因土豆的说法后，她不禁产生了担心，自此，每次买土豆时都盘算着多买几个品种。

"万一发现不变色的土豆丝，我就会选择倒掉。不过观察了一段时间，发现土豆切后多少都会变色的。"她说，现在网上对转基因食品的安全性存在很大的争议，希望能对此做一个简单的实验，确认一下这到底是不是真的。

你在生活中遇到过或者听说过不变色土豆吗？我们就此问题采访了多位市民，大多数人表示，从没遇到过或者听说过土豆切开后不变色的情况。但是，提及转基因食品后，许多市民都表示对其存有忌惮心理，认为转基因食品会"影响健康，可能会造成不孕不育"等，至于有什么根据，基本上表示"不清楚"。

我们分别从两家菜市场、两家大型超市及一家路边摊各购买了一个土豆，这5个土豆个头、产地、成熟程度及品种也不尽相同。购买土豆的过程中，记者就"转基因土豆"问题咨询了几位菜市场的摊主和超市工作人员，他们均表示没听说过转基因土豆，也不会出售此类土豆。

实验准备：为了便于区分，实验人员分别把买来的5个土豆标上了1～5的号码。1号、2号土豆选购于两家超市，3号、4号土豆选购于两家菜市场，5号土豆选购于路边摊。实验人员将5个土豆洗净后削皮，并把每个土豆切成条状，然后把每个土豆切成的土豆条分成四份。

实验过程：为了观察土豆处于不同环境下出现的不同变化，实验人员先分别从1至5号土豆中各取一份放于干燥的纸上，放置在常温的室内；然后，再各取两份分别放于空调冷、热风的风口处；最后，再各取一份倒入装有自来水的透明塑料杯中。

实验结果：静置15分钟后观察，无论是置放于常温、冷风、热风，还是水里的土豆，都没有多大的改变。半个小时后，冷风口中的2号和4号土豆条开始发生变化，颜色微微变暗，而1号、3号、5号土豆条都没看出变化，置于热风口、常温及水里的土豆也未出现变化。

1小时后，冷风口的土豆条全部呈现暗色，其中5号土豆条外表明显发暗，呈现褐色。常温中的土豆条颜色也开始变暗，只是速度相较冷风口的土豆条变色的速度要慢一些，而热风口的土豆条表面泛白，似乎包着一层极细的盐粒，用手摸上去，表面发涩。

2小时后，位于冷风口处的土豆条变化不大，常温中的土豆条整体出现了变化，颜色发暗，但是除了5号土豆条呈现红褐色外，变化并不明显；暖风中的土豆条未再有明显变色，但是变得很软，用手扭动也不断裂；水中的土豆条自始至终都没有出现变色。

带着疑问，我们询问了相关的农业大学的植物学专家了解到，土豆色变的关键是氧化，只要有效地控制氧化就可以减少色变。例如，削皮切开后只要将切块浸在水中，或者用热水漂洗使切块表面的多酚氧化酶失去活性，或者使用真空包装等方法都可以在一定程度上控制土豆的色变。另外，很多水果切开后暴露在空气中也会发生氧化而变色。

"蔬菜和水果褐变反应的结果与多种因素相关，不能依靠土豆切开后是否褐变来断定是否是转基因产品。"专家说，目前，我国有100多个土豆品种，他还没有听说过这些土豆品种中有转基因土豆。据了解，目前国内审定的马铃薯品种都是常规手段育成的品种，并非转基因产品，而且现在市场上出售的不少土豆品种都是在20世纪七八十年代育成的，当时的植物转基因技术还处于不成熟阶段。土豆中含有丰富的膳食纤维、维生素和矿物质，尤其是维生素C含量远超过苹果、梨、葡萄等维生素C含量低的水果。土豆中还含有丰富的钾元素，对身体有益，因此有不少国家用土豆来当主食。市民不要因为谣传就放弃营养价值这么高的蔬菜。

真相是这样的 》

土豆切开之后不变色就是转基因土豆，又是无聊的人跟大家开的一个玩笑罢了。现在即使有土豆切开之后不易变色，也是杂交育种的结果，根本与转基因无关。

甜玉米是转基因玉米，是真的吗？

微博和论坛里正在流传着这样的说法："甜玉米是真正的转基因食品！在美国这种玉米是只能用来喂动物，不能给人吃的！中国几千年来种植的都是没有甜味的玉米，只有近几年来转基因技术出现以后才有了甜玉米。吃了这种转基因玉米会对人体健康产生巨大危害！"

当遇到平时不多见的农作物时，很多人会把它与转基因联系起来。其实从生命第一次出现，到形成现在这样生机勃勃的世界，进化赋予了生物异常丰富的多样性，我们人类平时所利用的只是其中的很小一部分。那些新奇的作物，很可能就是来自于一种过去没有被开发的物种，而将那些新奇的性状与传统作物相结合的方法也不是只有转基因一种，传统育种方法同样可以获得不同寻常的食物。

可口的甜玉米被转基因谣言盯上了。那么，真相到底如何呢？

剖析 »

甜玉米古已有之

我们吃的玉米粒从植物学角度可以分为种皮、胚乳和胚三个部分，影响玉米甜度的关键因素就在玉米的胚乳中。玉米在成熟过程中会通过光合作用产生葡萄糖，并把它们运输到胚乳，以淀粉的形式储存起来。尽管在化学上淀粉是糖的聚合物，但它本身吃起来可没有甜味。我们吃的普通玉米味道不甜，口感粉粉的，就是这个原因。

甜玉米的不同之处在于，它的胚乳中可不只有淀粉，还有相对含量很高的水溶性多糖，这就赋予了其不同于普通玉米的甜味。究其背后的原因，是在甜玉米控制淀粉合成的一系列基因中，有一个或几个基因发生了自然的突变，处于纯合隐性状态，也就是隐藏的一个"优点"只有在适当的时候才会"表达"，会通过切断部分还原性糖向淀粉转化的过程来实现玉米产生甜味。这点"小缺陷"反而促成了甜玉米可口的味道。

这样"与众不同"的甜玉米是怎么得到的呢？与很多人以为的不一样，甜玉米并不是最近才有的新作物，它的真正起源时间虽然无法考证，但有文献记载的最早的甜玉米品种是 1779 年欧洲殖民者从美洲的易洛魁人那里收集到的 Papoon 玉米，据此可以肯定甜玉米的出现时间还要更早。要知道，那时候可还压根没有转基因这一说。

现在的甜玉米品种虽然和几百年前的不完全相同，但它同样不是转基因的产物，而是在自然突变的甜玉米品种的基础之上，通过传统育种技术——选育自交系、组配杂交种——培育出的新的甜玉米品种。最近几年，与甜玉米有关的几个基因序列和与其关联的分子标记都已经被找到，育种家还可以依靠分子标记辅助选择技术来加快育种进程。此外，利用花药组织培养技术来加快隐性基因的纯合进程的选育方法，也开始受到育种家的重视。这些育种技术并没有涉及单个或少数几个结构和功能已知的目的基因的插入，也没有对基因进行修饰、敲除、屏蔽等的改变（这些是我们常说的转基因技术手段）。通过这些方法培育出来的甜

种皮

胚乳

胚

玉米都不是转基因玉米。很多人因为甜玉米的甜味不同于普通玉米，就认为甜玉米是转基因技术培育的，这其实是没有想到玉米自己的基因突变也会产生不一样的性状。

转基因到底是怎么回事？

所谓转基因食品，就是通过基因工程技术将一种或几种外源性基因转移到某种特定的生物体中，并使其有效地表达出相应的产物（多肽或蛋白质），此过程叫转基因。以转基因生物为原料加工生产的食品就是转基因食品。

根据转基因食品来源的不同可分为植物性转基因食品、转基因酵母疫苗、转基因工程菌抗生素、动物性转基因食品和微生物性转基因食品。

从世界上最早的转基因作物（烟草）于 1983 年诞生，到美国孟山都公司研制的延熟保鲜转基因西红柿于 1994 年在美国批准上市，转基因食品的研发迅猛发展，产品品种及产量也成倍增长。转基因作为一种新兴的生物技术，很多人还不了解，因此转基因食品的安全性成为人们关注的焦点。

目前，我国的不少转基因技术属世界领先水平，但应用很少。据新华网报道，美国农业部部长办公室生物技术协调员迈克尔·沙克曼 2014 年 5 月 6 日在北京表示，美国种植的大豆和玉米 90% 以上是转基因品种。转基因农作物在美国的消费非常普遍，如用转基因大豆做动物饲料、榨油，用转基因玉米做乙醇、饲料和加工食品等。

许多作物本身就能产生大量的毒性物质和营养因子，如蛋白质酶抑制剂、溶血栓、神经毒素等，以抵抗病原菌和害虫的入侵。现有食品中的毒素含量并不一定会引起中毒效应，当然如果处理不当，某些食品（如木薯）能引起严重的生理问题甚至死亡。在转基因食品加工过程中，由于基因的导入使得毒素蛋白发生过量表达，可能产生各种毒性，但从理论上讲，任何基因转入的方法都可能导致遗传工程体（也就是我们需要改造的目标，比如玉米）产生不可预知的变化，包括多向效应。

"转基因甜玉米" 这种东西存在吗？

尽管甜玉米是传统育种技术的产物，但是通过转基因技术导入抗虫、抗除草剂等性状，可以提高甜玉米在田间的适应性，以此提高甜玉米的产量，减少由于喷洒农药对环境的危害，降低农民田间管理的劳作强度。这样培育出的甜玉米也就成了 "转基因甜玉米"，尽管其甜的性状与转基因技术无关。

目前的转基因甜玉米主要是转 Bt 甜玉米。Bt 是苏云金芽孢杆菌的缩写，它产生的一类 Cry 蛋白可以有针对性地杀死玉米螟等害虫，减少田间农药的喷洒。也就是通过让玉米自身产生毒素来杀灭害虫。第一种成功开发出来的转基因甜玉米是瑞士的先正达公司培育的 Bt-11 甜玉米，这个品种不仅在美国、加拿大、阿根廷等国家得到了商业化种植，在对转基因食品更加审慎的欧盟也被允许用作食物和饲料。

但是，转基因甜玉米真的满大街都是吗？虽然转基因甜玉米被世界上很多国家所接受，但是中国还没有批准这类转基因玉米的商业化种植，所以我们其实是不大可能在市面上买到转基因甜玉米的。现在我国政府发放了农业转基因生物安全证书的转基因作物包括转基因抗虫棉、耐贮藏番茄、改变花色矮牵牛花、抗病毒甜椒、抗病毒番木瓜、抗虫水稻、植酸酶玉米等。这里说的植酸酶玉米是一种用作饲料的玉米，与用于鲜食的甜玉米没有关系。除此以外，我国还准许进口转基因棉花、大豆、玉米、油菜，但除了棉花，都只被允许用作原料加工。

总的来说，在中国转基因玉米还没有产业化种植的今天，像流言中所说在火车站门口就能轻易买到转基因甜玉米基本是不可能的事情。当然，我们并不能排除转基因玉米在研究过程中非法流入到市场上的情况。要完全保障消费者对包括转基因甜玉米在内的转基因食品的知情权，还有待农业部等有关部门加强管理体系的建设和监管。

回到流言中对转基因甜玉米在美国的遭遇的描述，这其实是对甜玉米莫大的"冤枉"。在美国，甜玉米被当作一种蔬菜，而转 Bt 甜玉米甚至是唯一一种在市面上销售的转 Bt 蔬菜。在美国费城地区开展的一项调查中，研究人员将转基因甜玉米和普通甜玉米做好标识一起放在商店里供人们选购，结果发现转基因甜玉米占到了两种甜玉米销售量的 45%，只有 16% 的消费者表示购买甜玉米时受到了转基因标识的影响。可以看出，美国人绝非把转基因甜玉米只用来喂动物，他们中的大多数人并不排斥这种使用生物技术培育的食物。

真相是这样的 》

甜玉米是传统育种技术的产物，和转基因技术没关系。当然，经过转基因技术改造，以增强抗虫抗除草剂特性的甜玉米确实有，但是并没有被批准在中国种植。目前我们在国内买到的甜玉米不大可能是转基因甜玉米。另外，在美国，转基因甜玉米并不是用来喂动物的，美国人也愿意并实实在在地在吃它。

圣女果是转基因产品，是真的吗？

曾几何时，我们都希望买到的西红柿又大又红，直到有一天市场上出现了一种带着"反潮流精神"的小个头的番茄——圣女果，虽然只有鸽子蛋大小，但是凭借香浓、味甜、多汁的风味抓住了消费者的嘴和胃。不过，有谣言说，这种小番茄是转基因产品，吃多了有致癌风险。

事实真是如此吗？

剖析 》

番茄的家史

番茄名字中的一个"茄"字确实贴切，它跟茄子同属茄科植物。番茄的老家远在南美洲的安第斯山脉。大约在公元前 500 年，野生的樱桃番茄（分布于南美洲的八种野生番茄之一）被当时的中南美洲统治者阿兹特克人收进了自家菜园，果如其名，这些番茄有着同樱桃比肩的娇小身材。

在 16 世纪初，欧洲人刚刚踏上南美大陆的时候，就对这些长着漂亮果实的植物产生了浓厚兴趣，并且将它们移栽至欧洲。只不过，这些番茄被送进了花圃而不是菜园。据说这个"错误"的放置，是因为一本植物书上的一条错误的记载，在上面，番茄被打上了有毒的标签，并且被命名为"狼桃"（wolf peach）以示其"毒性凶猛"。

直到后来，意大利人开始在披萨等食物中使用番茄，番茄才被真正当作一种蔬菜来推广种植。注意，直到这时，番茄都还是袖珍型。从番茄加入蔬果队伍开始，追求更大更多的番茄果实就成了育种的主要目标。随后，经过不断杂交选育，确实让番茄的个头越来越大了。只是，有些标志性的东西似乎被遗忘了，这些大番茄不香也不甜，甚至连酸味都被省略了，完全失去了"狼桃"的个性。

于是农学家又翻出了那些番茄品种的家底。可能你也想到了，我们吃的圣女果就来自最原始的番茄品种，DNA 序列分析的结果已经证实了这一点。在最近的一些育种开发中，重新开始将那些口感风味俱佳的小个头樱桃番茄的优良性状通过常规杂交重新组合在一起，就得到了口感极佳的圣女果。所以说，迄今为止，圣女果跟转基因技术还没有发生过关系。

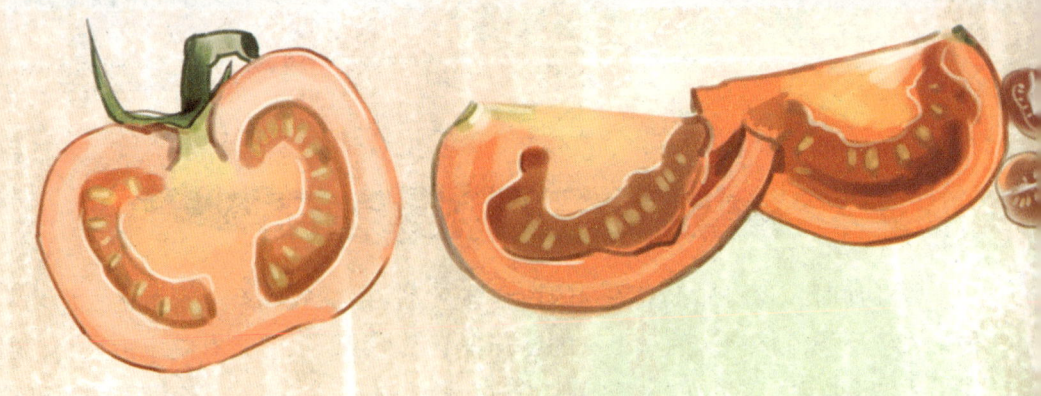

转基因番茄有哪些?

为了提高番茄的产量,科学家确实运用转基因技术研制出了具有各种优良性状的转基因番茄,比如抗盐、抗旱、抗涝、抗虫等。我们选择性地介绍几种。

美国科学家曾培育出一种口味与普通番茄相同的转基因番茄,其特别之处是能在含盐量较高的土壤中生长。他们从一种与卷心菜有亲缘关系的植物中提取出抗盐基因,然后将该基因注入番茄中。用这种办法培育出的转基因番茄能够在含盐量为正常情况 50 倍的土壤中存活。

同样是在美国,康涅狄格大学的一个研究小组将拟南芥的一个抗旱基因插入番茄内,培育出能高度抗旱的转基因番茄植株。科学家称,这一成果可能对世界农业有重要意义。康涅狄格大学教授罗贝托等人在当天出版的美国《全国科学院学报》上发表论文说,全球的干旱地区普遍农业低产,随时有发生大饥荒的危险。因此,运用基因工程的知识培育抗旱、高产的农作物,可以帮助缓解世界农业面临的危机。

他们还指出,这一方法可以广泛适用于更多重要农作物,如将转基因技术应用在其他农作物的改造上,有望提高干旱地区的农业生产力。

科学家还试着将来自人或蠕虫的特定基因嵌入番茄植株内,就能生长出耐这种寄生菌的番茄,所嵌入的基因可制造出多种蛋白质,能抗早期细胞凋亡,同时还能让番茄具有抗低温和抗番茄萎黄病毒的特性。

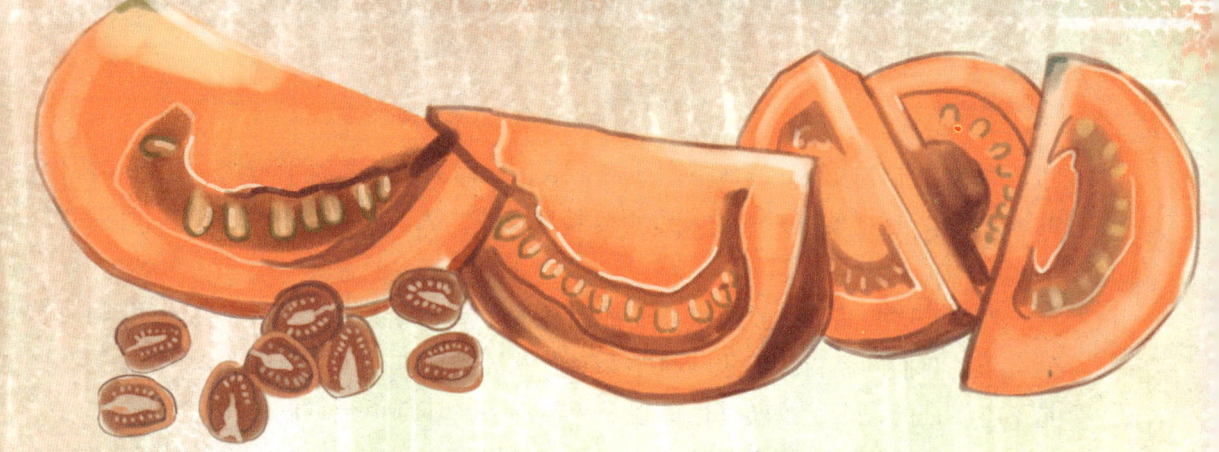

　　美国尤尼利陈公司的科学家最近开发成功了另一种转基因番茄新品种,他们的宣传标语是"保健番茄",它含有对预防心脏疾病和癌症有效的特殊化学物质烷醇,但含量增加了78倍。

　　转基因番茄新品种在人体保健方面所具备的功能特征为人们提供了健康上的利好。现在,人们正在研究开发利用这种番茄新原料,其研发前景甚好。

　　俄罗斯西伯利亚植物生理学和生物化学研究所的科学家利用土壤农杆菌,将艾滋病病毒和乙肝病毒的DNA片段合成物送入番茄植株。经过这种方法处理的番茄植株能制造这些病毒的蛋白质。科学家给实验鼠喂食含这种转基因番茄粉末的溶液后发现,实验鼠血液中产生了艾滋病病毒和乙肝病毒的高含量抗体。

　　科学家说,如果用这种番茄制造的疫苗同样对人体有效的话,将能够以片剂形式供人们服用。其优点是无须冷藏,无须注射,易于生产,比传统的疫苗更为安全。这无疑为饱受病痛折磨的患者以及处于感染危险中的高危人群带来了福音。

现在上市的转基因番茄

　　那么,现在市场上有没有转基因番茄出售呢?这个确实有。实际上,早在1994年,在美国已经有转基因番茄品种"Flavr Savr"上市了;1997年我国也培育出了"华番一号",在通过检测后也推向市场。目前在番茄中导入的基因只是为了延迟番茄的成熟时

间，抑制番茄体内部分特殊蛋白质的合成，从而关闭了降解细胞壁、让果实软化的"开关"，这样就可以让番茄经得起长途跋涉，从千里之外的菜园来到我们的餐桌之上。

当然，这些品种在投放市场前都经过了严格的动物实验，所以也不用担心它们会干扰我们的肠胃和健康。科学家对转基因番茄进行了老鼠实验。不过，老鼠是不吃番茄的，不管是转基因的还是天然的生番茄都不合它们的胃口。所以，在试验中只能用管子直接把番茄酱注入老鼠的胃里。第一次实验，吃两种番茄的老鼠都安全；第二次实验中，吃转基因番茄的 20 只老鼠中有 4 只中招了，而普通番茄组的什么事也没有（这也是被反转基因者广泛引用的实验结果）；不过紧接的第三次实验结果是灌进两类番茄的老鼠都出现了胃部损害。最后得出的结果是，大量吃下（如果这种进食方式能称为吃的话）转基因番茄和普通番茄酱的小鼠都有胃部损伤的危险，毕竟番茄中的酸含量不低，这对肠胃不是什么好东西。

还有人担心那些当作转基因成功指示灯的基因。他们的原理是：如果转基因成功，这样的细胞就不会被抗生素杀死。为了进一步明确这个标志性的抵抗抗生素的外源基因对动物的影响，研究人员专门搞出了纯由 Flaver Savr 耐药性外源基因编码的蛋白，再次逼可怜的小白鼠吃下。但即使当饲喂量达 5000 毫克 / 千克体重时，小白鼠依然活蹦乱跳。考虑到这种蛋白质在番茄果实总蛋白质中所占的比例不超过 0.1%，人类怕是很难通过吃西红柿吃到小鼠的剂量，因为一个体重 60 千克的成人至少要吃下 350 千克的西红柿才与实验老鼠的摄入量相当。并且在模拟胃的条件下（pH 值为 1.2 的胃蛋白酶溶液，37℃），该蛋白在 10 秒内即被降解。要想影响人体，这个基因显然还嫩了点。最终得出的结论是，Flavr Savr 转基因番茄跟市场上的其他番茄一样安全。这就是到目前为止关于转基因番茄安全性的认识。

真相是这样的 »

圣女果其实是种"原始番茄"，我们常吃的番茄反倒是人类不断杂交选育后的品种，因此多吃圣女果自然不会有什么问题。即便是现在已有的转基因番茄，在上市前也经过了严格的安全性试验和评估，食用是安全的。

第五章　电子时代，这些事真会发生吗？

手机一格电时辐射最大，是真的吗？

　　手机已经成为现代社会人们生活中不可或缺的一样工具，人们不仅用手机打电话，随着智能手机的普及，网聊、手游、看电子书、网购等让人们已经离不开手机。但是随着与手机相伴的时间越来越长，人们对手机对健康的危害也越来越关注。其中有一条就是经常在网上看到或听人说的，"手机只剩一格电或是充电的时候最好不要打电话，此时的辐射是平时的 1000 倍"。那么，这是真的吗？

剖析 》

手机辐射的产生

　　有关专家给出答案：手机在通线发出信号。可见手机辐射在发使用手机时，手机会向发射基站传多或少都会被人体吸收，从而有可手机产生辐射是手机进行通讯的基的噱头都是骗人的。

转换成能在电路中传递的电子信号。话时，发射器获得你的语音信号，将其然后发射器将信号发送到天线，通过天器中产生，并通过天线发出。当人们送无线电波，而任何一种无线电波或能对人体的健康带来影响。换言之，础，所以市面上任何所谓零辐射手机

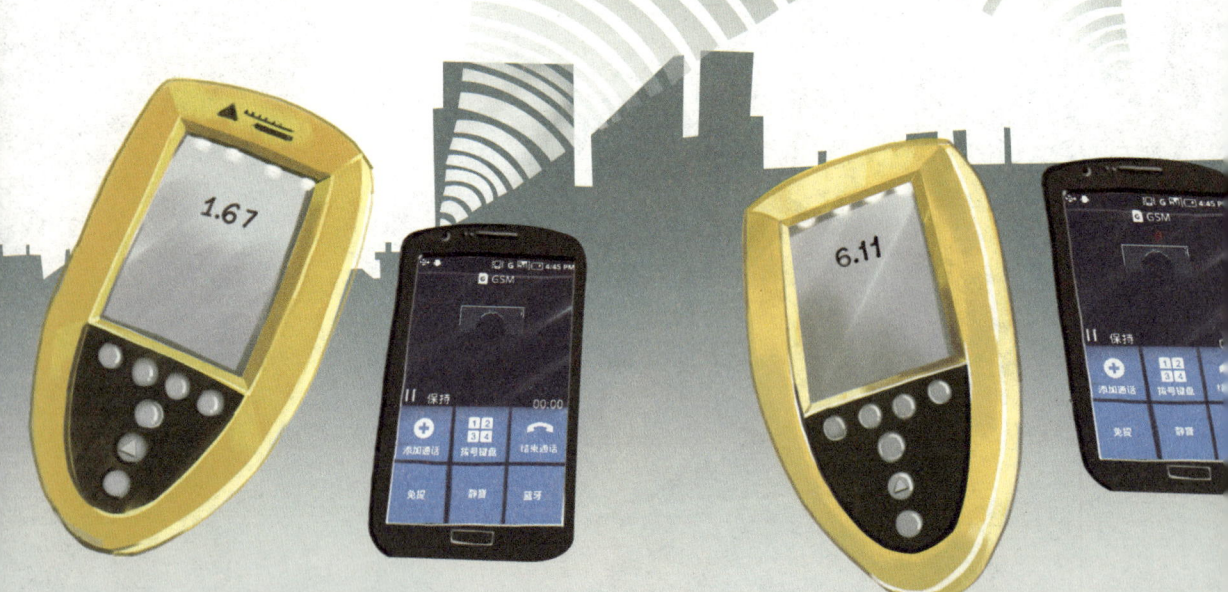

手机辐射的能量有多大？

手机中包含低功率发射器。大多数车载电话的发射功率为 3 瓦，手持移动电话在 0.75 ~ 1 瓦的功率下工作。发射器在手机内部的位置因制造商不同而不同，据了解，国际上关于控制手机辐射的专业组织规定手机对人体产生的辐射每千克体重不得超过 2 瓦，而这一标准已被大多数欧洲国家采用。我国的国家标准则是 1 瓦，比国际标准还要低。就是说，在国内生产销售的手机在到达消费者的手中之前，必须进行严格检测，所以国内的手机用户不必因为担心手机辐射而刻意减少使用手机，一来没有这个必要，二来生活在如今快节奏的时代当中，本来人与人见面的机会就少了，再要连个电话都不打，人与人之间的感情要靠何来维系呢？

辐射是怎样伤害人体的？

电磁辐射存在两种类型：电离辐射——此类辐射包含足够电磁能量，足以使原子和分子与组织分离，并改变人体内的化学反应。这就是我们在拍 X 光片时穿上铅背心的原因。非电离辐射———一般情况下非电离辐射是安全的，它产生一些热效应，但是通常不足以对组织产生任何类型的长期损害。可见光和微波辐射被认为是非电离辐射，手机所产生的辐射也属于非电离辐射。

手机辐射前面已经提过了，一般要求每千克体重不得超过 2 瓦。使用手机时，大多数用户都将手机靠近头部，在此位置，一些辐射很可能被人体组织吸收。所以针对脑部的辐射量要求就要更低一些才算安全，通常这个值是 1.67 瓦。目前手机对人体健康到底有什么损害，全球科技界尚无定论，任何一家跟踪研究手机辐射问题的机构（包括世界卫生组织），也还都没有证据能证明手机和移动基站会对健康造成威胁。

手机电量与辐射强度有关吗？

通常人们说的手机辐射强度是指手机的发射功率，也就是手机发射出来承载着语音和数据信号的电磁波的功率。这个强度与手机的剩余电量没有任何关系，但和手机信号的强度有一定的关系。手机的辐射强度其实是由基站控制的。每部手机都会不断地向最近的基站发送信号，如果来自某部手机的信号太弱，造成通话无法正常进行，基站就会发出指令让这部手机增大辐射强度；如果来自某部手机的信号太强，为了减少手机间的相互干扰，延长通话时间，基站就会命令手机降低辐射强度。

因此，手机信号越弱，辐射越强。本节中流言的始作俑者应该是混淆了手机

"一格电"和"一格信号"这两种情况，才会传出这么不靠谱的说法。

那么，在"一格信号"的情况下，手机的辐射强度会不会出现"是平时的1000倍"的情况呢？答案是"有可能的"。以普通手机为例，在额定频率下工作时，它的最大功率是1瓦，最小功率1毫瓦。当这部手机在信号最差的地方（比如地下室，信号只剩一格）接通电话时，产生的电磁辐射可能是在信号最好的地方（比如基站旁边，信号满格）接通电话时电磁辐射的1000倍。号称低辐射的CDMA手机和3G手机的工作原理与GSM手机不同，所以情况也会略有差别，不过并不影响结论：辐射相差1000倍的情况是可能发生的。

接下来的问题是，这"1000倍的辐射"会影响健康吗？虽然GSM手机和CDMA手机（甚至包括3G手机）都有可能出现最高辐射是最低辐射1000倍甚至以上的情况，但那只是因为作为对照的最低辐射太小了，而不是因为最高辐射太大。就像人慢跑的速度可能是蜗牛全速爬行的1000倍，但这并不是因为人跑得太快了，而是因为蜗牛爬得太慢了。质量合格的手机，即使在最高辐射功率下使用，也是符合国家标准的。关于手机辐射对人体健康的影响问题，目前讨论较多的是癌症，特别是脑癌。不过，目前规模最大的一次流行病学调查显示，手机使用与癌症发病之间并无联系。

美国食品与药品管理局在其网站上强调："现有的科学证据无法证明与使用手机相关的任何负面健康影响。"但是，这不意味着潜在的危害不存在。据美国食品与药品管理局称，如果接触高水平射频辐射，可能会损害人体组织。射频辐射可使人体组织发热，这与微波炉加热食品的方式很类似。由于身体不具备散发过剩热量的能力，因此接触射频辐射可能会损害人体组织。眼睛尤其易受伤害，原因是该区域缺少血流。

手机使用率持续攀升，因此科学家和立法人员都非常担心与手机设备有关的潜在风险。对非电离辐射这一和手机有关的辐射类型存在更高的关注度，原因在于它可能会带来长期影响。尽管它不会立即导致组织损害，科学家仍然无法确定长期接触是否会发生问题。由于目前使用手机的人数比以往任何时候都多，因此这是现在一个特别敏感的问题。在此的建议是，在不必要的情况下减少手机的使用，特别是在信号强度很弱的情况下。

真相是这样的 »

手机的辐射强度和它的剩余电量之间没有任何关系，只和信号强度有关。虽然手机信号最差的时候辐射功率可能是信号最好时的1000倍甚至以上，但这还是

在国家规定的范围之内。手机在电池剩下一格电的时候打电话辐射不会有明显变化，只会在信号不好的时候才有最大的辐射。

手机会使各种卡消磁，是真的吗？

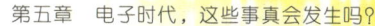

如今的社会已经被各种卡所占据，如银行卡、公交卡、电话卡等。各种卡给我们的生活带来便利的同时也带来了相应的问题，比如："你的公交卡消磁了，不能用了。""我平时把银行卡插在手机套上面，有次去取钱，发现卡用不了，银行工作人员说是消磁了。"面临这样的情况，我们常常听到这样的流言：银行卡、公交卡、电话卡都不能和手机放在一起，因为手机工作时的电磁波会把卡消磁的。

手机真会使各种卡消磁吗？

剖析 》

卡是有分类的

让我们先看看日常生活都会用到什么卡。说来真是很多很多，如公交卡、二代身份证、食堂饭卡、小区门禁卡、IC电话卡、银行卡等。那么这些卡的工作原理都一样吗？答案是否定的。其实，现在我们常用的卡一共分两类，一种是IC卡，一种是磁卡。

IC卡，又称智能卡，是没有磁条的卡。公交卡、食堂饭卡、小区门禁卡以及二代身份证都是使用了射频识别技术的非接触智能卡；而 IC 电话卡是接触式智能卡。这些智能卡里的信息都是存储在半导体芯片上的，不使用磁性记录技术。正因为 IC 卡不是通过磁介质来存储的，因此不会因外部磁场的影响而损坏存储的数据。各种卡放在一起，有时会发现公交卡刷不了，工作人员告知"消磁了"。其实这是一种误读，因为 IC 卡上根本就没有磁条，不存在消磁现象。

而绝大多数的银行卡都是磁卡，其背面的磁条上均匀分布着许多磁性物质的小颗粒。所谓的磁条就是银行卡背面黑色的条带，这里面用磁性记录技术记录了我们银行账户的信息。磁条就像我们和银行之间的一封密码信，这些银行卡在出厂之前，写卡器的磁头会发出变化的磁场，改变磁条上各个小格的磁场，从而向磁条上写入了卡号等信息（这和磁带录音机是同一个道理）。就好像拿一只磁性的笔在磁条上写上了信息一样。而银行的工作则是把你在银行计算机系统中建立的账户与银行卡上存储的卡号联系起来，这样你就能使用这张银行卡访问自己的账户了。

何谓消磁？

上面已经提到了，IC 卡没有磁条，是不会被"消磁"的，只有背面带有磁条的磁卡才有可能被消磁。那么，消磁到底是怎么一回事呢？

消磁是指当磁卡靠近一个带有磁场的物体附近时，磁条上用磁性物质储存的信息被外界的磁场干扰而发生紊乱，从而丧失原有的信息。这就好比我们用橡皮擦擦掉我们用铅笔写下的字一样。外界的带有磁性的物体就好比橡皮擦，磁卡上的信息就好比我们曾经写下的铅笔字。

那么，手机到底能不能让银行卡之类的磁卡消磁呢？其实手机在工作时，由信号辐射产生的主要是电场而非磁场，而电场是不能让银行卡消磁的。

不过，手机中的某些部件确实带有磁性，比如扬声器和震动电机。那么把手机的扬声器和银行卡的磁条紧贴在一起，会不会使银行卡消磁呢？理论上讲，只要磁场够强，这确有可能。不过实际情况是，将手机听筒部位紧贴银行卡，都不足以使银行卡消磁，而随着距离的增大，磁场强度会随着距离增加而快速衰减。也可能手机扬声器和震动电机的安装位置使它们不能距银行卡的磁条很近，不能起到消磁的效果。

还有人担心"银行卡短时间和手机放在一起没事，可是长时间放在一起后银行卡就会慢慢消磁"。这也是想当然的说法。磁性物质是否会被磁化只与磁场强度有关，和其他因素都无关，弱磁体附近的磁场并不会随着时间的流逝而变强，所以你也不用担心长时间把手机和银行卡放在一起会导致消磁。

至于"两张银行卡不能放在一起，因为银行卡之间会相互消磁"的说法，也是不对的。银行卡上磁条的磁感应强度很弱，并不足以使另一张银行卡消磁。这种说法的来源其实是为了避免卡片之间的摩擦导致磁条区域的损坏，所以有人建议不要将银行卡直接放在一起，而是应该加上塑料保护套。

用实验说话

实验人员为了验证上述理论，做了相关的实验。

首先，实验人员取来了各种类型的卡，有公交卡、电话卡、银行卡，还有一张食堂饭卡。并且准备了一部手机，一块工业强磁铁，和一把剪刀。实验人员把各种卡与手机放在一起，并且试着给测试使用的手机打电话，接下来验证各种卡是否还能使用。结果是各种卡都还能很好地使用，并没有出现"刷不出"的情况。

接着实验人员把各种卡靠近工业强磁铁，并且与之放置一段时间。然后再一次验证卡是否还能用。结果公交卡、电话卡、食堂饭卡都还能正常使用；但是银行卡却出现了状况，接连测试了几次，都显示的是信息错误，也就是，这张银行卡不幸被"消磁"了。

第三组实验里，实验人员试着对各种卡进行破坏，把各种卡剪断，把银行卡的磁条刮花等，模仿日常生活中卡受到的各种损坏。结果，各种卡都不能用了。

为了验证手机的扬声器等磁性物体能否使磁卡消磁，实验人员拆开一只普通手机，取出了其中的扬声器和震动电机，紧贴银行卡的磁条，同样不能使它消磁。

真相是这样的 »

手机发出的电磁波并不会导致银行卡消磁。手机中的磁性部件的磁场强度是不足以将银行卡消磁的。

将银行卡等磁卡与公交卡等 IC 卡放在一起时，只有静电，不会形成磁场，理论上说不会出现磁卡消磁，也不会让 IC 卡失效。不过磁卡要远离磁场，IC 卡不要折损，因为虽然不存在消磁一说，但是在外力等作用下，IC 芯片也会遭物理损坏，芯片中存储的信息会因无法读取而消失。

虽然手机里的磁体不会让银行卡消磁，不过我们仍然建议将银行卡远离强磁场存在的区域。例如磁卡要尽可能远离电磁炉、微波炉、电视机、冰箱等电器周围的高磁场，尽量不要和手机、电脑、磁铁或可能带有磁性的金属等放在一起，不要将磁卡随意扔在杂乱的包中以防止尖锐物品磨损、刮伤磁条或扭曲折坏；多张银行卡不要紧贴在一起存放，也不要背对背放置，避免磁条相互摩擦、碰撞。

手机会导致飞机失事，是真的吗？

不知大家是否还记得电影《人再囧途之泰囧》中的这样一幅画面：徐峥所饰演的老板徐朗和由王宝强饰演的王宝坐了同一架飞机，并且坐了邻座，在飞机将要起飞的时候徐朗要用手机接收一封邮件，结果被王宝发现了，王宝报告了乘务员，并且"发动群众"来制止徐朗使用手机。电影讲述的是发生在两个人之间的搞笑故事，令人捧腹，但今天我们要讨论的是：

在飞机上使用手机会导致飞机失事，这是真的吗？

剖析 》

一些真实的例子

飞机在飞行时乘客能不能打手机这个富有争议性的问题是各国的技术爱好者和航空业者都在争论的话题，今天美国国家广播电台又在关注这一问题，他们引用了国际航空运输协会的飞行安全报告来证实，手机确实可以干扰飞机的仪器，并且至少75次飞行安全事故被怀疑和手机有关。

例如在一次飞行中，一架飞机在4500米高度上出现自动驾驶仪自动脱开的情况，空乘人员意识到可能是电子设备的干扰，结果在客舱中果然发现了至少有4人在操作手机和iPod等设备，要求他们关闭后，自动驾驶仪恢复正常。

另外，有相关行业的专业人员做过统计：1998年在曼谷（空难）、2002

年在曼彻斯特（遇险），这几起航空事故都与乘客在飞机上使用无线移动设备有关。另外国际航空运输协会调查发现：2003-2009年有75起空中事故与手机等电子设备有关。

飞机的导航通信系统

像飞机这样一个大型的物体，是不可能仅仅靠可视性的导航来指导飞机进行起飞、降落和航线的纠正的。更重要的是通过无线电的导航。那么，它的大致工作原理是怎样的呢？首先，在起降方面，飞机如果需要降落和起飞，要靠无线电波"显示"出航向道和下滑道，这就好比一条无形的空中道路，让飞机能够沿着这条路找到机场、跑道，并且安全地飞行。

其次是在空中飞行时。打个比方，我们知道在不同的区域使用手机会有不同的基站为你服务，因为每一个基站信号的覆盖范围不是无限大的，所以当你从一个区域移动到另一个区域，就需要重新选择基站，并切换到新的基站。飞机同样是这个原理，它在空中飞行时的导航，也是靠不同地区的每个基站来进行导航的。而飞机的飞行速度是很快的，过区切换会非常频繁，而这个过程是需要计算的，所以基站的工作负担是非常重。

手机真的有干扰吗？

在这方面，美国做的相关研究比较多。全球航空业巨头美国波音公司为了确定无线电子设备是否会威胁到飞机的安全，做了大量研究。航空专家布鲁斯·唐纳姆从事飞行器电磁兼容性研究已经长达10年。据他回忆，波音确实收到过几例这样的事故报告，比如说在航行过程中，自动驾驶系统会偶尔莫名其妙地关闭或偏航。还有一些航空公司报告说，乘客使用手机，对舱压、磁向、导航和地空通信等系统都造成了影响。

更吓人的是记录在美国国家航空宇航局（NASA）的"飞行安全报告系统"（这是一个匿名报告航空事故的平台）中的一次事故，一架波音737在一次夜航着陆时，定位器突然发生了大幅度偏转，且没有任何提示。当机长察觉到这个严重事件时，飞机已偏离航线1英里。当时的飞行高度很低，发生这样的事故是非常危险的事。在报告中，这位机长抱怨塔台没有及时提醒他偏离航线，并且非常肯定地说：客舱有手机或类似设备干扰了定位器。后来NASA还专门制作了一份事故集，汇总了该平台上所有可能与手机有关的飞行事故。

唐纳姆对此进行了大量的模拟实验，他联系了一些航空公司，协作进行测试。然而令唐纳姆不解的是，无论在真实航班上还是在实验室里进行的大量测试，都没有重现前述报道所提及的可怕情形。

在积累了一定的实验数据之后，美国航空无线电技术委员会认为，实际情况中的电磁干扰因素过于复杂，实验很难得出明确的结论。

飞机需要通过天线接受来自地面塔台和轨道卫星的信号进行通信和导航，理论上说，乘客一旦使用电子设备，这些设备发射的电波就有可能通过各种途径对这个过程产生干扰。

比如这些电波会从玻璃窗和舱门的缝隙逸出，被机载天线接收，从而影响它接收正常的信号，也就是所谓的"前门干扰"。特别是当飞机离塔台很远时，塔台的信号很弱，手机产生的杂波就有可能对其产生干扰。

总的说来，最危险的时候还是即将着陆的时候，飞机如果需要盲降，将要靠无线电波"显示"出航向道和下滑道，而手机等电子设备的无线电会干扰到导航无线电波。

此外，手机接收不到信号的时候会频繁地搜索电信台，此时的功率也是最大的，若再有好几台手机同时使用，对飞机的干扰还是比较大的。

而在中国，因为国际上发生过类似的案例，只是搬用国外的法规。

手机等电子设备，主要危险在于进近阶段，目前引导飞机落地的是电台和发射机，手机的发射机和民航专用的很类似，而某些特殊机场的落地标准很特殊，很小的一点偏差，很容易导致机毁人亡。其实在巡航高度，就算你打开手机也没有信号了。

"飞行模式"安全吗？

在美国联邦航空局所有的文档中，均建议"所有手持移动电话"在飞机离地后应禁止使用，而没有排除开启手持移动电话的飞行模式（或者离线模式），因此，后者也不幸地被列入了禁止范围。

各航空公司在执行时，往往会遵照这一规定而禁止所有手机的使用，并且还会强调"包括开启飞行模式的手机"，以避免乘客搞不清楚。调查员认为，这一情况可能由多种原因导致，其中显而易见的一点是"飞行模式"是各手机厂商自行开发的，并没有一个统一的执行标准。

所以令很多人都很不解的是，手机里的"飞行模式"只是个毫无意义的摆设吗？

手机的飞行模式又叫航空模式、航班模式，开启飞行模式后，手机的 GSM/GPRS 模块将被停止使用，也就是说，当启用飞行模式之后手机将不能再进行通话。

飞行模式使手机处于不发射和不接受信号状态，而又不影响手机的其他功能操作。飞行模式关闭了手机的 GSM/GPRS 模块，手机不会主动向基站发送寻呼信号，即不试图联系基站，但一般可拨打紧急电话（与无 SIM 卡原理类似，在此模式下，手机一般可拨打国际求救电话 112，可能不支持 110、120 等国内求救电话）。

因为手机寻呼信号可能会干扰飞机上的电子设备，所以飞机上不允许打开手机，而这种模式下关闭了手机信号的有关功能，手机可以开着继续使用其他功能，如查看电话本，欣赏手机上的文章、电影，玩游戏，等等，所以叫飞行模式。手机的电量很大部分都消耗在信号上，飞行模式下关闭了信号，非常省电。

但是某航空公司的专业技术人员表示，有些人认为将手机调至飞行模式或者将电话卡取下，就可以在飞机上使用手机，殊不知，飞行模式只是软件锁定，有不确定性，而且也只是手机厂家的宣传手段之一，在我国并没有取得任何相关证明和认可。

而即使将电话卡取出，依然可以拨打紧急电话，所以，威胁依然存在。"任何一款手机开启离线模式或 SIM 卡拔出之后，都可以正常拨打紧急电话（如 120），说明手机在这两种模式下可以正常搜索信号并呼出电话，在这种情况下，如旅客大面积使用，仍会干扰飞机雷达系统正常运转，可能导致飞机无法与地面保持正常联系，致使飞行偏离预定航道，发生空中碰撞。"

手机的飞行模式未被中国民航总局有关单位批准使用，航空业内比较一致的看法是："飞行模式是手机运营商一厢情愿的做法，没有民航相关部门的认证，航空公司会严格执行民航局的规定。少数旅客这么做，是无视自身安全和飞行安全的做法。"

真相是这样的 »

这场争论持续了半个世纪，目前还是没有一致的结论。

从科学的角度来看，无论说绝对有干扰，还是说绝对没干扰，都是不负责任的。但如果从代价的角度来看，虽然这种干扰的概率很小，可是赌注却太大了。而关闭手机，无论对谁来说，都是一种成本较低的措施。

所以，在尚无结论的情况下，选择这种保守的做法，不失为一个明智之举。何况在航空公司有明确规定的同时，大家严格遵守，既是对他人负责，更是对自己负责。

用手机号能复制 SIM 卡窃听电话，是真的吗？

仅凭手机号就能复制出原机主的 SIM 卡，插在另一部手机上之后能和原机主的 SIM 卡同时在线，还能窃听原机主的电话和短信，也可以冒充原机主拨打电话，电话费却记在原机主头上！

很多人都收到过类似内容的短信，或者在网上看到过类似的信息，这是真的吗？

剖析 》

奇怪的"业务"

"我们可以帮你办一张和对方号码一样的卡，凭这张卡你可以听到对方的说话，收到他的信息。"市民何先生有一天收到了一条陌生号码发来的短信，其内容让何先生感到很是意外，潜意识里觉得不可能，他就没多加理会。其实，这已经是何先生第二次收到这种短信了。

"无缘无故干吗要复制别人的 SIM 卡？若真如短信中所说的那样，岂不是触犯了人家的隐私权吗？"市民蒋先生认为，此种业务不仅有违道德，还可能触犯法律。

我们的密探小王按照短信中的联系号码，拨通了对方的手机。接电话的男子

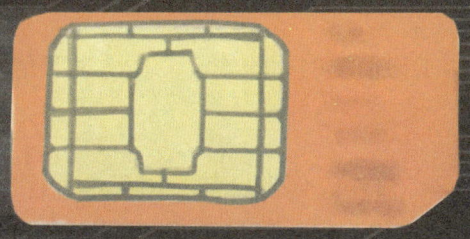

自称李经理（以下简称李）。通话内容如下：

小王：如何办理这种卡？

李：只需要提供对方的手机号码，其他任何东西都不需要。

小王：要多少钱，等多久可以拿到？

李：1800元复制一张卡，大概3小时就可以办好。然后约好地点，有技术人员送货上门。

小王：那如何保证复制卡真的那么有效呢？

李：我们公司有一套完整的测试方法，技术人员当场试给你看，你满意了再付钱。

小王：使用复制卡的时候，对方或通信公司会不会察觉？我们双方的隐私会不会被泄露？

李：我们做了几年，不存在这样的问题，你完全不用担心。

为了推销业务，李经理"坦言"：该业务属违法买卖，他们会绝对小心，也绝对为用户保密。另外，只要对方不停用手机号，复制卡就不会失效。李经理称，该公司在全国各地都有分公司，开办业务好几年了，已有了上百名顾客。

针对这一情况我们来到了移动服务大厅，咨询了相关人员。针对短信内容，一位大厅经理表示，这种短信明显属于垃圾信息，是骗子采用的一种行骗伎俩。一直以来，不少市民都收到过此类短信，并前来投诉反映。目前，工作人员也正在尽力屏蔽此类信息，以免不明真相的市民上当受骗。据该经理分析：很可能是一些骗子采用改号软件，在演示时显示的是被复制的号码，实际上是利用其他手机号的SIM卡。公司一位工作人员认为，一张普通的SIM卡只要几十元，而复制一张所谓的窃听卡却需要1800元，很明显，不法之徒以此行骗牟利。此外，该工作人员表示，随意窃听他人信息，已经违反了通信法的相关规定，是绝对不允许的。

SIM 卡需每天验证

其实，复制一张他人的卡来为自己所用，而自己却不用买单，这样的情况是出现过的。作为中国第一代移动通信系统（广东最早于 20 世纪 80 年代末引入英国 TACS 制式），采用的是初始技术即模拟移动蜂窝技术，客户身份未经有效鉴别，语音未经加密编码，故能引起套机。

但是经过近 30 年的发展，如今的移动通信系统的加密程序已经变得相当复杂，不是一般人所能破解的。所以，上述短信中描述的情况是不可能出现的。那么，它的运行原理到底是怎样的呢？为了弄清真相，我们先来看看 SIM 卡里面到底藏着些什么玄机吧！

SIM 卡是一种接触式智能卡，里面储存了许多信息，包括 SIM 卡序列号、国际移动用户识别码（IMSI）、鉴权密钥（KI）、PIN 密码、PUK 密码、运营商服务菜单、短信和通讯录（如果你选择把它们保存在 SIM 卡上的话）。这些信息除了储存在你的 SIM 卡里，你所属的运营商的数据库里也会有一份。上面的这些密码共同组成了一种身份识别系统。而这种身份识别系统是每天都在更新的。每天当我们开机之后，手机自身会产生一个随机的数字，这个数字每天都是不同的，它一方面会发送给运营商比如移动或者联通公司，其通过你的身份识别系统进行运算，得到一个新的数字，你的手机也会利用自身储存的身份识别系统进行运算得到一个数字，然后再次发送给运营商，如果两个结果一样，那么恭喜你，你的手机就能联网了，也就是说你能打电话和发短信了。相反，如果两个结果不一致，手机便不能使用了。

是不是有点绕？那么简单地说，就是我们的手机每天都在和运营商的安全系统进行相互验证，只有通过验证之后我们的手机才能使用，而这种验证是相当严格并且是每天更新的。

那么，如果别人得到了你的 SIM 卡，能不能像复制光盘一样复制出一张一模一样的 SIM 卡呢？答案是能，但是有难度。我们的手机加密和验密都是在 SIM 卡内部完成的，只有运用暴力演算破解了加密系统，才可以复制出 SIM 卡。但是，现在运行的移动网络，越新的 SIM 卡破解难度越大。3G 网络使用的 USIM 卡采用的是不同的加密方式，目前还无法破解。

电话被窃听绝对不可能

最后的问题是，如果 SIM 卡被复制了，我的电话会被窃听吗？答案是不会，因为这两张卡根本无法同时通话。因为当两张卡同时使用的时候，问题就出现了。之前提到，SIM 卡在接入运营商网络以后，所有通信都采用每天更新的密码进行加密，所以尽管两张卡是一样的，但是由于加密是分别进行的，获取的密码一定不同。当一部手机利用其中一张卡进行通信时，如果发现当前的密码无效，将强制重新进行一次验证，得到新的密码，这样之前的密码就失效了。另一张卡的通信则会因为密码失效而被迫中断，要想再次获得和移动网络进行通信的权利，就必须通过重新开机、拨打电话或发送短信的方式强制进行重新验证。总之，同一时刻只可能有一部手机保持通信状态。而用户看到的表象是：两部手机可以分别但无法同时拨打电话和发送短信，当来电的时候，只有最近一次通过话或发过短信的那部手机才可响铃接听，另外一部手机不响铃也无法接听。

在这种情况下，你收到的电话和短信中的一部分可能会被另一部手机拦截，但你通话时，却无法通过另一部手机来窃听——只是，各项费用肯定要由你埋单。

真相是这样的 »

仅凭手机号无法复制他人 SIM 卡，更无法窃听通话。如果 SIM 卡长时间落入他人之手，是有被复制的可能性，对个人隐私和财产可能造成一定侵害，但无法窃听通话。万一遇到 SIM 卡被复制的情况，只要到运营商营业厅更换一张新的SIM 卡就可以了。如果复制一张 SIM 卡真的这样容易的话，我们的手机通信标准也不可能一直用到现在了。

手机充电时接电话可能会触电，是真的吗？

曾经有一则"南航 23 岁空姐用正在充电 iPhone 手机接电话时被电击身亡"的微博引发网民关注，其家人发微博提醒人们不要在充电时接听电话，并"希望苹果公司能有一个说法"。

这太令人痛心了，一个年轻的生命就因为接听了一个电话而死去，真令人惋惜。此事一出，舆论哗然，手机充电时接打电话会触电的消息，也不胫而走。但是同时，也有人怀疑这件事情的真实性。

那么，这到底是真的吗？

事件前后

微博发出后，立刻引起关注。"愿逝者安息""愿
一路走好"……网民在对死者表示惋惜、哀悼的同时，
纷纷转发提醒人们手机充电时不要接听电话。

死者的父亲在接受采访时表示："小芳确实是用正在
充电的 iPhone 手机接电话时被电击身亡，法医鉴定发现，
小芳从颈部到左脚脚面均有明显电击痕迹。"小芳的姐姐"@M
小静 1128"在微博上表示："手机是去年 12 月买的，没有过保修期。"他们会
找苹果公司"讨个说法"。当地警方表示，小芳确实是全身过电而死，不过是
否是由苹果手机造成的仍在调查中。

针对此事，苹果公司发表声明表示深感痛心，并将进行调查。这个消息的
发布者"@M 小静 1128"之后在其微博中称："我们没有要求苹果公司赔偿，只是
希望更多人引起重视！仅此而已。"

随即这件事情就在网上引发了热议，一时间，充电手机电死人的说法广为流
传。很多网友表示，自己也有在充电时打电话的习惯，今后要注意了。还有部分
网友在接受媒体采访时透露，自己也曾在手机充电时打电话，有"手机漏电"或
"被电到"的感觉。其他部分网友则怀疑，"手机充电电压有多少啊，能电死人？
就算把手直接放在电池的两极上也不会有事情，怎么会充个电就被电死了呢？肯
定是炒作的成分居多，想借此骗些赔偿罢了。"

冷静的分析

针对这个事件，相关专家分析说，从我们的常识来说，手机电池的电压
其实只有 3.7 伏，也就是说电压都是很低的，它能够产生很强的电流或者电
死人的可能性很小。

那么是否有可能因为充电器内部发生短路，造成高
压部分连接到手机上而导致触电呢？答案是几乎不可
能。充电器内部高压和低压部分最靠近的地方是变压
器。变压器是由高压和低压两级线圈组成的，组成线圈
的导线表面都涂有绝缘漆，就算是前后两级线圈的表面
直接接触也不会短路。

退一步说，就算人为地使得充电器内部短路，比如先破坏变压器线圈表面的绝缘漆，再把高压端和低压端焊接在一起，220 伏电压直接连到手机里。这时手机的电路已经被烧毁了，就不会有来电，也不能用来打电话了。而即使是在这种情况下，也只有手机是金属外壳，并且手机内部的电路和它的外壳连通时，触碰手机才有可能触电。

只有一种情况，就是说这个电流把充电器给击穿了，同时又把手机上面的保护也给击穿了，然后就是 220 伏的电直接到手机上面，这样才有可能电死人。但是说实话，如果在这个过程中间突然有电流通过，人的本能反应经常也可以把它甩开。

专家还质疑事件的真实性，其理由有两个，一是为何没有把被电击的现场或者有问题的 iPhone 照片发出来，而是发了几张出事空姐的美照？二是"@M 小静1128"后来更新微博说不会向苹果公司索赔，他觉得很奇怪。

同时，专家并不否认充电手机致触电死亡的可能性。某家电维修协会专家即认为，充电手机导致触电死亡是可能存在的。每个人对于电流的敏感度不同，有的人对 10 伏电流就会对身体产生不良影响，电话线带有 4 ~ 5 伏的电就会感觉麻手。手机发射的信号同样带有一定的电流，还有可能手机漏电，如果这个人对于电流特别敏感，而且手机贴近人的太阳穴，导致死亡也是有可能的。

我们的调查员试图向苹果公司了解"以往是否发生过类似事件"，苹果客服并未直接回答提问，而是告诉我们使用手机充电时，要多加小心。

潜在的危险

从理论上说，使用正规厂家生产的手机和充电器，充电时打电话触电的可能性非常小，但的确也存在其他安全隐患，所以在手机充电时尽量不要打电话。使用经过 3C 认证的手机和充电器，在充电时打电话触电死亡的可能性不大，因为手机本身的输出电压很低，对人体不会造成什么伤害。不过，不排除极个别情况导致意外，具体情况要具体分析。

手机充电时电压高于待机时，如果同时进行其他操作如通话等，容易使内部零件受损。如果使用了不合格的电池或者充电器，加上充电时环境差，比如高温、潮湿等，电池发生爆炸的情况也是有可能发生的，所以手机在充电时最好不要打电话。

手机充电器的结构包括高压部分（220 伏交流）、变压器和低压供电部分（输出 5 伏以下直流），只有低压供电部分是连接到手机上的。一般情况下，通过人体的直流电电压要超过 36 伏才会造成危害，正常工作下的手机充电器，即使手机外壳漏电，5 伏以下的输出电压也是不会对人造成伤害的。

而使用未经 3C 认证的手机充电器则存在重大安全隐患，有可能变成"手雷"。之前，在局部地区已经发生消费者使用未经 3C 安全认证的充电器给手机充电，同时接听电话时，由于不合格手机充电器发生漏电，传导到手机上，致使当事人触电死亡的恶性事件。消费者协会调查发现，目前市场上充斥着很多未经安全认证的以手机充电器为代表的各种通用电源适配器，这些适配器大多安全指标不合格，可能会导致使用者触电、灼伤等。国外的微博上就曾经有这样一条图片信息，看上去像是灼伤的肿胀的手指。这是刊登在印度报纸上的一条新闻，说一名印度青年在手机充电时接电话被电击了，手指受到了严重创伤。

不合格的充电器、手机电池，可能会因为设计缺陷，散热不好，存在过热而爆炸的危险，也确实有类似的事故。所以，为了大家的安全，尽量还是不要在充电时接听电话。

真相是这样的 》

使用合格的手机、电池、充电器，即使是一边充电一边使用，一般来说不会触电，更不会致死。但对于未经安全验证的移动通信设备则存在安全隐患。所以在此提醒大家，为了自己的安全，尽量使用合格的充电器、电池和手机。

节能灯对健康有重大影响，是真的吗？

有网友发微博称，美国斯托尼布鲁克大学的研究人员在对节能灯泡安全性进行检测后发现，节能灯泡紫外线辐射水平高得惊人，易导致人体皮肤细胞受到损害。此外，节能灯泡中还含有少量水银，而水银是一种有毒元素，被认为与神经损伤、出生缺陷以及其他人体健康危害有关。

在节能灯已走进千家万户的今天，突然的一个消息让大家都懵了：我们该不该再用节能灯？

剖析 》

节能灯知识小普及

节能灯有多节能呢？举例来说，60 瓦白炽灯的亮度几乎与 13 瓦的节能灯一样，所以，节能灯可以节省 75% 的电量。

　　一项由美国能源部和环保署共同设立，主要针对消费性电子产品的能源节约计划的报告称，如果所有的美国家庭将一只白炽灯更换成节能灯，其一年所节约的电量就够 300 万家庭使用，所减少的碳排放相当于 80 万辆汽车的排放量。

　　我国 2010 年白炽灯产量和国内销量分别为 38.5 亿只和 10.7 亿只，照明用电约占全社会用电量的 12%，根据今年 11 月份公布的白炽灯淘汰路线图，每年预计可节电 480 亿千瓦时，减少二氧化碳排放 4800 万吨。

　　节能灯真的可以帮你省钱吗？目前市售的白炽灯大概是 2 元一只，节能灯价格平均为十多元，虽然价格上白炽灯的确很便宜，可是质量合格的节能灯的平均使用寿命是白炽灯的 6 倍，再加上它帮你节约的电费，长期看来，节能灯的确可以省钱。

　　节能灯为什么跟传统灯泡的样子相差这么远？之所以长成这副样子，是因为这些细而长的管子可以助其省电，为了方便使用，节能灯管就不得不被做成螺旋状了。不过，它也还是可以打扮一番变成跟传统灯泡差不多的样子，一种方法就是在其灯管的外面套一个灯泡状的玻璃壳！

　　节能灯只有一种颜色吗？据说，有人拒绝使用节能灯的原因是觉得节能灯的颜色都是死白死白的，不能发出温暖的黄光，开着台灯自拍的效果也不尽如人意。为了解决这个问题，科学家研究出了不同颜色的节能灯，已经尽量满足了消费者对于不同视觉审美的要求。

　　节能灯里的汞，会对健康造成影响，对环境造成污染吗？每一只节能灯泡中都含有非常少量的汞，一般来说少于 5 毫克，如果它们聚成一小滴，其直径大概是 1.1 毫米。

　　而一根家用温度计的汞含量就可以达到节能灯的 100 ～ 600 倍。在使用过程中，节能灯中的汞并不会对环境造成污染，也不会对人体产生危害。如果使用后回收得当，节能灯对环境的汞污染也可以说是非常小。

　　既然节能灯可能造成汞污染，为何不继续使用不含汞的白炽灯？虽然传统的白炽灯不含汞，但是使用白炽灯所间接造成的汞污染要比节能灯大得多。因为白炽灯需要用更多的电，于是火电厂就需要烧更多的煤，煤在燃烧的过程中，又会释放汞。

　　所以，虽然节能灯含汞，还是要不遗余力地进行推广。事实上，节能灯生产所需的汞正逐步减少，目前市场上就已经有只含 1 毫克汞的节能灯。

　　节能灯的频闪会影响视力吗？频闪指的是光源发出的光随时间呈快速、重复

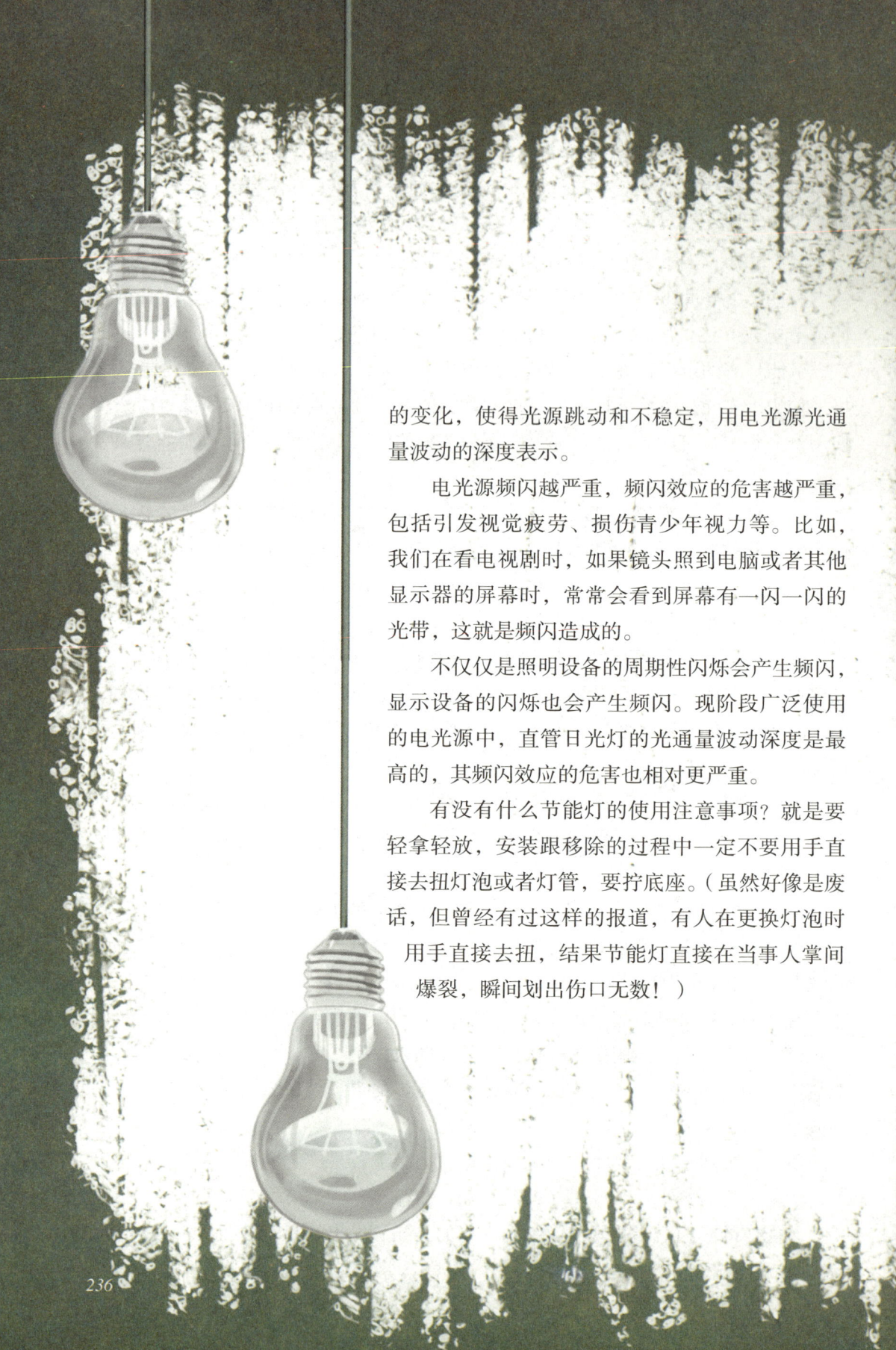

的变化，使得光源跳动和不稳定，用电光源光通量波动的深度表示。

电光源频闪越严重，频闪效应的危害越严重，包括引发视觉疲劳、损伤青少年视力等。比如，我们在看电视剧时，如果镜头照到电脑或者其他显示器的屏幕时，常常会看到屏幕有一闪一闪的光带，这就是频闪造成的。

不仅仅是照明设备的周期性闪烁会产生频闪，显示设备的闪烁也会产生频闪。现阶段广泛使用的电光源中，直管日光灯的光通量波动深度是最高的，其频闪效应的危害也相对更严重。

有没有什么节能灯的使用注意事项？就是要轻拿轻放，安装跟移除的过程中一定不要用手直接去扭灯泡或者灯管，要拧底座。（虽然好像是废话，但曾经有过这样的报道，有人在更换灯泡时用手直接去扭，结果节能灯直接在当事人掌间爆裂，瞬间划出伤口无数！）

如果节能灯摔破了该怎么办？虽说节能灯破裂后造成的汞释放对人体的影响很小，可是处理起来还是马虎不得。

如果你不小心打破节能灯，不要立即打扫，先要开窗通气并撤出房间，让从灯管中泄露的汞蒸气在空气中消散，请至少在外淡定地待上一段时间，再进入房间清理现场吧！

需要担心节能灯的紫外线辐射吗？

纽约州立大学研究人员通过试验，证明节能灯泡比普通灯泡的紫外线辐射更强。受节能灯辐射的皮肤细胞遭到严重的损害，而受普通灯泡辐射的皮肤细胞却是健康的。这种辐射不但损害人体皮肤的细胞，甚至可能诱发癌症。

与传统的白炽灯相比，在达到相同光能输出的条件下，节能灯消耗的电量只有普通白炽灯的 1/5 ~ 1/4。再加上它与白炽灯使用相同的底座，故将白炽灯替换成节能灯的趋势在全球已广泛扩展开来。节能灯的荧光管内充满氩氖混合气体及汞蒸汽，管壁内侧涂有磷质荧光漆。通电后，汞蒸汽会发出紫外线，而荧光漆会吸收紫外线，并释放出可见光。可见光的颜色取决于磷质成分的比例。这就是节能灯发光的原理。

从上述原理中我们发现，节能灯在工作时，内部会产生紫外线。本来荧光漆可以避免紫外线泄露，不过，紫外线并不能完全被吸收，总有些会从荧光漆涂层上肉眼难辨的细微裂隙中泄漏出来。这些泄露出的少量紫外线对健康有多大影响呢？

紫外线按波长分为三类：长波紫外线、中波紫外线和短波紫外线。日常生活中，短波紫外线在穿越大气层时多被臭氧层滤除，能作用于皮肤的多为中波和长波。虽然它们对皮肤也有温柔的一面（如帮助形成维生素 D），但在导致光老化、皮肤肿瘤、光敏性疾病等方面却是恶行昭彰，也是红斑狼疮等光加重性疾病的危险因素。

因此，紫外线对皮肤既可能有益也可能有害，关键在于照射量。那么，节能灯发出的紫外线是否达到了致病程度呢？

在本文开头的那项研究中，研究者先选择了多个品牌的节能灯来检测其放出的紫外线，发现大部分节能灯都有长波和中波紫外线的辐射。然后选择了辐射最强的节能灯，放到 2.5 厘米的距离来持续照射体外培养的人体细胞，并用白炽灯来照射同样的细胞作为对照。

结果显示，节能灯下的细胞，照射时间越长，受损越严重，而照射白炽灯的细胞则未受影响。

不过，这项研究的结论也是有局限性的，并不能等同于节能灯放出的紫外线对人有害。

首先，研究使用的是泡在培养皿里、体外培养的皮肤细胞，不像我们身体上的细胞有表皮的保护。其次，研究是在近距离（2.5 厘米）长时间进行大辐射量的照射，这与生活中的实际状况相差甚远。生活中，即使是台灯，与人体也有几十厘米的距离，而紫外线随着距离的增加，辐射能量会大幅减少。综合来看，上述研究结论并不能照搬到实际生活中。现实中节能灯对人类活体细胞的影响尚不明确。

此外，节能灯的紫外线辐射不仅在不同品牌之间，就连同一制造商生产的不同灯泡间都相差甚大。因此，众多同类实验（包括对人体及对体外培养细胞的实验）的结论多有矛盾。不过综合相关的研究，目前还是有如下几点较能确定：

1. 近距离内，节能灯所发出的紫外线的确较普通白炽灯多，但在距离超过了20厘米后大幅减少，50厘米后几乎检测不到；

2. 不同品牌的节能灯紫外线辐射差别较大；

3. 节能灯释放出的紫外线中以中波为多，亦有不少长波和短波；

4. 双层外壳较单层外壳可明显降低紫外线辐射；

5. 对患有光敏性皮肤病或光加重性疾病的人群危险性可能确实增高，但对普通人群的威胁并不比传统白炽灯多。

欧盟新兴及新鉴定健康风险科学委员会在一份材料里对节能灯的紫外线辐射做了概述和总结：对于普通民众，只有在使用台灯等近距离场合（20厘米以下），且暴露时间很长的情况下，节能灯紫外线才有可能接近工作场所紫外线限值，但不太可能超过此限值；在其他使用场合下，风险则微不足道。也就是说，节能灯紫外线只有在某些特殊条件下才有可能增加公众健康风险，而且这一风险可以通过使用双层外壳灯泡等技术手段来消除。

另一方面，对于患有光敏性皮肤病或光加重性疾病的人群，因为他们在平时便十分注意让自己尽量少暴露在光源下，因此节能灯的影响亦十分有限。

真相是这样的 »

节能灯在照明过程中确实会产生紫外线，而且在近距离（几厘米）内会对人体细胞产生伤害，同时节能灯的频闪，以及灯管内含有的汞都有可能对我们的健康造成伤害。

但只要保持合理的使用距离并注意正确使用，这些风险都可以避免和消除。比如，选择正规厂家生产的灯管，保持使用距离，减少使用时间，避免将灯管打破，等等，这样对我们健康造成的威胁就微乎其微了。

将电脑背景色设成"豆沙绿"可护眼，是真的吗？

现代人很多离不开三样东西：手机、电脑、钱包。电脑给我们的生活带来无限便利，却也产生了不少烦恼，比如长时间使用容易导致眼疲劳而眼干、眼涩等。那有什么方法可以缓解眼睛疲劳呢？于是便有如下的说法：请对电脑做如下设置：桌面→右键→属性→外观→高级→项目（窗口）、颜色选择（其他），将色调改为 85，饱和度 123，亮度 205 →添加到自定义颜色→在自定义颜色选定绿色→确定。

将电脑进行如上操作后，打开网页，你会发现，网址输入栏成了绿色，多种软件背景色也成了绿色。据说这个色调是眼科专家配置的，长时间使用会有效缓解眼睛疲劳，保护视力。"写字看书一段时间后，可看看远处的绿色植物来保护视力"，还记得小时老师时常告诉我们的这句话吗？电脑调色似乎有异曲同工之妙。

为了保护眼睛，可将电脑背景颜色设置成"豆沙绿"，这是真的吗？

剖析 »

眼睛如何被损伤？

视力正常人的眼睛，从 6 米以外的一般目标投射进来的光线，通过角膜、房水、晶状体和玻璃体的一系列屈光系统，可以在视网膜上形成焦点，我们的眼睛就可以看清楚"目标物"。同时，人们在正常眨眼时，上下眼睑就如同雨刷，每次眨眼时泪膜会更新和补充完整，帮助眼球润滑保湿。在这两大机制的管理下，人们的眼睛可以进行正常工作。

然而，由于现在工作压力大以及不正确的用眼方式，很容易导致用眼疲劳。当眼睛总盯着一个地方看时，调节晶状体的睫状肌会由于长期收缩而发生痉挛，进而使晶状体凸出，屈折力加强，当看远处物体时，晶状体不能恢复为扁平状，使物像不能落在视网膜上，于是视力就模糊不清。此外，当眼睛专注于一件事情的时候，眨眼次数会由正常情况下的每分钟 20 次减少为 4 ~ 5 次，眨眼次数减少后，泪液蒸发，泪膜变薄无法得到更新补充，生理功能自然减弱，眼睛就出现了干燥疼痛的症状，长此以往还会患上干眼症。

远望护眼的真相

基于以上关于眼睛功能的描述，我们就知道眼睛的放松与人们的健康用眼姿势，以及放松眼部肌肉的方式有关。首先，学习或者工作一定时间后向远处望能够使人眼从观察近物的状态迅速转换为观察远物的状态，此时向远处对焦这一动作能使睫状肌松弛有度，得到了一定的休息。其次，望向远方处于放松状态下的人们，眨眼次数恢复到正常水平，这样也有利于眼球的湿润，减少眼部不适的发生。

至于为何远望绿色植物，大致可以解释为绿色给人一种亲近感，能够更加愉悦身心。但要将眼部放松的功劳归因于"绿色植物"或者"绿色"，则没有明确的科学依据。

颜色对眼睛的影响

外界的物体具有各种颜色，可以使物体显得鲜明和优美，使人产生不同的情感和爱好。过分鲜艳的颜色会使人产生倦怠的感觉，过分深暗的颜色则会使人感到沉重；红色和黄色可以给人一种耀眼的感觉，青色和绿色则给人带来凉爽和平静的感觉。

各种颜色对光线的吸收和反射是各不相同的，红色对光线的反射率是 67％，黄色是 65％，绿色是 47％，青色只有 36％。由于红色和黄色对光线反射比较强，因此容易产生耀

眼的感觉。青色和绿色对光线的吸收和反射都比较适中，所以对人体的神经系统、大脑皮层和眼睛里的视网膜组织比较适应。

然而，目前并没有可靠资料说明绿色可以起到护眼的功能。此外，如果非要将网络上指出的"桌面绿"给一个定论，那只能说这种方法可以降低屏幕的亮度，从而减少光线带给人们视觉上的刺激。而对于由于人们减少眨眼次数导致的干眼症，以及人们不良工作姿势造成的近视、视疲劳等情况，多看"绿色"是无法帮你解决问题的。

基本护眼常识

如前所述，绿色保护视力的能力并不可靠。将电脑设置成"豆沙绿"能做到的只是让屏幕变得不那么刺眼。对于由眨眼次数少使泪液蒸发过快造成的干眼，还需要更加科学有效的预防方法，下面就为大家介绍几种。

1. 保证睡眠

人的大脑与眼睛有着十分密切的关系。大脑过度劳累会给眼睛带来极大的负担，开夜车式的通宵达旦地工作、学习或娱乐，都会使大脑得不到正常的休息。大脑休息不好，由大脑支配的视神经和整个眼球当然也得不到正常的休息，过度地使用眼睛，既可以影响人的视力，也可能诱发各种急性眼病。因此，为了保护好眼睛，应保证充足的睡眠。

2. 车上不阅读

有的人常利用在乘车中的空闲时间阅读书籍、杂志或报纸。看起来这是节约时间和打发空闲时间的好办法，其实这是一种非常不好的用眼习惯，对眼睛十分有害。

乘车时的颠簸、外界景物的不断变化、光线的变化都会加快眼睛的疲劳。眼睛疲劳如果长时间得不到缓解，就会打乱眼睛的正常调节状态，使视机能受到伤害，出现视力减退、散光、近视等症状，并且伴有头晕、恶心等现象。因此，要坚决改掉乘车时看读物的坏习惯。

3. 不长时间阅读

持续长时间阅读或写作，眼睛往往处在高度紧张状态，很容易产生疲劳而不被察觉；在此状态下，眼睛的视机能就会出现异常，使视力下降。因此持续阅读、写作或长时间近距离工作，要每隔1小时左右就遥望一下远景，使眼睛的睫状肌得到松弛的机会，眼睛的疲劳也就会随之减轻了。

4. 正确的读写姿势

养成正确的读写姿势，对保证视力正常起着重要作用。人们正常看读物时，一般是两只眼球同时发挥视觉作用，两只眼球所承受的负担基本上是一样的，而且也基本呈水平状态。如果是躺着看书，情况就不大相同了。躺着看书时，两只眼球或上下偏斜，或左右偏斜，连接焦点的位置也脱离轨道，使两只眼睛所承受的负担轻重不一，眼睛极易疲劳，时间长了，眼轴会产生明显的不良变化。躺着看读物时，也很难使眼睛与读物保持30厘米以上的距离，眼睛承受姿势、视线、距离的三重负担，如果不改变的话，将导致眼睛近视或出现其他眼睛异常。

真相是这样的 》

"绿色护眼"没有专业的科学研究支持，它更多的是"看远处的绿色植物来保护视力"这一正确做法的讹传。其实并不是绿色植物护眼，用眼一段时间有一个休息时间，才是护眼的根本。虽然将电脑的背景色设置成"豆沙绿"没有什么坏处，但靠这个操作保护视力并不靠谱。

高铁辐射很大，是真的吗？

最近网上盛传：高铁尽量不要坐，高铁乘务员最近又招了一批，上一批集体辞职了，因为高铁辐射严重，乘务员不是不孕就是流产。高铁引进的只是机芯，而车厢的防辐射设备根本没有！因为一块半米的防辐射玻璃要3万元，他们省到了自己腰包，而百姓却要深受其害！并说有人在高铁上实测了电磁辐射的变化，在加速的时候，特别是维持高速运行的阶段，电磁辐射很大，有的时候甚至超过微波炉的电磁辐射！

这到底是真的吗？

剖析 》

高铁辐射有多大？

其实不只是高铁，电力机车、电传动内燃机车、地铁、有轨电车以及其他很多使用电力驱动的交通工具都会产生电磁辐射。列车车厢内的电磁辐射，不仅和列车使用的电气特性有关，还与车辆类型、测量点在车厢内的位置和高度、列车行驶状态等复杂的因素有关。下文讨论中，我们将重点关注高铁列车乘客车厢中的电磁辐射。

　　让我们先来看看有关电
磁辐射的安全标准：根据国际
非电离辐射防护委员会的安全标准（这是一个非
政府的独立组织，由多个领域的专家组成。这个组织根
据最新科研进展，评估各种非电离辐射对人体健康的潜在危
害。它提出的辐射安全标准已经被几十个国家和国际组织采纳。
我国国家环保总局的相关标准也参考了国际非电离辐射防护委员会的
标准），高铁产生 50Hz 左右的"极低频电磁辐射"，电场辐射的安全标准为
5kV/m（kV/m 即千伏特每米，电场强度的单位）以下，磁场辐射为 $100 \mu T$（μT
即微特斯拉，磁感应强度的单位）以下。这一安全标准是根据国际上相关医学研
究制定出的，目前还没有足够的科学证据表明这一标准需要调整。

　　再让我们来了解一些关于高铁的知识。高铁是高速铁路的简称，我国高速铁
路上运行的列车，使用的电力一般为 25kV、50Hz 交流电。相应地，高铁的高压电
力设备就会辐射出这个频率段的电场和磁场。

　　这里有一些关于中外高铁列车磁场辐射实测的例子。高铁上运行的列车有不
同的类型。一种是动力集中式，这种列车主要的电气设备和牵引电机集中在列车
一端或两端的机车上，与乘客车厢是分离的；另一种是动力分散式，动力系统分
布在多个车厢。国外很早就有关于这一方面的研究，其中有一个实验表明：动力
集中式列车的电磁辐射集中在机械间、司机室附近；乘客车厢的磁场辐射值一般
在 $30 \mu T$ 以下，在乘客坐着的高度，典型的辐射值小于 $5 \mu T$。动力分散式列车，
特别是早期型号，在车厢地板高度上的电抗器附近可以测到比较大的磁场辐射，
但乘客全身受到的辐射量仍然在安全范围内。

　　中国的情况如何呢？我们进行了相关文献的查询，想了解是否有关于这一方
面的研究。经过检索中文期刊，我们没有找到关于乘客车厢内的磁场辐射的相关
报道。但互联网上曾经流传一段视频，视频中有人用仪器在列车的车窗附近测量
了磁场辐射值，测到的值大约是 $10 \mu T$。遗憾的是视频只测量了车窗附近的磁场辐
射，也没有说明是在什么类型的高铁列车上进行的。而且该视频并非源自正式的
媒体报道，仅可作为参考。但仅从该视频中来看，这个实测的磁场强度值是在国
际非电离辐射防护委员会规定的限值（$100 \mu T$）以内的。

　　我国动车组电场辐射实测，在一篇 2012 年的中文论文中有相关数据。其测量
了动车中的电场辐射，发现对于 CRH2A 和 CRH5A 型动车组，在一等车厢、二等
车厢、车厢连接处、驾驶室等位置，电场辐射值分布在 0.011 ～ 0.021kV/m 的范围

内。这个值也远在国际非电离辐射防护委员会规定的限值以内。

其他频段辐射

除上述 50Hz 频段辐射之外，高铁也会产生其他频段的辐射。其产生原因很多，比如因为受高铁供电的电路与外部电路接触网接触不良而产生的辐射，以及电流在变压、变频等过程中相关元件产生的辐射等。这类辐射的频率范围较广，对于这类辐射有相应的研究，也有国家标准对其测量方法和数据处理方法做出了规定。

国内某大学有一篇论文对动车组列车车厢内的这类辐射进行了实测和分析，论文重点关注了 50Hz 频段以外的辐射。经过实测，这个频段的辐射在车厢内的辐射强度也仅仅只有国家规定限值的 1/10 左右。无论按哪一个值来看，上述研究中的测量值与安全标准相比都有较大距离。对这类辐射一般只考虑对电子设备的干扰，对人体的影响可以忽略不计。

高铁辐射 vs 微波炉辐射

流言中说"高铁电磁辐射超过微波炉的电磁辐射"，这个说法很容易引起误解。首先，这里与高铁的电磁辐射进行比较的显然不能是指微波炉内部产生的、用来加热食物的微波辐射。因为这二者频率不同，无法直接比较，另外，微波炉的微波辐射被金属炉身限制在其内部，并不会对外面的生物产生危害。如果要比，就应该与微波炉（以及其他家用电器）向外散发的低频辐射进行比较。以下是家中一些电器在 30 厘米距离上磁场辐射值的大小，可作为参考：

- 微波炉：$4 \sim 8 \mu T$
- 日光灯：$0.5 \sim 2 \mu T$
- 洗衣机：$0.15 \sim 3 \mu T$
- 电冰箱：$0.01 \sim 0.25 \mu T$
- 电视机：$0.04 \sim 2 \mu T$
- 电脑：小于 $0.01 \mu T$

前面说过，有研究测出车厢内的磁场辐射值在 $30 \mu T$ 以下，典型为 $5 \mu T$。可见高铁车厢的辐射相比于部分常见家用电器的辐射还是要高一些，但也仅仅是略高，且都在安全范围（$100 \mu T$）内。还要考虑到我们在火车上的时间一般只有几个小时，因此不必过于担心。

3 万元的防辐射玻璃不存在

流言里还提到有一种"半米价格就要 3 万元的防辐射玻璃"。不过经过网络搜索，我们并没有发现这种天价的玻璃在哪里有卖。

防辐射玻璃一般是指用在医院 X 光室或者核电站中掺入少量铅的玻璃。它可以吸收和阻挡 X 射线辐射和核辐射。这种玻璃防护的是电离辐射（可以破坏分子、对生物体造成伤害的辐射），而低频电磁辐射属于非电离辐射，与这类防护玻璃的功能风马牛不相及。也有的防辐射玻璃是指一些建筑使用的吸收阻挡热量辐射、让房间冬暖夏凉的玻璃。这些辐射指的都不是高铁上的这种低频电磁辐射。

即使这种用于防护低频电磁辐射的玻璃真的存在，对于高铁辐射也不会有多大用处。如前所述，车厢内部的电磁辐射主要来源于有动力的车厢底部的牵引电机，除非把这种"防辐射玻璃"铺在地板上，否则就跟车厢内辐射关系不大。事实上，车厢本身的金属外壳对于电磁辐射就有一定屏蔽作用，列车设计者会让车厢底部的金属板厚一些，以阻挡来自于牵引电机的辐射。

高铁辐射与不孕或流产的关系

那么到这里，我们就不禁要问了，高铁的辐射让乘务员不孕，到底有没有这回事？而且我们上面讨论的都是高铁辐射对一般人群的影响，对于长期在高铁上工作的乘务员们，高铁辐射会让她们"不孕"或"流产"吗？

首先来看动物实验。根据世界卫生组织的报告，科学家以往做过很多关于极低频电磁辐射对生物生殖系统影响的研究，比如在实验室里把怀孕的小白鼠连续几十天放到不同强度的极低频电磁辐射之下，观察小白鼠有没有出现流产、不孕、胎儿畸形一类的现象。大部分结果都发现，不仅在高铁车厢的辐射强度级别下（几 μT 到几十 μT），就算是一些实验中辐射强度达到数千数万 μT，是高铁辐射的很多倍，小白鼠也可以健康地生出后代，没有发现极低频电磁辐射可以导致生物不孕或者流产的"罪证"。

除了在小白鼠身上做实验以外，研究人员也调查过日常生活中接受不同电磁辐射的人群的怀孕和流产率是否有明显的不同，包括不同职业、不同生活习惯（如平时是否经常使用可以产生极低频电磁辐射的电热毯）的人群。研究结果不一，其中大多数研究没有发现接受电磁辐射相对较多的女性不孕和流产的比例明显增高，最严重的也只是"风险相比于普通人稍高一些"，比如有研究认为在 24 小时全天候接受最大为 3.51 μT 极低频电磁辐射的情况下，女性早产风险值是正常情况的 2 倍。不过此类调查也存在一些缺陷，比如有研究发现在电气设备附近工作的女性流产率稍高，但是无法排除到底是因为辐射，还是因为工作劳累或噪声等其他原因。综合这些研究结果来看，"乘务员不是不孕就是流产，集体辞职"的恐怖情况纯属危言耸听，是不会出现的。

真相是这样的 》

　　高铁作为电力驱动的交通工具的确会产生辐射，但是车厢中的辐射值仅仅相当于家中的那些家用电器而已，符合国际电磁辐射安全标准，目前没有证据证明对人体健康构成威胁。防辐射玻璃防的是电离辐射，与高铁的低频电磁辐射无关。高铁和其他电器产生的极低频电磁辐射与女性的不孕率和流产率之间的关联在研究中也并没有被明确证实。

电吹风是高辐射杀手，是真的吗？

　　网上传出这样一条消息：家用电吹风竟然是个高辐射的杀手！连续三次使用家用电吹风的辐射累积量等于去医院照一次 X 光的辐射量。而且电吹风主要是吹头发的，长时间近距离作用于头部，相比也经常在头部附近工作的手机，电吹风的杀伤力更大。

　　这听来实在可怕，如果这是真的，那么以后为了自己的健康着想，洗完澡都不敢用电吹风吹头发了。

　　那么，这种说法到底是真的吗？

剖析 》

了解一下电吹风

　　吹风机直接靠电动机驱动转子带动风叶旋转，当风叶旋转时，空气从进风口吸入，由此形成的离心气流再由风筒前嘴吹出。空气通过时，若装在风嘴中的发热支架上的发热丝已通电变热，则吹出的是热风；若选择开关不使发热丝通电发热，则吹出的是冷风。吹风机就是以此来实现烘干和整形目的的。

　　吹风机手柄上的选择开关一般分为三档，即关闭档、冷风档、热风档，并附有颜色为白、蓝、红的指示牌。有些吹风机的手柄上还装有电机调速开关，供选择风量的大小及热风温度高低时使用。各类吹风机的外壳后面或侧面，都设有可旋转的圆形调风罩，旋动该罩调节进风口的截面大小，就可以调节输送的风速及热风的温度。

按使用方式来分，有手持式和支座式吹风机。支座式吹风机可放在桌上或挂在墙上使用。按送风方式来分，有离心式吹风机和轴流式吹风机。按外壳所用材料来分，有金属型吹风机和塑料型吹风机。

所谓"辐射"

对于各种家用电器的辐射问题，首先要说的是几条基本的知识：只要电器两端连接上电路，就一定会有电场存在；只要电器中有电流流过，电流周围一定会有磁场存在；而电器中的电压和电流常常是变化的，变化的电场会产生磁场，变化的磁场也会产生电场。所以，家用电器无论大小，不管是电脑、电视、微波炉，还是手电筒，只要和电扯上了关系，使用时都会或多或少地向外辐射出电磁波。

电吹风作为其中的一员，自然也不例外。每次洗完头发后在享受暖风的时候，你可能不会想到，这件小小的电器每秒的耗电量其实是很大的，功率可以达到1000瓦。作为一件大功率的电器，相比于依靠一块小小的电池以毫瓦级别功率工作的手机，或者相比于工作时大门紧关来屏蔽辐射的微波炉，电吹风工作时辐射出的电磁强度超出这些"辐射重点嫌疑对象"并不出奇。

和拍 X 光片的不同

可是电吹风辐射出的电磁场强度大一些，并不能说明它对人体健康的危害也就大。各种辐射差别很大。

首先和 X 光比较。X 光是一种电离性的辐射，而家用电器发出的都是非电离性的辐射。打个比方来说，如果人体是一株植物的话，非电离辐射就好比是阳光晒多了点，植物顶多有点蔫，而电离辐射就好比是一把火，能把植物给烧焦了。X 光辐射类似于核辐射，可以造成人体内细胞的分子键断裂，有致癌的可能，绝对不能小视，运用中对剂量的控制非常重要。而非电离性的辐射却没有这般本领。衡量 X 光辐射强弱的单位是伦琴，表示身体单位质量上接受的电荷数，而衡量家用电器辐射强弱的通常是电磁场的强度。可以看出，电吹风的辐射量和拍 X 光片的辐射量之间无法换算，也就无从进行比较。说"连续三次使用家用电吹风的辐射累积量等于到医院照一次 X 光的辐射量"，是想当然的结论。

和手机、电脑、微波炉辐射的不同

再具体分下去，虽然电器发出的辐射都属于非电离性的辐射，也大都属于电磁波里的无线电波波段，但是不同电器辐射出的电磁场如果频率不同，还各有差异。对于电吹风来说，使用的是 50Hz 的交流电，相应的，电吹风周围产生的电磁波频率也是 50Hz 左右的。而手机发出的用于通信的电磁波频率是在 0.8GHz 到 2GHz 的范围内。"GHz"指的是波的变化的快慢。微波炉里的微波也大致是这一频率，而电脑 CPU 里电路的工作频率为几 GHz，辐射出的电磁场频率大致也在这一范围。单看数量大小，电吹风的辐射频率值要低好多。

频率的不同使得各种辐射对人体影响的机理是不一样的。射频的电磁场（也就是手机、微波炉、电脑机箱那一类的）被人体吸收后会转化为体内分子快速运动的能量，快速运动的分子之间产生摩擦而温度升高，微波炉正是利用这种热效应加热食物。但这种热效应相比于刚刚说的 X 光的电离效应，就是小巫见大巫了，需要电磁场能量比较大（比如微波炉内部的电磁场强度），才可以对人体真正造成威胁。但是对于这种热效应，科学界也不敢小视。在用微波炉加热食物时，有时会发现食物的内部已经热了，表面却还是凉的。如果电磁场以这样的方式影响人体内部的组织也是很可怕的，所以对于这一频段的电磁场制定了相应的强度标准，一般手机、电脑、微波炉周围的辐射强度都是远远低于安全标准的临界值的。

低频的电磁场（也就是像电吹风一类的）不会有射频的电磁场那种加热的作用，对人体健康可能的威胁主要在于：低频电场和低频磁场会在人体内产生，准确地说应该是感应出电流，电流如果足够大，可对神经和肌肉产生刺激。不过要产生这种刺激，电磁场本身的能量要足够大才可以。综合了各种因素，国际非电离辐射防护委员会制定了包含有射频电磁场和低频电磁场的各个不同频率的无线电波的最大安全值。

可以看出，不同频率的电磁场对人产生危害所需的强度是有很大不同的。电吹风所在的频率与手机、微波炉所在的频率就相差巨大，直接拿电吹风的辐射值和手机比较过于简单了。由于相关知识的缺乏，报道中会出现这样的言辞："据某环境辐射研究监测中心一项数据显示，一台普通家用1000W电吹风，辐射值竟达350毫高斯（等于35μT）。"而事实上，35μT还远低于安全的最大磁感应强度，实在不需要惊慌。

真相是这样的 >>

虽然电吹风的工作功率比较大，可以辐射出比较强的电磁场，但是电吹风的辐射属于低频率的电磁场，会对人体产生危害的强度并不大。把电吹风说成是高辐射的杀手，更多的是危言耸听。

盆栽能防电脑辐射，是真的吗?

很多卖盆栽的商贩都会给顾客这样的宣传：盆栽能净化空气、防电脑辐射、吸收甲醛、增强身体免疫力……如今，这些打着功能标签的盆栽植物在市场和网店卖得越来越火，很多上班族都会在办公室的电脑旁摆上一盆。盆栽植物真的能防电脑辐射？

剖析 >>

商家的宣传

市场上出售的盆栽植物种类繁多，不少摊主都给植物贴上了"防电脑辐射"的标签。

"这叫金钱莲，也叫旱金莲，是我们进的新品种，这种植物吸尘、吸毒，能净化空气，摆在家里能招财，摆在电脑边能防辐射，特别好养。而且，我这儿卖的植物都能防电脑辐射。"一摊位的老板正在向前来选购植物的市民介绍着。当面对质疑时，这位老板语气肯定地说："当然能防辐射了，不信你到网上查查，现在这些防辐射植物卖得可好了。"

市民小罗在老板的极力推荐下买了两盆小仙人球，小罗告诉记者："我是一名打字员，每天上班都要面对电脑，下班回家会上网看看电视剧。都说电脑辐射对人体有害，我也在网上查过，说仙人球的防辐射作用很好，今天买了两盆，一共才 20 元，办公室、家里各放一盆，不仅能防辐射，工作间隙看看绿色，还能缓解眼疲劳，心情也好。"

让我们再看看网上的销售情况：淘宝网输入"防辐射植物"几个字进行搜索，结果显示有 42790 件盆栽植物供消费者选择，价格从 0.05 元至 60015 元不等。有一些网店里盆栽仙人球的月销量高达 579 盆。网店销售员说："这款盆栽仙人球卖得特别好，易种植，而且能吸收电脑辐射，好多顾客都是一次买好几盆。现在我们搞促销，原价 15.8 元，现价 13.78 元。"

看来不论是网店还是实体市场，各种"防辐射植物"都卖得热火朝天。那么我们不禁要问了，打着防辐射旗号的各种盆栽防护的效果到底怎么样？

专家的分析

专家认为，盆栽植物防电脑辐射其实是噱头大过实效，仙人球、芦荟等植物确实能吸收阳光中的紫外线，但不能吸收电脑辐射。虽然盆栽植物对辐射有一定的减弱作用，但这种减弱作用是因为电磁波不能穿过叶子、球茎等物体，所以必须把这些植物遮挡在辐射源正前方，才可以阻挡辐射，但如果把植物挡在电脑屏幕正前方，人就看不到屏幕了，这种遮挡方式并不实用。同时，电脑虽然确实有辐射，但辐射是否对人体有害，至今尚未定论，而且也没有研究表明哪种植物能防电脑辐射，很多盆栽植物的功效都是商家制造出来的噱头，一般植物主要还是起净化空气的作用。

专家提醒，并不是所有盆栽植物都适合放在室内。有些盆栽植物像变叶木、曼陀罗、红凤仙花等的汁液含有对人体有害成分，而百合、夜来香、茉莉花等香气浓郁的植物不仅不能净化空气，散发出的香气还会对人体产生刺激，长期接触会引起过敏体质人群的不适，消费者在购买时要谨慎。

电脑辐射的预防

如何使电脑辐射对人体的危害降到最低呢？

1. 避免长时间连续操作电脑，注意中间休息。要保持一个最适当的姿势，

眼睛与屏幕的距离应在 40 ～ 50 厘米，使双眼平视或轻度向下注视荧光屏。

2.室内要保持良好的工作环境，如舒适的温度、清洁的空气、合适的阴离子浓度和臭氧浓度等。

3.电脑室内光线要适宜，不可过亮或过暗，避免光线直接照射在荧光屏上而产生干扰光线。工作室要保持通风干爽。

4.电脑的荧光屏上要使用滤色镜，以减轻视疲劳。最好使用玻璃或高质量的塑料滤光器。

5.安装防护装置，削弱电磁辐射的强度。

6.注意保持皮肤清洁。电脑荧光屏表面存在着大量静电，其集聚的灰尘可转射到脸部和手部皮肤裸露处，时间久了，易发生斑疹、色素沉着，严重者甚至会引起皮肤病变。

7.注意补充营养。电脑操作者在荧光屏前工作时间过长，视网膜上的视紫红质会被消耗掉，而视紫红质主要由维生素 A 合成。因此，电脑操作者应多吃些胡萝卜、白菜、豆芽、豆腐、红枣、橘子以及牛奶、鸡蛋、动物肝脏、瘦肉等食物，以补充人体内的维生素 A 和蛋白质。也可多饮些茶，茶叶中的茶多酚等活性物质有利于吸收与抵抗放射性物质。

真相是这样的 »

植物能吸收电脑辐射基本都属于广告宣传，其噱头大过实际功效。要想减少电脑辐射对身体的影响，要从别的方面来采取行动，靠一两盆绿植来实现不靠谱。

U 盘 "缩水" 都是骗子行径吗?

某网站曝出了这样一则新闻：北京市消费者协会对市面销售的 30 种 USB 闪存盘产品进行了比较试验，结果表明，所有 U 盘内存容量均 "缩水"，也就是实际容量和标称容量不符，比如标称 8GB，在电脑上显示只有 7.44GB，仅为标称值的 93%。

网上更有好多人抱怨买到假 U 盘。他们称一些不法厂家将原本只有 4G 的芯片刷成 6G，而且用着用着就会出现一系列的问题，比如乱码什么的。

那么，所有 "缩水" 的 U 盘都是骗人的吗?

剖析 》

进制问题

U 盘包装上写明的容量与电脑显示出的容量值不相符，是否一定说明 U 盘制造商偷工减料，弄虚作假，欺骗消费者了呢？其实问题出在对于 1GB 这个单位有多大，业界存在两种不同的理解方式。

我们从国际通用的计量单位开始讲起。1 毫米、1 厘米、1 米、1 千米这样的描述，大家一定都很熟悉，它们之间的换算或者 10 倍，或者 100 倍，或者 1000 倍，都是十的倍数，也就是十进制。如果用数字表示一百万米或者十亿米，一般人直接写成 1000000 米或 1000000000 米，但同时还有另外一种表示方法 1M 米 /1G 米，分别表示一百万米和十亿米。

在国际单位制里，1k 表示 1000，1M 表示 1000k，也就是 10^6，1G 表示 1000M，也就是 10^9。生活中使用 M、G 比较明显的例子是无线电波的频率，比如微波炉电磁波频率是 2.45GHz 等。但是用 G 和 M 表示信息容量大小的时候，就出现了小小争议。在电脑里，无论多炫的画面，多复杂的功能，多给力的软件，无论储存在硬盘、光碟还是 U 盘上，到最后都是分解成一大堆按顺序排列的数字 0 和数字 1 来储存，因为机器是不懂人类的语言的，它们只懂得二进制的语言，换句话说，这是个二进制的世界，其中单个 0 或者单个 1 称为一个 bit，通常把 8 个 bit 合在一起，比如 10011011，称为一个 Byte。

U 盘容量指的就是这个 U 盘可以储存多少个 Byte。如果 1MB 就是 1000000Byte，1GB 就是 10^9Byte，就什么问题也不会有了。但是在电脑世界里，2Byte、4Byte、8Byte、16Byte……1024Byte 这样以 2 的次方数为"批量"处理 Byte 会方便一些，更整齐一些，于是就有了另一种定义，1GB=1024MB，1MB=1024KB，1kB=1024Byte，这样算来，1GB 不是 1000000000Bytes 而是 1024×1024×1024=1073741824Bytes。

1000 和 1024 这两种换算方法各有各的道理，前者是遵循国际单位制，与其他单位接轨，后者则对于计算机的运算更方便一些。为了避免混乱标注现象的延续，国际电工协会（IEC）在 1999 年拟定了"KiB""MiB""GiB"等一批新的二进制单位，专用来标示"1024 进位"的数据大小。而后，这一标注规范又于 2008 年并入国际标准化组织（ISO）文件，成为国际通行的标准——至此，GB 与 GiB 的分野才开始明晰。

由于计算机行业的迅速发展，标准的设立又较为滞后，大量已存的误标未被及时修改，成为了历史遗留问题。目前的硬件制造商包括 U 盘制造商使用的都是国际单位制的 GB 单位（以 1000 换算的）来标示容量，我们熟悉的 Windows 系统，也依旧以"GB"字样来表示"GiB"单位（1024 换算的）。苹果电脑的 OSX 系统也曾存在这一问题，不过新的版本已经将容量单位修正为名副其实的国际单位制"GB"。

同一个硬盘在 MacOSX10.5 操作系统里和 MacOSX10.6 系统里显示的"大小"却不相同，原因正是 10.5 系统使用了 GiB 单位，10.6 系统使用了 GB 单位。同一个硬盘在 MacOSX10.5 操作系统里和 MacOSX10.6 系统里显示的"容量"，因为单位标准不同，数值也不相同。

同样道理，1 个 8G 的 U 盘（GB 单位），如果没有造假，在 windows 系统里显示的大小会是 8000000000/1073741824=7.45GiB，也就是在"我的电脑"里显示是"7.45GB"。

这个显示容量只是标称容量 93% 的 U 盘其实是正常现象，并没有缩水。这项调查忽视了硬件制造商和电脑操作系统之间使用的单位换算差异问题，误将正常的数值差异当成了 U 盘缩水。

有时是真的被骗了

还有另外一种是真有问题的 U 盘，叫作"扩容盘""升级盘"。是指不法厂商使用一种量产工具的软件，改变 U 盘上的主控信息，将 U 盘容量标注到远大于其实际容量，以欺诈消费者的手段牟取暴利。当 U 盘的实际容量小于或等于其标称的 90% 时，即被认定为存在质量问题的缩水 U 盘。缩水 U 盘通常会出现以下问题：

1. 实际容量远小于标注容量，如 2GB 的 U 盘可能是 512MB，但是 U 盘属性里看不出来。

2. 在使用过程中，不仅复制速度超慢，而且会很快出现"内存不够"的提示。

3. 复制到缩水盘中的文件，超过实际容量的部分，无法被正常读取及使用。

4. 会给消费者带来一系列丢失数据、数据损坏无法读取导致工作延误等麻烦。

购买 U 盘须知

那么到底如何选择 U 盘呢？我们就来讲一下购买 U 盘的注意事项：一分钱一分货，不要购买明显低于市场价格的 U 盘；购买后现场开封，存储和打开一个大小超过 U 盘标注容量一半的大文件检测一下，尤其是影音文件；选择可靠、有信誉的商家和正规渠道购买 U 盘，并索取发票，避免在流动商贩、二手电子市场、小淘宝商家处购买；尽量挑选有质量保证的大品牌 U 盘，比较好用的 U 盘品牌如方正、朗科、金士顿、PNY、爱国者、索尼、明基、纽曼、神州数码、东芝等；目前杂牌不法厂商的伪装性极强，不仅有官网验证、防伪编码，还配备 800 电话，且像金士顿、清华紫光、索尼等知名品牌也深陷假冒、仿制的漩涡，买此类品牌应尽量选择正规实体店购买，并保留保修单、发票等，便于享受厂商提供的维修与质保服务。

真相是这样的 >>

正常情况下买到的 U 盘比标定的储存量略小是正常的，一般都在标定储存量的 94% 左右，比如买到一个 8G 的 U 盘，可能插到电脑上显示只有 7.44G，这是正常的，是因为电脑和 U 盘的进制不相同导致的。但是，也有可能买到一个标定 8G 的 U 盘，内存量却只有 2 ~ 3G 甚至只有几百兆，这是由于不法厂商故意将小容量的 U 盘标注上大的容量来欺骗消费者，这种情况属商家欺骗行为。

信用卡透支，真的那么轻松吗？

当今社会，对普通人来说，用信用卡消费还真是挺方便的。尤其是可以透支，更让人觉得钱好像可以随便花似的，有许多年轻人于是盲目超前消费。但银行的钱真的那么好花吗？

剖析 >>

案例解析

严先生在2006年申办了一张信用卡，这种消费模式给他带来很多便利，在之后几年里，他办理的信用卡越来越多。那张最初办理的信用卡，他慢慢地就不再使用了。但在严先生已经淡忘这张卡时，却意外收到一张来自法院的传票，通知他出庭应诉。严先生起初觉得莫名其妙，仔细回忆，才想起当初办理的那张信用卡曾透支了846元，但日子久了忘记了。时隔几年，当年的透支本金已经产生了5400元的利息，加上465元的滞纳金、21元的超限费，以及其他费用，共计6932元。

算算这笔账

那么，严先生欠银行近6000元的利息和滞纳金是怎么算出来的呢？

对此，中国农业银行信用卡服务中心解释说，信用卡利息并非一年万分之五，而是按一天万分之五收取的。该客服人员说，信用卡透支消费有一个免息期，只要在一定日期内还上欠款，就不会计收利息，但免息期只针对到期全额还款的持卡人。持卡人若到期未能全额还款，就不能享受免息，还应向银行支付透支利息。

据了解，银行透支利息的计算方法有两种，一种为全额计息，一种为按未偿还部分计息。

全额计息是指持卡人在还款到期日未能还清全部欠款，就要对全部消费金额进行计息，也就是从消费之日起到还清全款日为止，按每日万分之五计算循环利息。

法院法官表示，目前各家银行均是按照《信用卡管理办法》对透支持卡人收取每日万分之五的利息，消费过了免息期或通过ATM机透支取款，银行就会收取利息并按期结算收取复利。

为此，法官建议，持卡人一方面要量力而为，理性消费，同时要对银行规定的还款期限和计算方法有准确的认识，避免造成不良记录和产生不必要的损失。

专家谈"顽疾"

日益普及的信用卡在带给人们诸多便利的同时，由"全额罚息"带来的质疑声也日益增长。

目前，信用卡全额罚款政策已开始松动。

银行信用卡"全额罚息"行为，于情、于理、于法都应该叫停。信用卡部分欠款却要按照全额来罚息，这种做法显失公平，违背了商事公平交易的原则。从法理上讲，"全额罚息"应属于法律所指的显失公平之条款，应是可撤销或不受法律保护的。

消费者在使用信用卡透支消费时，跟银行之间其实就是一个合同关系，消费者只要为自己未偿还金额承担相应的违约责任即可，而不是整个消费额度。银行这样的做法，显然不符合合同双方权利义务相对等的基本法理。

怎样避免全额罚息

如果持卡人因各种客观原因导致错过了最后还款日，这种情况下该怎么办？以下一些办法可以避免全额罚息：

一、要牢记"还款日"。银行信用卡都有个"记账日"和"还款日"，"记账日"是指刷卡消费的入账日期，"还款日"则是指刷卡金额的最后还款期限。

二、归还最低还款额可免"滞纳金"。还款日截止，持卡人没还够最低还款额时，银行除按照规定计收利息外，还要对最低还款额未还够部分按月收取5%的滞纳金且无上限，所以即使无法全额还款，也最好能够缴纳"最低还款额"。

三、绑定银行卡自动扣款最省事，到了设定好的时间后，银行会自动进行划转，十分方便。

四、开通短信通知功能，可有效避免持卡人遗忘。

真相是这样的 >>

信用卡透支 864 元，六年后需还款 6932 元的现象是存在的，所以千万不要认为可以透支就是可以随便花银行的钱。持卡人一定要注意自己信用卡上的欠款额，及时还清。如果申办的信用卡不再使用了或者丢失，一定要及时到开户行销户或者挂失补办，避免不必要的费用产生，使自己的个人征信受影响，甚至被银行告上法庭。

汽车遥控钥匙真的万无一失吗？

现代有车一族越来越多，而汽车遥控钥匙的功能也越来越方便和先进，让人尽享高科技之利。但汽车遥控钥匙真的万无一失吗？

剖析 >>

汽车遥控钥匙原理

汽车遥控钥匙是常见的无钥匙进入系统，也称智能钥匙系统，是由发射器、遥控中央锁控制模块、驾驶授权系统控制模块三个接收器及相关线束组成的控制系统。

这种智能钥匙能发射出红外线信号，既可打开一个或两个车门、行李箱和燃油加注孔盖，也可以操纵汽车的车窗和天窗，更先进的智能钥匙则像一张信用卡，当司机触到门把手时，中央锁控制系统便开始工作，并发射一种无线查询信号，智能钥匙卡做出正确反应后，车锁便自动打开。只有当中央处理器感知钥匙卡在汽车内时，发动机才会启动。

这种系统采用无线射频识别技术，通常情况下，当车主走近车辆大约 1 米以内距离时，门锁就会自动打开并解除防盗；当离开车辆时，门锁会自动锁上并进入防盗状态。当车主进入车内时，车内检测系统会马上识别智能卡，这时只需轻轻按动启动按钮（或旋钮），就可以正常启动车辆，整个过程，车钥匙无须拿出。

当车主靠近汽车时，驾驶员将口袋里的钥匙靠近汽车时，钥匙和汽车便开始通过无线电交换已设定好的指令信息。随即汽车的关闭系统和安全系统以及发动机的控制系统全部被激活。打开车门时，只要驾驶员一碰触车门把手，传感器就会探测到这一压力，同时发动机便会打开车门门锁，转向灯闪两次。接着座椅、

转向盘和外后视镜便会自动调整到合适于车主的位置。启动前，驾驶员踩下制动踏板，转向盘锁会被随即打开，同时启动按钮也会被释放，最后主制动器自动松开。下车时，驾驶员必须按下锁车钮，如果转向灯闪一次则表示车门已安全上锁。汽车上锁的同时，钥匙和汽车就会重新约定好一个新的指令信息。

遥控钥匙的缺陷

　　汽车遥控钥匙的确给广大车主带来了很大方便，让人们的生活越来越智能化。但是这么方便的东西仍有缺陷。

　　高高兴兴去看电影，看完后却发现自己爱车内的财物不翼而飞，而车窗却未曾受损，这是怎么回事？近日，在不少汽车论坛中，车主发帖提醒广大车友注意，最近一段时间有不法分子频频利用汽车"干扰器"偷盗车内财物。许多车友回帖表示，"这种无伤痕盗窃方法真的很可怕"！通过实测，从几万元到数十万元、上百万元的车型都未能逃脱干扰器的魔掌。难道这"干扰器"真这么厉害？是怎么工作的？我们如何来预防？

　　想了解汽车遥控信号干扰器是如何工作的，我们要先知道汽车遥控器的工作原理。汽车遥控器系统主要由遥控无线发射器、无线接收器、防盗主机及各种传感器组成，当主机收到遥控器信号时，就对其内容进行解码，并通过主机的控制系统

遥控信号干扰器

对车辆进行操作。主机与遥控器之所以能通信，首先是它们的频率一致。就像我们听广播，要调对频道才能收到相应的节目。

听过老式旋钮收音机的朋友应该都知道，当我们选台时，经常会在变换频段时出现"串台"或"重台"的现象。这在无线电专业里称为"同频干扰"，也就是两个频率重复了。而继续转动旋钮，就会使一个频道声音变强，另一个变弱。这就是同频干扰里的另一个原则：功率大的会覆盖功率小的。好比两个人同时对你说话，声音大的就会覆盖声音小的，你听到的就是大声的说话内容。由于无线电的频率资源是有限的，并受到国家严格控制，所以分配给"汽车遥控及防盗系统"的频率固定在 314 ~ 315MHz 及 433 ~ 434MHz，除此之外的频段不可以使用，否则就是违反了各有关法律法规。

这就给"汽车干扰器"留下了可乘之机。干扰器所发出的频率覆盖范围很广，功率又大于汽车遥控器本身，所以干扰器的信号会将汽车遥控器信号覆盖，导致汽车遥控器失灵。

那么这种干扰器是如何被小偷得到的呢？令我们感到担忧的是，这种干扰器现在越来越多样，在网上很容易买到，而且还在不断升级，没有被严格管制。

据了解，现在网上出售的干扰器就是发送电磁波干扰车主用钥匙发出的遥控信号，使车门不能正常落锁，其中电磁波主要分单频和双频两种。单频的能开50% 的车，双频的能开 95% 的车。记者了解到，最便宜的单频干扰器价格在 500 元左右，20 米内就可以起作用。而一些更昂贵的干扰器，宣称百米之内都能用。

面对威胁我们能做什么？

提醒一些'马大哈'的车主们，下车的时候要看看周围有没有可疑的人，车里不是保险箱，不要把贵重的物品放里面。最好直接用钥匙去锁。面对看似神奇的汽车干扰器，多名业内人士指出："破解那玩意其实很简单，拉一下车门就行了。"他们说，很多车主下车后，都是走出几步，再回头按一下钥匙。"看着挺酷的，其实一点都不安全。"他们说，干扰器只能让车主锁不上车，如果车主能拉一下车门确认一下，就能发现有没有锁上车。

真相是这样的 >>

智能遥控钥匙存在缺陷，汽车干扰器确实能让遥控钥匙失灵，造成很多车主以为已经落锁了，而实际上车根本就没有上锁，从而给不法分子以可乘之机。所以提醒广大车主，在锁汽车车门时，尽量使用钥匙手动锁，即使是用遥控钥匙上锁，最好再拉一下车门确认一下，以防万一。

第六章　这些高冷传言，是真的吗？

鱼的记忆只有 7 秒，是真的吗？

有人好奇，属于大江大河的鱼儿生活在那么小的鱼缸里，游过来游过去，不会觉得无聊吗？于是便有了一条在网络上疯传的说法："鱼的记忆只有 7 秒，7 秒之后鱼就不会记得曾经的事情了，所有的一切又都会变成崭新的开始。所以，在那一方小小的鱼缸里面，它永远不会觉得无聊。"

这听起来似乎是个美好的童话，也真的有很多人把它当成科学事实，因为他们觉得鱼儿看起来总是那么呆呆傻傻的，不如猫、狗等动物能与人互动，好像只生活在自己的世界里。

那么，这是真的吗？

剖析 »

实验论证 "7 秒钟记忆" 之说

如果 "鱼的记忆有 7 秒" 的说法是真的，那么接下来问题就出现了：记忆能力可以被精确到秒吗？如果鱼的平均记忆有 7 秒，那么一些比较笨的鱼的记忆岂不是只有二三秒？二三秒的时间，一次咀嚼和吞咽可能都无法完成，那鱼会不会总是忘记含在嘴里的食物是什么？

关于鱼的记忆，早在 20 世纪 60 年代化学刚刚介入神经生物学的时候，就已经有人开始研究了。

1965 年，美国密歇根大学的研究人员用金鱼做了一个实验。他们把金鱼放在一个很长的鱼缸里，然后在鱼缸的一端射出一道亮光，20 秒后，再在鱼缸射出亮光的一端释放电击。

很快，金鱼就对电击形成了记忆，当它们再次看到光的时候，不等电击释放到水里就会迅速游到鱼缸的另一头，以躲避电击。实验结果让研究人员们发现，只要进行合理的训练，这些金鱼可以在长达 1 个月的时间里一直记住躲避电击的技巧。

这个实验的对象是金鱼，研究人员们对另外一种叫作天堂鱼的观赏鱼，也做了类似的实验。他们将金鱼和天堂鱼放在同一个水池中，当天堂鱼在水池中遇到陌生的金鱼时，会好奇地游来游去，打量着这位新来的朋友，直到失去兴趣为止。奇妙的是，当天堂鱼和金鱼第二次在水池中相遇的时候，它们会很快发现对方是

老熟人而失去探索的兴趣。这个实验的结果又证明，鱼的记忆力能够保持至少3个月的时间。

接下来，研究人员又对生物学研究上的模式生物斑马鱼进行了实验——据说斑马鱼是一种相当聪明的动物，可以完成各种各样的任务。在实验过程中，他们在每次喂食之前，都会给斑马鱼一个红光作为进食信号，如此反复。训练中止10天以后，当斑马鱼再次进食时，它仍然记得红灯信号，表现出准备马上进食的反应。研究人员还发现，斑马鱼还可以很快学会如何走迷宫，根据声音信号寻找食物，记住捕食者的形状，根据提示躲避电击。

研究人员还发现，斑马鱼和人类的记忆特点有相似之处，比如过大的压力会让它们记不住东西，注意力分散也会降低学习效率，记忆能力也会随着衰老而逐渐减退，等等。

长期记忆也有可能

基于以上实验的研究，科学家们又提出"鱼类会不会有更加强大的记忆能力"的课题，例如会不会把一件事记上好几年？但是关于这方面的学术研究非常有限，因为很多种类的鱼甚至活不了那么长的时间，而且一个实验坚持数年，对大部分研究人员来说也不是一件易事。不过，也有一些并不正式的观察结果显示，某些鱼类确实可能有长时间的记忆。

一位叫作埃里克森的心理学教授曾经注意到，他的邻居在喂鱼前总要摇晃装鱼食的罐子，而池塘中的鱼在听到鱼食在罐中晃动的声音以后，就会从四面八方聚拢，准备进食。

受到这个现象的启发，埃里克森决定做一个相当简单的实验。他在自家的鱼池里养了一些鲶鱼，每次喂鱼的时候埃里克森都要高呼几声"Fish（鱼）！ Fish"。经过了一段时间的训练，每当埃里克森喊话的时候，总会有19条鲶鱼游到他的身边。然后，埃里克森中止了一年时间，到第二年夏天的时候，埃里克森又重复了一遍这一实验，这一次，他惊奇地发现一共有16条鱼依然听从他的口令。

5年之后埃里克森再次想试试自己养的鲶鱼还有没有保存着之前的记忆，于是，他再一次来到池塘旁边，喊了几声"Fish！ Fish"。令人他吃惊的是，他还没有来得及把鱼食投到水里，已经有9条鱼游了过来。而第二天，接受他召唤的鲶鱼的数量增加到了13条。埃里克森的这一实验，也成为科学家们研究鱼类记忆能力的参考实例。

此外，在一本由哥伦比亚大学鱼类学家撰写的名为《鱼类认知和行为》的书中也曾描述过这样一个实验：研究人员在金鱼饲养池里放入了两种不同颜色的管子，只有当金鱼选择了正确的颜色后，才能获得食物。在训练了一段时间以后，带有颜色的管子被取出。一年之后，当研究人员再一次把管子放入池中的时候，金鱼立刻选择了带有可以取得食物颜色的管子。

还有一些研究表明，著名的洄游鱼类鲑鱼之所以能够在成年以后返回自己的出生地，是因为它们对自己幼年的生活环境的气味形成了记忆。

以上的实验都可以说明，鱼类很可能存在一年甚至数年的长期记忆。这对最多只有几年寿命的鱼来说已经是相当持久的记忆能力了。

科学解答鱼的记忆

如同人对大脑的探索永无止境一般，关于鱼类的记忆能力这个问题也是一个相当复杂的研究，很多研究也只是初步揭示了某些可能的原因。

科学家们以斑马鱼为研究对象，发现如果给幼年的斑马鱼闻苯乙醇的芳香气味，这些斑马鱼直到成年都能记住这种味道，并发现暴露在苯乙醇之下的幼年斑马鱼的嗅上皮细胞中有一个叫作 otx2 的基因的表达量明显增加了，而且这个基因即使在斑马鱼发育到成年以后，仍然保持在很高的水平。

真相是这样的 》

不仅在中国，在世界上很多国家关于"鱼的记忆只有 7 秒"的说法也流传甚广。根据悉尼大学专家的考证，这种说法其实来自一则广告。

但是由于历史过于久远，导致准确的来源已经很难找到，且早期的动物学家在测试鱼类记忆能力的时候，采用了过于复杂的方法，这些测试任务更适合对人类进行智力测试，对鱼类来说显然太困难了，所以关于鱼类记忆能力的实验留下了比较糟糕的记录。因此，才会产生"鱼只有 7 秒记忆"的流言。

事实上，鱼类作为脊椎动物中较早出现的物种，有着相当独特的进化地位，所以，有很多科学研究是关于鱼类记忆的。虽然作为实验材料的鱼的种类并不相同，实验方法和具体的目的也不一样，但几乎所有关于鱼类记忆的研究都表明，鱼的记忆远不止 7 秒。"鱼的记忆只有 7 秒，永远不会觉得无聊"的说法尽管美丽，但只能是个传言。

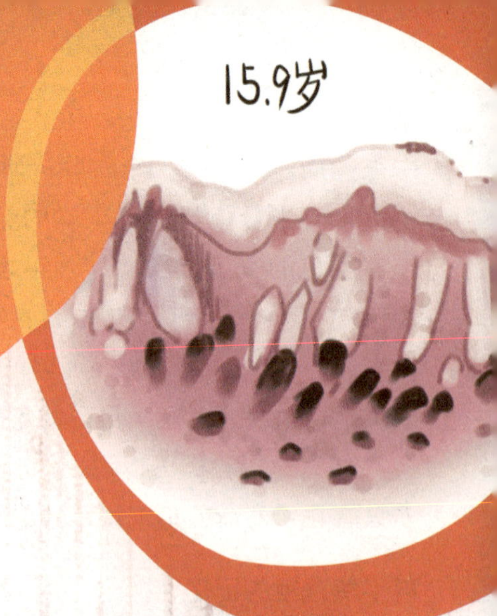

15.9岁

5天

7年间全身的细胞会被全部换掉，是真的吗？

"七年之痒"是个舶来词，源于美国性感女星玛丽莲·梦露主演的一部电影，英文名称是《The Seven Year Itch》，随着电影的卖座，"七年之痒"成了外遇的代名词。因此，无论未婚的还是已婚的女性，谈到"七年之痒"都有些色变。微博上之前流传着一个段子，这样来解释爱情婚姻中的"七年之痒"：人体的细胞会新陈代谢，随着旧细胞的死去，新细胞华丽诞生。由于不同细胞代谢的时间和间隔的不同，将一身细胞全部换掉，需要7年。这一说法也被理解成，在生理上我们每7年就是另外一个人——你虽然还是你，但你其实已不是你了。

每7年间，人体细胞会被全部换掉，这是真的吗？

剖析 》

细胞的寿命有多长？

在具体分析问题之前，我们似乎很有必要先知道，怎样才能得知一个细胞的寿命呢？

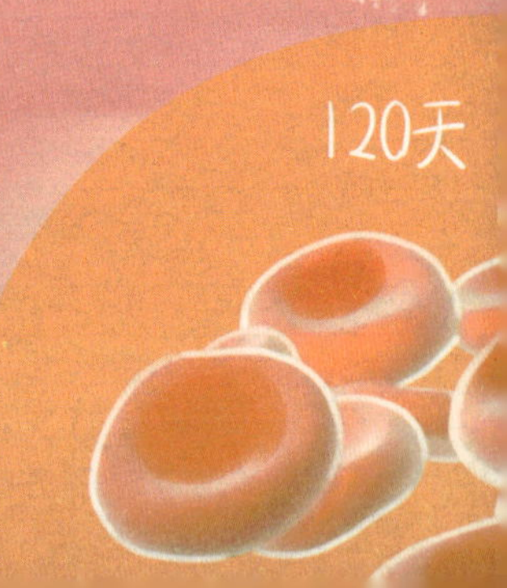

120天

与人同龄

15.1岁

大概是从考古学中获得了灵感，瑞典罗林斯卡研究中心的一位神经生物学家发明了用碳14为细胞标记年龄的方法。碳14是碳的一种放射性同位素，在大气中的含量是比较稳定的，来自宇宙射线对大气层的冲击，半衰期为5730年。自从20世纪50年代中期到60年代早期，人类在地面上进行了多次核试验之后，额外产生的放射线使得大气中碳14的浓度显著升高。1963年，在一纸禁令后，地面上便再无这种能够产生大量碳14的来源了，并且随着扩散和与大洋水体的交换，大气中的碳14含量呈快速下降趋势。对单个细胞来说，从诞生之日起，DNA就几乎不再发生物质交换，其中所含的碳14也就处于一个相对稳定的水平（碳14的自然衰变在几十年的尺度上微乎其微），等于当时的大气碳14浓度。因此，我们先测定生物体细胞DNA的碳14含量，再与大气的碳14浓度变化曲线相对应，就能够推出该细胞诞生的时间。

有了碳14这件标记工具后，弗里斯恩教授便开始着手分析人体内一些细胞的年龄。由于样本有限，他与团队成员只能暂时专注于部分区域的人体细胞。通过分析，他们发现成年人的肠道细胞平均年龄约为10.7±3.6岁。不过先前的一些研

300-500天

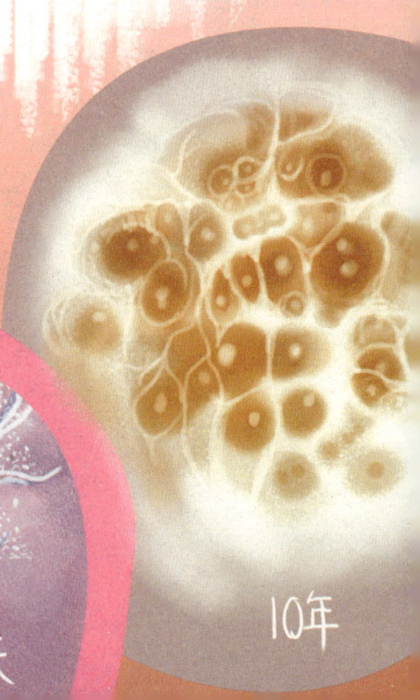

10年

究表明，由于身处环境的恶劣，肠道表皮细胞只有 5 天的寿命。当弗里斯恩教授去除这些生命短暂的表皮细胞后，肠道细胞的平均年龄约为 15.9 岁。此外，他们还发现人体的骨骼肌平均年龄约为 15.1 岁。

弗里斯恩教授开展这项研究的主要目的在于研究大脑皮层的神经元细胞是否会再生。最后的研究显示，枕叶皮质的神经元细胞年龄与人的年龄相同，但因为神经胶质细胞还有更新，所以测得的平均年龄比人的年龄低几岁。枕叶皮质被认为是哺乳动物大脑皮层中最容易出现细胞再生的区域，因此研究者认为这项研究提示我们大脑皮层的几乎所有神经元细胞应该在出生后不久就已经存在了，除了在损伤情况下或是个别区域，之后不再有新细胞诞生。

"特修斯之船"

弗里斯恩教授研究的细胞种类，仅仅只是人体细胞中很小的一部分，而拥有较高替换率的细胞确实不在少数。我们如果把不同种类的细胞综合起来看，整个人体内细胞的平均寿命为 7 ~ 10 岁。如，除了之前提到的肠道表皮细胞外，红细胞平均只有 120 天可活。肝脏细胞寿命稍长一点，有 300 ~ 500 天的寿命，人体骨架一直以来被很多人认为是终身不变的，其实约 10 年也会重新更换一次。

但以此来判断伴侣间的"七年之痒"，显然是极其不靠谱的。我们可以确定的是，就目前的知识范围内来看，除了少数能够更新的嗅球或海马体神经元外，作为人类情感基础的神经元细胞及其他一些神经元细胞是几乎要陪伴人一生的。退一步讲，即便男女之间真的出现了"七年之痒"，而不得不用仅限于细胞生物学的知识去解读，那也应将其归咎于这些神经元对人类行为的影响发生了改变，而非斥之于莫须有的神经细胞新陈代谢。此外，男女之间感情出现问题往往不单是细胞层面的问题，更重要的是人所接受的教育、身处的环境、曾经的经历、处理问题的方式等。我们若想要弄明白"七年之痒"的原因，或许更需要通过心理层面去找找原因。

在这里我们联想到了"特修斯之船"的问题，一艘船在海上长途跋涉，总免不了有所损坏，船上的能工巧匠定期更换船的一部分以维持船的正常航行。几年后，整艘船的各个零件都被更换了一遍，那么这艘船还是原来出发时的那艘船吗？如果是，若将废弃的零件收集起来重新拼成一艘船，这两艘船和原来出发时的船是什么关系呢？如果不是，那么这艘船又是在什么时候变得和原来不一样的呢？正如人体全身的细胞都有一个替换的年限，在生理上我们难道真的会变成一个"新"人了吗？

真相是这样的 »

谣言粉碎。用"7年时间一身的细胞全部换掉"来解释"七年之痒"的说法过于牵强附会。人体的细胞确实有新旧更替，一些短命的肠道上皮细胞平均年龄只有可怜的 5 天，而小脑的灰质细胞则几乎可以陪伴人的一生。虽然将不同的细胞综合在一起计算，平均的细胞年龄是 7 ~ 10 年，不过恐怕没有人会因为肠道细胞或者肝脏细胞的新陈代谢而认为自己变成了另一个人吧。至于所谓的七年之痒，更是和细胞的寿命没有关系。

激光手术矫正近视是医学界的一个惊天"阴谋"吗？

全世界近视发生率非常高，有强烈摘掉眼镜意愿的人不在少数。激光手术矫正近视给有这样意愿的人提供了一种选择。不过，关于"近视手术致盲"、"近视手术是骗局"的传闻一直以来都存在。

传闻说施行了激光手术矫正近视后所产生的圆锥角膜目前在医学上被认为是绝症，最后只能用角膜移植来解决问题！在许多医院的眼科中心，为什么仍有那么多医生戴着眼镜？为什么放着那么好的手术不做？可见近视手术是医学界最大的阴谋！

这是真的吗？

剖析 »

激光手术的种类

激光手术治疗近视在中国已经出现了十多年时间，普通人对它并不陌生，那么激光手术采用的到底是什么方法，对患有近视的人治愈率又是怎样的呢？

激光手术矫正近视就是人们通常说的"准分子激光手术"，其全称应该是"准

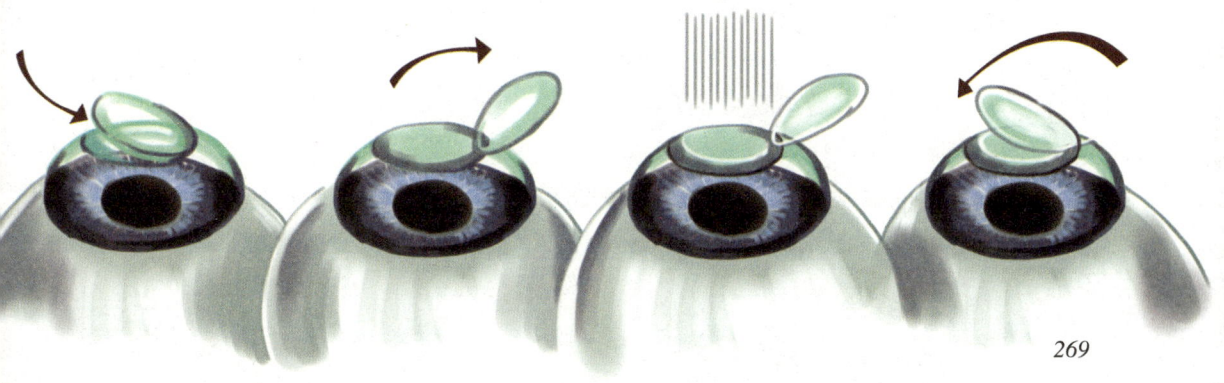

分子激光屈光性角膜手术"，主要包括三种术式：

（1）准分子激光角膜表面切削术（简称 PRK），是最早用于临床的方法。目前认为 PRK 矫正中低度近视、远视及散光安全有效，但因其存在术后疼痛、屈光回退等并发症，现较少使用。

（2）准分子激光原位角膜磨镶术（LASIK），这是目前的主流术式。它在角膜瓣下的基质层切削，保持了角膜上皮及前弹力层的完整，可避免 PRK 的大多数并发症。特点是拓宽了近视度数的矫治范围，术中术后无疼痛，视力恢复快，角膜不遗留斑翳。

（3）准分子激光上皮下原位角膜磨镶术（LASEK），是 PRK 手术的改良术式。用激光或低浓度酒精浸泡角膜手术区，做成一个角膜上皮瓣，激光切削上皮瓣下组织，当角膜上皮瓣复位后，依然要在其表面盖上一片隐形眼镜。

安全性是公众关注焦点

对于近视患者来说，手术带来的风险和安全系数是其最为关心的问题，如果一项治疗手段没有完全获得他们的信任，那么他们宁可选择不去治疗。因而戴眼镜成为近视患者的首选。

激光矫正近视手术的安全性主要集中在该手术对角膜结构的影响以及后续发生圆锥角膜甚至失明的风险上。

事实证明，LASIK 手术矫正视力的短期和长期效果都令人满意，术后晚期屈光不稳定的发生率低于 1%，并非网文所称会在短期内恶化。不过，术前近视度数越高，术后发生视觉障碍并发症的概率也越高。术后发生角膜持续变薄（膨胀恶化为所谓圆锥角膜）的概率也在 1% 以下，并非网文所称的会成为身体里的"定时炸弹"。

降低术后视觉障碍并发症的发生概率与 LASIK 术后剩余角膜厚度有很大关系。医学实验证明，角膜厚度是影响角膜强度的主要因素。剩余角膜基质越厚，发生圆锥角膜的风险也越小。

医学专家们在一项以猫眼为对象的动物实验中，将猫眼分为 4 组分别进行 LASIK 和 PRK。术后对角膜后表面的前突量进行测量，证实与角膜皮瓣相比，剩余角膜基质过薄是术后角膜后表面前突形成圆锥角膜的主要原因。

还有学者对 LASIK 术后残留角膜基质床厚度的安全值及术后角膜后表面曲率的稳定时间进行研究，结果发现 LASIK 术后早期角膜后表面中央均有不同程度向前膨隆，角膜基质床越薄者前膨趋势越明显，角膜基质床越厚者 1 年内角膜后表面曲率稳定或回复越明显。

在术后 2 年与 1 年的比较中，所有病例角膜后表面曲率差异均无显著意义。可见，只要术前准备充分，保证眼睛符合手术条件，术中保留足够的角膜基质，角膜后表面曲率会随时间趋向稳定甚至恢复，并不会发生角膜越来越薄以致失明的问题。

如果从安全、简便、经济、实用等因素考虑，眼科学界认为对于多数人来说，目前矫正近视的首选方法仍然是戴框架眼镜。如果患者准备选择准分子激光手术，那么最关心的问题就是手术安全性了。

客观地说，与最早使用钻石刀进行的近视眼放射状角膜切开手术相比，目前的准分子激光手术的安全性已经发生了质的飞跃，十多年大量临床实践充分证明，激光治疗近视手术在我国至今已经比较成熟。但任何手术的成功率都不可能是100%，就像隐形眼镜容易感染而危害视力，框架眼镜镜片破裂会引起外伤甚至失明一样。

任何手术都有风险，近视眼激光手术也不能完全避免并发症。最常见的并发症就是过度矫正或矫正不足，这些要经过一定时间观察，酌情二次手术；部分人可出现眩光，即夜间将一个光点看成光团、光晕，这可因术后角膜组织间轻微水肿反应或夜间瞳孔较大、其边缘与手术缘靠近有关，会随手术后时间推移而逐渐减轻。

最严重的是眼角膜伤口的感染，虽然极少发生，却是可以致盲的直接原因，所以严格的手术消毒制度和患者良好的卫生习惯至关重要。手术后也应定期检查眼睛，特别注意眼底黄斑区和周边视网膜的变化，做到未雨绸缪。

当然，良好的手术设备，手术者熟练的操作和丰富的经验，还有患者良好的配合，是手术高安全性的基础。

术后严格用药和复查是重要环节

部分患者手术后效果不理想或出现并发症，则是因为没有严格按照医嘱用药和复查所致。LASIK 手术后 1 ～ 2 小时一般眼睛会有酸涩流泪和异物感，两三小时后症状基本消失，倘若眼痛症状很明显，须注意区分是眼部皮肤痛还是眼球痛，如属于后者，应马上找眼科大夫处置，排除感染和角膜瓣移位的可能。

手术当日有眼部症状时可闭目休息，不要随意摘掉透明眼罩，切忌用力挤眼、揉眼。次日到医院由医生摘掉透明眼罩并检查视力、角膜、屈光状态，然后在手术后 3 天、7 天、1 月、3 月、半年、1 年分别前去复查。尤其在术后早期，医生可根据复查结果及时调整用药，这也是保证手术成功的重要一环。

最后还要嘱咐患者，手术后一周内避免到烟尘较大场所，少吃辛辣刺激食品，眼部不要化妆，避免有水和细小颗粒入眼。不少人手术后第二天就恢复了正常视力，但后来数天却视力有所波动；有的人视力则逐渐恢复正常，大多两周较为稳定，最终恢复期为 3～6 月。

LASIK 手术后，可以口服三天抗生素防止感染，还要点用抗生素眼液、激素眼液及促进角膜上皮生长、润滑和防干燥的眼液，一般不超过 1 个月。在 1 个月内应少用近距离的精细目力（包括看电脑、电视）。

手术后因屈光状态的改变，有人早期会感到视近困难，易疲劳，如果工作学习不能避免，则应多间隔、多眨眼、多休息，一般随时间推移症状逐渐消失。再者要注意 1 个月内不要游泳，切忌跳水和激烈对抗性运动，以免撞击眼部，造成眼外伤、角膜瓣移位甚至丢失。有眩光症状时，应等症状消失后再夜间驾车。

降低风险，术前评估很重要

如同所有其他手术一样，LASIK 手术也有其适应证和禁忌证。在实施手术前，医生会对患者的身体情况进行全面评估，往往手术本身只需要 10 分钟，而术前检查则要花费数小时甚至数天。只有符合手术条件的眼睛才能在 LASIK 术中获益，同时将风险降至最低。

真相是这样的 》

谣言破解。任何手术都有风险，近视眼激光手术也不能完全避免并发症。作为一项手术，确实会有一定的风险，需要手术前把好评估关，充分和医生沟通，了解手术风险所在，以及医生对手术治疗的建议。

声波驱蚊真的有效果吗？

蚊子是相当令人讨厌的，叮人吸血，起个包奇痒无比，而且还传播疾病。为此，人类和蚊子斗争了几千年，从最早的驱蚊草，到蚊香、喷洒的驱蚊剂，再到电子蚊香，虽然一代一代在更新，但战斗从未终止。最近，出现了一款新型的"驱蚊利器"，它安全无毒，对人、宠物没有影响，无任何化学物残留，据说能发出雄蚊的超声波赶走叮人的雌蚊，这也使得市面上许多种"声波驱蚊器"热卖。那么声波驱蚊到底靠谱吗？

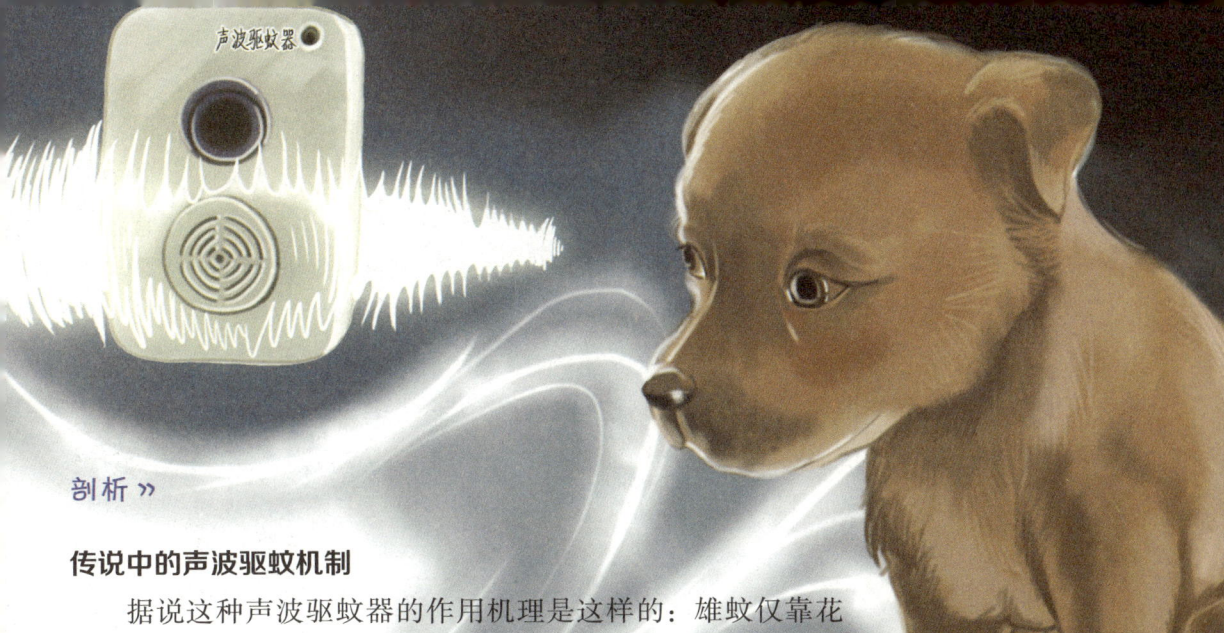

剖析 》

传说中的声波驱蚊机制

　　据说这种声波驱蚊器的作用机理是这样的：雄蚊仅靠花蜜、植物汁液等营养就足够，不吸血；雌蚊必须吸取人畜血液，才能孕育产卵；雄蚊会不断发出求偶的声波，但已经受孕的雌蚊因为不想重复受孕，便会竭力回避雄蚊。驱蚊器便是利用这个原理，模拟雄蚊飞行时震动翅膀所发出声音的频率来吓走雌蚊，达到驱蚊效果。超声波驱蚊是通过模仿蚊子天敌的声音或雄性蚊子的频率以达到驱赶叮人蚊子的目的。那么我们总结，该产品的科学依据为：只有已受精的雌蚊才会咬人，而在此期间，雌蚊又会竭力回避雄蚊。

　　还有一种说法是：在生物界，蚊子还存在着一个天敌——蜻蜓。根据这一生物学基本原理，设计制作出一种非常特殊的高科技电子变频线路，它模拟各种雄蚊翅膀抖动的声音和蜻蜓翅膀抖动的声音。已受孕的雌蚊在寻找食物来源时听到上述两种声音，便会立即逃走，从而达到驱蚊的目的。

　　这种说法靠谱么？这得从蚊子的习性说起。

　　大部分种类的蚊子在破蛹后的几天内会组成一个由雄性组成的大群，在夏日的湖边最常见。而雌性个体会被大群雄性翅膀发出的声音所吸引，进入群体中寻找配偶。包括蚊子在内的所有昆虫的雌性生殖器官中有一个叫作受精囊的结构，通常情况下一次正常的交配后受精囊内储存的精子就足够其一生所用，但这并不意味着所有种类的雌蚊都会拒绝多次交配。所以，"已经受孕的雌蚊因为不想重复受孕，便会竭力回避雄蚊"这个说法并不靠谱。

　　我们这儿说的"声波"实际上是由蚊子翅膀

震动而产生的声波，蚊子翅膀震动频率在每秒250～1000次这个范围内，其声波频率范围基本也在250～1000Hz之间。蚊子能听到其他个体翅膀发出的声音，但翅膀震动的频率与蚊子品种有关，各种蚊子的这个数值有一定的差异。所以，即使某一频段的声波确实能驱除某种蚊子，也不可能对所有的蚊子有效——要知道，骚扰你的蚊子可不只有一种。

既然蚊子并不能发出超声波联络信号，那为什么诸多声波驱蚊器都标榜"超声波驱蚊"呢？实际上，有的生产厂商宣传"驱蚊器产生类似雄蚊拍动翅膀的超声波，达到驱赶雌蚊之目的"是闹了个大笑话。西方市场上确实出现过"超声波驱蚊器"，但人家那玩意是在模仿蚊子的天敌蝙蝠的声音。众所周知，蝙蝠会利用超声波定位猎物，有的昆虫（例如某些夜蛾）为了抵御蝙蝠的捕食，进化出能够识别超声波的器官，在听到蝙蝠的声音后就立刻逃开。

声波驱蚊的效果

大部分消费者在选择这类产品时，是看中了它们安全无毒，对人和多数宠物没有影响，无化学物残留，因此绝对环保的特性。还有很大的一个优点是它的小型随身携带新品非常新颖，控制范围大约为人身周围2米，因此外出随身携带防止蚊虫的干扰可能非常实用。

用过超声驱蚊器的王女士说："我买的这个是小白熊样式的，好像还有其他的样子。这个是听不到声音的。目前感觉还是好用的，因为有几天没带，就被咬了。"

"当然也不可能百分之百防，总免不了有不怕死的蚊子或者听不懂这种音频的，不过大体上还是好的。别人家孩子被咬了，我们家没事。"说这话的是在手机上下载了一个驱蚊软件的李妈妈。

正在用超声驱蚊器的徐女士说："这个是用7号电池的，背后有个把手，只能夹在衣服上，但是不能夹很厚的地方，第一次用，那个连接部分就被我搞断了，后来粘好。这个只能夹在单层衣服上，我都夹在孩子口袋上，没口袋的衣服就比较讨厌，要么给夹在孩子脖子后面。也有可以挂的，这个不行。还有种可以调节音量的，但是样子难看，声音大的时候很尖锐，听了很不舒服，而且也没感觉效果更加好。"

在一家保险公司上班的刘先生是位热爱徒步运动的驴友，也是手机驱蚊软件的使用者。他告诉记者，现在几乎人人都有手机，在手机上装个驱蚊软件很方便，在家里一般用处不大，但在野外旅游，或是农村户外，非常实用。

那么专业人士怎么说呢？

电子驱蚊器在西方市场上出现了几十年，在这段时间内不断受到质疑，而大部分的驱蚊器都没有通过科学检验。曾有科学家做过一系列实验，评价了频率为 2 ～ 60kHz、谐波峰为 4 ～ 68kHz 的 11 种超声波驱蚊器在不同距离对埃及伊蚊、尖音库蚊、四斑按蚊、白纹伊蚊和趋血蚊等雌蚊的驱避效果。结果发现在野外和实验室条件下，测试产品没有一种能成功阻止这些蚊虫的叮咬。

中国科学院声学研究所工程师表示，"理论上超声波有驱蚊的可能，但实际效果微乎其微。"不同种类的蚊子感知超声波的频段不同，单个驱蚊器即使有微弱的效果，也只能影响到单一种类的蚊子。耳鼻喉科医生则表示，人耳长时间处于此种单调声响下，容易产生烦躁情绪和生理不适，尤其是承受能力较弱的婴幼儿，可能会因此出现哭闹等情况，应当避免将声源类产品放置在婴幼儿的耳朵附近。

在政府方面，美国的联邦贸易委员会和国家环境保护署曾对超声波驱虫产品进行过严格的审查，他们表示目前还没有足够的证据可以证明这类产品对害虫或鼠类有驱避的效果。此外，美国印第安纳州政府还曾要求 44 个生产超声波驱虫（鼠）器的厂商提供证明其产品的确有效的试验数据，最后只有 5 个厂商给予了回复，且这 5 个勇气非凡的厂商提供的数据还都没法支持其产品真的有效。显然，这些驱虫（鼠）产品并没有厂商吹嘘的神奇效果。

手机、超声波和人之间不得不说的事情

退一万步，我们假设那些模仿蝙蝠超声波的电子驱蚊器真的有效。而蝙蝠发出的声波频率至少在 10kHz 以上，甚至能高于 100kHz。因此，这些"驱蚊器"如果有效，就必须要能够发出包含超声波频段的声波。对于人体来说，长时间超大剂量的超声波有可能对人体细胞造成损伤。

不过，好在那些所谓的超声波驱蚊软件根本就无法发出超声波，无心中反而避免了可能对使用者产生的危害。

其实，若干年前在 PC 机上也出现过超声波驱蚊软件，但它们同样没什么作用。虽然一些音箱的高音单元发声上限号称可达 30kHz，但民用多媒体音箱都是按照人耳 20Hz ～ 20kHz 的听觉范围设计的，声音往往在 18kHz 就开始衰减了，在 20kHz 以上频段不衰减的几乎没有。所以，指望在电脑上使用超声波驱蚊软件来驱赶蚊子的话还得斥巨资攒一套高保真设备，仅仅指望使用超声波驱蚊软件来让电脑产生超声波驱赶蚊子实在困难。《北京青年报》就曾委托专家对驱蚊软件进行测试，试验结果显示，几款所谓的超声波驱蚊软件均未能发出超声波。连电脑音箱

都不敢保证能发出超声波，更何况手机呢？

而有些产品为了造成一种驱蚊的效果，会发出一种"嗡嗡"声，这种手段不仅滑稽还很烦人，人耳若长时间处于此等单调声响下，甚至会导致耳鸣。

真相是这样的 »

看来所谓声波驱蚊是噱头大于实效，而且相对于微乎其微的驱蚊效果，更多地会给人带来噪音上的困扰，甚至会影响人体健康。而所谓的手机驱蚊软件更是骗人的。所以，要保险起见还是挂蚊帐、点蚊香，或者使用花露水之类的更靠谱一点。

2033 年带人到火星上定居是真的吗？

"只要花 19.99 美元，就可以拥有月球上 1 英亩的土地。"这异常诱人的承诺，曾让很多人心动。不过就在"月球购地"的计划被证实是场骗局之后，一个号称"火星一号"的机构又来到中国招募志愿者，确定于 2023 年在申请者中挑选出 2 男 2 女送去火星，永远居住在那里。

在人类仅仅对火星发射了几个登陆器，还没有对火星实施较有成效的探测的情况下，火星定居计划可行吗？

剖析 »

"火星一号"计划

"火星一号"是总部设在荷兰的一个非营利机构。它的联合发起人、首席执行官是巴斯·兰斯多普，他筹备了这项大胆的计划，在与包括美国宇航局、欧洲宇航局众多空间技术公司的专家以及诺贝尔奖得主进行沟通后，他确信人类所掌握的空间技术已经能够将宇航员送往火星，并在那里定居。

2013 年 3 月，"火星一号"计划实施了第一步，与美国百诺肯太空发展公司签约，由其为"火星一号"开发生命支持系统和宇航员穿着的宇航服。另外，鉴于美国拥有全世界最先进的太空登陆技术，因此"火星一号"的飞行器也将从美国公司定购。

在"火星一号"计划的效果图中，定居点被设计成一组白色的太空舱，坐落在荒凉的火星表面。为了抵挡辐射，用于人类常住的舱体表面被取自火星的沙石覆盖。舱体外，安置着几组面积庞大的太阳能电池板，为定居点提供能量。定居点内部则分为生活区、工作区、娱乐区以及用来栽培蔬菜的温室。

定居点将在第一批宇航员到达前建设完成。

2016 年，该组织将进行第一次试验发射。

2018 年发射火星探测器。

2021 年运送人类定居所需的水、氧气、食品等物资。

设在出租屋的总部

去火星居住，这本身就是一个大胆的计划，不过自这一计划推出以来，追随者甚众。全球已经有 8 万多人报名，其中中国就有 1 万多人报名。

不过"火星一号"项目负责人在接受采访时却对计划的实施打了退堂鼓，认为这个项目的复杂性远远超出了他们的想象，2023 年恐怕难以成行。有人前往荷兰调查时发现，这个项目总部竟然设在荷兰的一处出租屋中，这也让不少中国的报名者大失所望。中国的报名者已经为该项目贡献了十多万美元（折合人民币数十万元）报名费，有报名者觉得该项目不靠谱，想退费却不被允许。

在其中一场发布会上，"火星一号"仅仅只是公布了招募计划，至于下一步具体如何操作并不清楚，并且该机构在中国国内没有联系机构和联系方式，参加发布会的消息来源不明确，发布会的具体地点也不清楚。

更重要的是，在"火星一号"官方招募网站上，也只有一些比如项目介绍、最新进展及常识问答的项目。项目介绍中声称"火星一号"为非营利组织，在注册页面，用户需要交费才能完成申请，然后进行包括填资料、回答问题、上传视频等后续操作。然而在网站上，并没有公布该机构的联系电话。在注册页面，也只能在"隐私政策、条款与条件"中找到"火星一号"项目的选拔负责人。另外，报名条款中还规定，无论申请人是否进入选拔流程，申请费用不可收回。而对于因申请人参加项目而造成的损失，IMG、"火星一号"、其权利继承人或其关联方不承担任何责任。

国外媒体看衰该计划

有法国的记者表示，几乎没有看到"火星一号"项目的报道，而一些常驻欧洲且同样对航天领域感兴趣的记者也表示，欧洲各媒体对该计划多是持以娱乐的态度，因为支持"火星一号"的幕后机构不过是一家2011年才成立的私人市场营销机构，并且这个机构既没有科学经验能力也没有经济实力。

"火星一号"是不是一个娱乐节目，是要假戏真做，还是一个骗局？目前还很难判断。NASA（美国国家航空航天局）艾姆斯研究中心的克里斯多夫·麦凯和ESA（欧洲宇航局）宇航员托马斯·瑞特对项目表示了支持，而德国宇航员乌利希·瓦尔特指出了该项目在造价和时间安排上不现实，中国科学院国家天文台研究员王俊杰也表示了怀疑。

"火星一号"面临的科技挑战

以目前的航天科技水平而言，未来很可能实现的就是，派几个宇航员去火星一趟然后马上回来，毕竟NASA也在筹划这个计划。不过，"火星一号"项目是计划在火星上建定居点，这个比仅仅载人去火星面临的技术问题要复杂得多。而要把这些人与物资运送到火星就必须有推力足够大的火箭，但现阶段推力足够大的火箭还正在研制中。

即使有足够大推力的火箭把飞船送上火星，飞船的着陆仍然是问题。火星是一颗环境非常恶劣的沙漠行星，地表充满着撞击坑和陨石，表面平均温度为 $-52℃$。并且有太空船侦测到火星上时速达500千米的暴风，而火星上的沙尘让暴风更具破坏力。如果要抵挡这种暴风，可能需要在环山的环境中选择一个合适的定居点，所以，如何设计飞船的轨道以准确着陆是重要问题，但这些还需要进一步研究。

有科学家认为，如果要在火星建定居点，火箭的重量、体积将会更庞大，定居点应该包括起居舱、工作舱和生态温室等几部分，肯定要采取分步运到火星再拼接的方案，包括物资的定点投放技术也还没有完全解决。

不过，最大的难题还是如何在火星上建一个密封的、自给自足的生态系统，不仅仅是水和空气的利用，还需要在里面种植一些食用植物。在美国亚利桑那沙漠中进行的"生态圈二号"实验已经表明，建立体积有限的自循环生态系统非常困难，更何况还要使这个封闭的生态系统长期维持下去。

另外，如何适应火星的"人居环境"也是一个重大挑战。火星由于没有厚厚的大气层与类似地球磁场的防护，辐射严重，虽然可以通过覆盖火星土壤的方式进行屏蔽，但长期在火星上活动，肯定会增加暴露在辐射下的风险，从而导致癌症发病率的升高，所以如何适应火星的"人居环境"也是挑战。

火星计划从哪筹资？

2012 年 8 月 6 日美国发射了"好奇"号火星车，其造价为 25 亿美元。载人登陆火星的成本当然更昂贵，要是考虑"永久定居"，费用会更多。但"火星一号"计划预算仅为 60 亿美元，这让人觉得难以置信。不过，即使是 60 亿美元也依然没有着落。"火星一号"宣称计划通过出售转播权筹措资金，但是在该公司本身缺乏实力、项目存在诸多风险的情况下，很难说有机构愿意掏腰包进行投资。

登陆火星的前提是必须掌握登陆火星的核心技术，然而这些技术均掌握在NASA、ESA 等国家航空机构，且不论他们是否愿意与这种小公司合作，人类目前连"月球定居"技术都还不成熟，遑论"火星定居"呢！

火星计划是投资移民吗？

据统计，地球上的国家总共向火星发射了 30 多个探测器，但只有不到三分之一成功抵达了火星。由此可以判断，载人登陆火星的计划将存在很大风险，火星"移民"计划稍有不慎，其输送的第一批"居民"就成了敢死队。对于地球人来说，移居到太阳系的其他天体并不是当前的首要任务，地球环境虽然遭受了一定破坏，但还远远没到需要移居的地步，科学家要做到的首先是把地球保护好。对于火星来说，那里本来就不具备人类生存的基本条件，如果做了移民，然后等着去补给，这样的行为除了满足人类征服宇宙的虚荣之外，并无实际意义。

还有一个更重要的就是，火星是否适合人类生存也是未知数。不仅如此，在火星上，人类面临的最大威胁除了太空辐射，还有因长时间处在接近零重力环境下出现的肌肉和骨骼退化和骨质流失，即使用器械锻炼，也无法预防这个问题。而最大的挑战，恐怕还是孤独和恐惧带来的巨大心理压力。

真相是这样的 »

科学虽然需要冒险精神，但是不能拿人的生命开玩笑，如果想要在火星上定居，至少人到了火星上有退路，总不能有去无回吧！而能做到去火星如同乘坐高铁去旅行，这需要非常成熟的太空技术。若在一切技术均不完备的情况下，不顾一切地把人送到火星，这要么是拿人的生命做赌注，要么是利益诱惑下的科学骗局，都不是科学应有的严谨态度。

快餐店用无毛鸡和多翅鸡用作生产原料，是真的吗？

快餐能满足人们快节奏的生活需要，但是有些关于快餐店的恐怖传言让人真假难辨。最荒诞的莫过于网上广泛流传着无毛鸡、多翅多腿鸡的视频和照片，据称这是商家为了降低成本而用激素等手段催生出的怪物。

此传言影响甚广，各种版本绘声绘色的描述加上逼真的图片和视频，将大众尤其是本来就对洋快餐心存芥蒂的人，吓得不轻。人们纷纷痛斥这种奸商行为。

这是真的吗？

剖析 »

真有无毛鸡

网上流传的无毛鸡养殖场的视频一点也不奇怪。真有无毛鸡吗？以色列科学家阿维格多·卡哈纳已经将一种天生脖子上没毛的鸡与普通肉鸡杂交，得到了这种生长迅速、脂肪含量低的品种。无毛鸡的诞生更主要的是为了应对热带国家炎热的天气。养鸡场需要保持适宜的温度（通常在20℃左右）以利于鸡的生长，无毛鸡则无毛一身轻，更能适应炎热气候。如此看来，无毛、生长迅速、脂肪含量低的鸡在某些方面确实具有一定价值。

也有不少人根据以往的饲养经验指出，无毛鸡更容易受到寄生虫、病原体等的侵害，蚊虫叮咬和风吹日晒也让它们吃够了苦头。此外，它们对于温度变化非

常敏感，天气剧变下受到的影响会更大。这些都使它们受到了动物保护方面的关注。

　　不过快餐供应商通常采用就近供应原则，如果当地有达到标准的食材，就在当地买，否则就去邻近地区买。所以除了饲养无毛鸡的中东地区之外，其他地方的消费者一般还真没这个"口福"吃到无毛鸡。

人为改造基因难上加难

　　其实，凡是对目前的生物研究有一定了解的人，都会觉得有关多翅、多腿鸡的传言太滑稽，编造的人异想天开到罔顾事实的程度。即使对生物知识知之甚少，细心分辨也能发现，这些多翅多腿鸡图片，多出的部位形状基本是一模一样的，修图痕迹明显。除了这些用电脑处理过的图片，再无更多证据证明这种鸡的存在，这条谣言的可信度可见是很低的。

　　生物体的身体结构由基因决定。DNA 就像一个建造项目的总工程师，清楚地知道生物体的每个细节并且严格指挥着整个建造过程。在生物体的一生中，DNA 和染色体都可能发生突变，程度不严重的会被修复，程度严重的会造成生物体病变、畸形，甚至死亡。像肢体数目形态这样重大的改变，牵扯到的突变一定很多且严重，这样的个体基本没有希望破壳出世，在胚胎发育早期就可能胎死"蛋"

中了。即便存活，这个特性是否能稳定遗传并形成规模养殖也是个很大的难题。

同理，人为改造基因也面临一样的问题。一方面，短期之内的基因巨变将使个体无法存活；另一方面，以现在的技术，还做不到这么精确完美的定点改造。如果有人真的成功创造出了多个翅膀多条腿的个体，还让这种特征稳定遗传形成养殖规模……如此重大的研究成果早就轰动整个科学界了，怎会落得在网上被人骂奸商的下场？

想要成功造出多翅多腿的鸡，有两种理论上的方法，其一就是从胚胎早期移植。鸡的胚胎发育到 3 天左右时，小鸡的分化就开始有了雏形，萌生出翼芽、腿芽（即未来的翅膀和腿），头部也基本显现出来。这时是移植的好时机——太早，看不出雏形，无法有针对性地移植想要的部位；太迟，四肢的内部结构包括骨骼神经等系统已经逐渐成形，移植就困难多了。

不过，即使把握好了时机，技术与取材上的难点依旧摆在面前。

3 天时的鸡胚胎仅仅约 8 毫米长，翼芽与腿芽则只有 1 毫米长 1 毫米宽。芽体很小，却包含保证翅、腿正常发育的重要部位，有一点缺损都可能导致畸形。这样一项精密的"移植手术"确实在理论上提供了可能性，但将耗费大量人力财力，且实际操作中会遇到更多问题，比如移植部位的内骨骼连接、神经连接等。

另一个方法就是诱导胚胎干细胞，这种细胞是处于原始状态、没有分化成特异组织器官的细胞，它意味着适当条件诱导之后的众多可能性。自 20 世纪 80 年代被发现以来，人们一直致力于干细胞在预防治疗疾病、器官移植等方面的研究，不过到目前为止这项技术还达不到克隆整个器官或部位（比如翅膀）再植入个体的水平，只是以细胞移植为主要手段，并且仍不成熟。

综上可见，现在的技术水平其实很难造出多翅、多腿鸡这样的个体。这些大大提高成本还无法保证成功的方法，相信注重效益的商家是不会采用的。

真相是这样的 》

从上面分析可以看出，像无毛鸡倒是存在，其他则是无稽之谈。达到食品卫生标准的无毛鸡与其他鸡肉一样安全，都可放心食用。而多翅多腿鸡则是彻头彻尾的谎言，以现在的技术水平还难以创造出这样的生物，更不用说大规模养殖并用作快餐原料了。

瓶中草能活 40 年，是真的吗？

最近网上流传的一个有关生态系统的帖子挺稀奇。网帖称英国的媒体曾报道，有一位 80 多岁的老先生，于 1960 年在玻璃瓶中建设瓶中微生态系统。主人称，只在瓶中加了水，然后就将这个玻璃瓶密闭起来，现在玻璃瓶中已经形成了自己的生态系统，只要提供阳光，植物就通过光合作用自给自足。

这件事看起来是如此有前景，堪比"火星计划"了，但是能在密闭的瓶子里生活 40 年确实让人匪夷所思。

那么，这是真的吗？

剖析 》

生物圈

任何生物都无时无刻不处在生物圈中。生物圈为生物的生存提供了基本条件：营养物质、阳光、空气、水、适宜的温度和一定的生存空间。生物圈里繁衍着各种各样的生命，通过获得足够的能量和营养物质以支持生命活动。

生物圈中的各种生物，按其在物质和能量流动中的作用，可分为：生产者，主要是绿色植物，它能通过光合作用将无机物合成为有机物；消费者，主要指动物（人当然也包括在内）；分解者，主要指微生物，可将有机物分解为无机物。

生产者、消费者、分解者与其所生活的无机环境一起，构成了一个生态系统：生产者从无机环境中摄取物质能量，合成有机物；生产者被一级消费者吃掉以后，将自身的能量传递给一级消费者；一级消费者被捕食后，再将能量依次传递给下一级；最后，当有机生命死亡后，分解者将它们再分解为无机物，把来源于环境的再复归于环境。这就是一个生态系统完整的物质和能量流动过程。

在生态系统内生物与环境、各种生物之间长期的相互作用下，只有生物的种类、数量及其生产能力都达到相对稳定的状态，系统的物质能量输入与输出才能达到平衡。所以，生态系统中的任何一部分都不能被破坏，否则，就会打乱整个生态系统的秩序。

生物圈存在的条件

首先，需要获得来自太阳的充足光能。一切生命活动都需要能量，而其基本来源是太阳能，绿色植物只有在吸收太阳能后，才会合成有机物而进入生物循环。

其次，生物圈需要存在能被生物利用的大量的液态水。几乎所有的生物都含有大量水分，没有水就没有生命。

第三，生物圈内要有适宜生命活动的温度条件，在此温度变化范围内的物质存在气态、液态和固态三种变化。

第四，要能提供生命物质所需的各种营养元素，包括 O_2、CO_2、N、C、K、Ca、Fe、S 等，它们是生命物质的组成或中介。

瓶中植物如何生长？

植物在瓶子中生长并非新鲜事，类似的事情在植物组培的实验室里每天都会发生。不过实验室那些植物前期虽然都是密封培养的，但等长到一定程度就会开盖练苗。所谓练苗就是让之前密闭环境中的幼苗适应外界环境的过程。至于那些没有练苗的，一段时间之后会逐渐枯黄。看来植物在密闭的瓶子中生长并不稀奇，但是生活过久以至于长达 40 年则堪称神奇，因为这意味着，在这个密闭的瓶中已经达成了一个微小的生态平衡，即形成了一个小生物圈。

分解者

瓶中植物生存所需物质能量

既然植物能在密闭的瓶中生活 40 年，那么这个瓶子中应该是形成了一个微小的生物圈，既然是生物圈，那么可以根据生物圈存在的条件来看看这个瓶中植物是如何存活的。

土壤并不是植物生长的必须元素。植物生长在土壤里，是因为土壤中有植物所需要的东西，植物只需要从土壤中获得两样东西，一是矿物质，二是附着扎根生长的基质。因此，对于植物，特别是对于实验室瓶子里培养的草本植物而言，在没有风吹水流的瓶子里，只要接触培养基（一般含有琼脂糖、糖还有各种矿物质），能从培养基里吸取水和营养

消费者

就成。

在自然环境下，植物除了需要土壤之外，还少不了阳光和水，二氧化碳也是必不可少的。对于植物来说，二氧化碳就是它的粮食，没有它植物同样是会被饿死的。

在生物学里面，光合作用的基本原理就是将叶绿体吸收的光能"压缩"在二氧化碳和五碳糖结合生成的葡萄糖中。一旦没有足量的二氧化碳，植物就无法利用那些吸收的光能，而这些光能会促生氧自由基等破坏性物质，威胁植物的生命。为了应对二氧化碳缺少的情况，植物甚至需要浪费能量物质，主动产生二氧化碳。

植物吸收水分，不完全是留在体内循环。植物吸收水分的 90%

光合作用

生产者

285

以上都通过蒸腾作用释放到大气中去了，这是为运输养料提供动力。但是要进行蒸腾作用，就需要消耗大量的水，在这个密闭的瓶子里面，若没有足够的水也是不行的。

植物的主人说，只在开始时加了 1/4 品脱（约 142 毫升）水，又在 1972 年加了一次水（这次没有提及水量）后就将玻璃瓶密封起来了。如果说在这两次把水加足了的话，也会出问题。植物的根系也是需要呼吸的，别说密封的玻璃瓶，就是放在敞口玻璃瓶里，泡的时间长了，那植物根系坏死的可能性也很大。

瓶中存在分解者吗？

最后一个问题：这个瓶子是灭过菌的，还是没有灭过菌的？如果像通常的组培瓶那样灭过菌，那些生长出来的叶片如何被分解？要知道，即使是最简单的生态系统，也需要各种微生物分解者。只有这些生物存在，那些被植物固定在机体中的碳才能重新回到大气中去。如果不分解，那碳循环从何而来？若无法形成碳循环，植物必然会陷入碳饥饿。

如果说没灭过菌，那真菌细菌之类的，更喜欢这种封闭潮湿的环境，瓶中草恐怕早就死掉了。

真相是这样的 »

从上述分析来看，疑点颇多，若是短期之内植物在密闭玻璃瓶里面生长还是有可能的，而在密封的玻璃瓶中存活 40 年之久，甚至形成微生态系统，从生物学角度来讲不现实，稍有生物学常识即可发现其中的破绽。

人真的可以一天只睡 2 小时吗？

不少人会为"觉不够睡"而烦恼，不过却有一种特殊的睡眠方法声称"一天只要保证睡足 2 小时就能精力充沛地工作和学习"，这个方法被称作"达·芬奇睡眠法"，吸引了很多失眠一族的注意力。

这种方法之所以引起人们的注意，可能和身兼科学家、艺术家、发明家等多个头衔的伟大人物达·芬奇有关。相传，达·芬奇每 4 小时睡 15 ～ 20 分钟，这样一天下来只睡 2 小时左右，余下的时间便可以从事创作，而且能保持充沛的精力。那么，一天只睡 2 小时，对一般人来说是否真的适用呢？

剖析 >>

是否可行？

有人认为这种睡眠方法不靠谱。"假如每天晚上 11 点睡，第二天早上 7 点起床，一天 8 小时都还不够睡，如果每天只睡 2 小时，身体肯定垮掉。"

而有高中生则看中这种睡眠方法会节约睡觉时间，从而使学习时间增加。如果每天只睡两三个小时，其他时间都用来看书，还能保证精力充沛，倒是值得大家一试。毕竟，学生还要高考，学习时间越来越不够用，如果能用这种睡眠方法多争取一点时间，当然再好不过了。

也有人对这种睡眠方法的可行性持怀疑态度。"感觉有点夸张，照这样，每工作 4 小时就要休息 15 分钟，相当于把时间等分，暂且不说科学不科学，就这短短的 15 分钟，能不能睡着还是一回事。"因而更多人则认为，操作性不强，无法接受。

实践报告

有人慕名实践了"达·芬奇睡眠法"，而且时间还不短。这位名叫巴克米斯特·富勒的人是史上唯一有记载的"第一个吃螃蟹的人"。

他是一名工程师和设计师。在他的长达 2 年的睡眠计划里，每隔 6 小时他就打盹 30 分钟，也就是说每天只睡 2 小时。不过，最后他的计划不得不因为他的商业伙伴的极力阻拦而终止，因为他的作息时间和其他人实在太不合拍了。虽然富勒是否严格遵守了他所说的睡眠计划我们不得而知，不过他的确是有史以来第一个真正报告成功执行了多相睡眠的人。

科学意见

多相睡眠的方法没是否有科学依据，我们来看看分析。

人类睡眠是要遵循一定规律的。人的脑电波和其他生理指标的研究显示，我们的生物节律是双相而不是多相的，这决定了我们的身体总是倾向于一个整块的

睡眠时间。而试图利用多次短暂的打盹来减少睡眠总量的做法，会让睡眠不同阶段的时间都缩减，扰乱生物节律，最终可能会造成类似睡眠剥夺和睡眠节律紊乱症的负面效果，例如身体和心理的机能减退，焦虑和紧张感增强，免疫功能降低。因而多相睡眠的方法并没有什么科学依据，我们的大脑也根本无法适应这种"多次打盹"的睡眠模式。

打盹的作用

在有些情况下，人们或许无法保证一次完整的 8 小时睡眠。这时，有规律的短暂打盹或许可以弥补人们缺失的睡眠。研究睡眠的心理学家克劳迪奥·斯坦皮博士曾进行了一项 49 天的实验，让一名年轻人每隔 3 小时打盹 30 分钟，每天睡眠时间加起来差不多是 3 个小时。他发现大脑在这种多相睡眠中也同样经历普通睡眠拥有的慢波睡眠和快速眼动睡眠，只不过每个睡眠阶段的时间都被缩短。此外，斯坦皮还在《工作和压力》期刊上发表了一项田野研究，表明在连续工作、无法实现正常完整睡眠的状态下，周期性地打盹能让人们弥补由于睡眠剥夺带来的认知功能下降。

因此，当睡眠剥夺不可避免时，系统的短时间打盹可以在一定程度上保证人们的最佳状态。但如果想要通过多相睡眠来增加工作时间，睡眠的质量和数量必然会受到严重影响，长期下去只会产生类似睡眠剥夺的症状，也根本无法提高创造力。

睡多少才合适？

人的睡眠是周期性的，一般人一天要保证睡 6 ~ 8 小时，才能保持充沛的活力。因为人睡眠的每个周期里面又有深浅睡眠的交替，一个周期为 1.5 小时到 2 小时。

睡眠质量虽然与时间并非成正比，但要获得高质量睡眠也并非人人能做到。偶尔也能碰到一些特殊的人，每天只睡 4 小时，依然活力四射，一点不瞌睡。

感到精力充沛才是好睡眠

"每隔 4 小时小睡 15 ~ 20 分钟，但到了 4 小时这个时间点，不是你想睡就能睡得着的。"心理专家认为，人的睡眠是由快步睡眠和慢步睡眠交替形成的一个周期，每天夜里零点至 2 点这个时间段的睡眠对人第二天的体力、精力恢复至关重要。

而按照多相睡眠法，这种人为设定的周期将无法形成机体的睡眠周期，人体很难适应。而且，15 分钟也无法进入深度睡眠，会导致"缺觉"，长此以往，人体会出现高度疲劳、免疫力下降、内分泌失调等不良反应。

　　每个人体质不同，需要的睡眠时间、睡眠方式也并不相同。第二天起床后，感觉精力充沛，这样的睡眠就是高质量的睡眠，也是大家应该去追求的睡眠。适合自己的才是最好的，从这个意义上讲，没有必要去尝试标新立异的睡眠方式，以免伤害身体。

真相是这样的 》

　　从上述分析可见，虽然"达·芬奇睡眠法"看起来比较诱人，有些情况下能更好地利用时间，可能能在一些人身上奏效，但由于很少有人能够真正坚持下来，所以确凿的科学研究也很难进行。不过，大家最好还是在晚 10 点到早 7 点的黄金睡眠时间中睡眠。如果实在遇到紧急的情况，或许可以尝试使用打盹的方式让身体得到片刻轻松。不过这种方法只能是对基本睡眠的一种补充，如果将其作为主要的睡眠模式，则很可能由于干扰生物节律而产生负面的效果。

鸟妈妈会抛弃被人类摸过的幼鸟，是真的吗？

　　现代工业文明的发展，使城市中鸟语花香的生活情景成为可望而不可即。为了能够增添生活情趣，不少人会在家里养鸟。

　　但是在网上有这样的传言："不要去摸小鸟，如果你的味道留在小鸟身上，被鸟妈妈闻到的话，它就不会要这个孩子了。"

　　这种说法是真的吗？

剖析 》

鸟类的繁殖行为

　　我们知道，鸟类是通过卵生来繁殖的，而鸟类的繁殖行为极其复杂，大多数鸟类在繁殖季节，雄鸟早于雌鸟来到繁殖地区，选择一定的地盘作为巢区，巢区选定后，雄鸟便守卫在巢区内，等待雌鸟的到来，同时发出警告鸣声，不准其他雄鸟侵入其巢区范围，有时甚至用武力来保卫其巢区。

　　鸟类在繁殖期间会抢占地盘，鸟的这种繁殖现象被形象地称作"占区"，所占的地盘称为"领域"。一般说来，占区获胜的雄鸟，容易在短时间内找到配偶。因为鸟类的新陈代谢十分旺盛，需要大量的食物才能维持生存，而在繁殖季节，雏鸟的食物需求更大，一天中往往需要亲鸟饲喂几十次甚至数百次，才能保证它们的生长发育。占领食物丰富的巢区有利于亲鸟就地取食，也便于更好地育雏。

鸟类在繁殖期，雄鸟和雌鸟有着明确分工。孵卵多由雌鸟担任，在此期间，雄鸟负责衔食饲喂雌鸟，并经常守卫在巢区附近，遇有危险，立即发出警戒叫声，让雌鸟逃避。不过有的鸟类不明确分工，而是昼夜交替值班。鸵鸟是由两性轮流孵卵，白天由雌鸟孵卵，晚上则由雄鸟换班。有些鸟类无筑巢和孵卵行为，如产于澳大利亚森林中的营冢鸟，它们把卵埋在枯枝落叶下面，借树叶发酵产生的热量使卵孵化。杜鹃则把卵产在其他鸟类的巢中，由其他鸟代为孵化，雏鸟也由义亲喂养。

可以随便触摸幼鸟吗?

研究表明很多鸟类不仅对气味敏感，甚至可以闻到我们难以察觉的外激素。那么，对于"鸟类是否可以闻到人类气味"这个问题，答案是肯定的。只不过鸟类辨识自己的儿女并不是依气味，而主要靠外形和声音，所以即使是沾染了人类气味的雏鸟，它们仍然会继续哺育。

不过动物都有应激反应。应激反应是指机体对外界或内部各种非常刺激所产生的非特异性应答反应的总和。大多数时候，一旦机体处于应激条件下，就可能出现生长受阻、繁殖力下降、免疫力下降、行为异常等损伤，这是机体为了保证其基本的生命活动所必须付出的代价。

对野生动物来说，"人类（天敌）的出现→惊吓"就是导致其应激的因素，处于繁殖期的雌性动物更会出现极端行为，比如筑巢期及产卵期的鸟类如果频繁受到骚扰会弃巢，因为它们觉得这个巢址不安全，即使把后代产下或孵出来，也不会成活，白白浪费繁殖成本，不如尽早另觅新居。而育雏期的亲鸟们表现得会稍微平和些，它们会继续哺育自己的后代，这是由于前期已经投入了太多的资源和时间成本，并且也来不及再生一窝了。曾经有过由于巢被毁，连同8只雏鸟一起被送到救助中心的纵纹腹小鸮仍然继续抚养自己雏鸟的报道。

尽管看上去幼鸟没有被抛弃，但人类的干扰会影响亲鸟的育雏节律，它们需要花更多的时间来"站岗"，而无法出去找到更多的食物，这同样会导致成活率降低。同时，如果人的接触过于频繁和亲密，还有可能引起另外一个问题——印痕行为。

印痕行为

　　印痕行为就是在动物生命早期建立起来的一种长期有效（不可逆）的学习行为。这一行为会影响动物对父母、配偶、天敌、栖息地等的认知。这一行为的敏感度会随着年龄增大而变弱。小鸡小鸭如果出壳后第一眼看到的是人类，就会跟在人类后面，把人类当成自己的母亲。这就是"亲子印痕"的一个例证。

　　所以当在野外捡拾到坠巢的雏鸟时，如果能放回原巢或其同类的巢是最理想的。无法还巢的话，可以在附近找一个相对高些的地方，将雏鸟安置在那，亲鸟会继续哺育它。稍微熟悉动物学的朋友可能都听说过动物行为学家康拉德·洛伦兹曾经做过的一个实验：他亲自孵化了一批灰雁的蛋，从小雁破壳的那一刻开始与之形影不离。结果这些小雁后来就紧紧跟随洛伦兹的靴子，就像跟着自己的父母一样。在所有动物里，鸟类的印痕行为最为明显，也被研究得最为透彻。

真相是这样的 »

　　由上面分析可见，网上传言"鸟妈妈会抛弃被人类摸过的小鸟"并不真实，因为鸟类辨识幼鸟主要靠外形和声音，而非气味。此说法或许来源于某些哺乳动物杀婴行为的联想。不过从生态学角度考虑，为了利于鸟类繁殖，人类在鸟类的育雏期应该尽量少接触鸟类。

龙涎香是鲸的呕吐物，是真的吗？

随着宫廷剧的热播，人们大多知道了一种名贵的香料叫龙涎香。

不过你知道龙涎香是怎么形成的吗？有一种说法认为它是鲸的呕吐物。因为鲸消化不良，乌贼锋利的颚片进入肠道，肠壁受伤后分泌出黏液包裹住刺激物，才形成了龙涎香。如果是真的，那么众多追捧龙涎香香水的人岂不是很重口味？

这是真的吗？

剖析 》

抹香鲸与龙涎香

可能是出于对皇权的奉承，龙涎香以龙来命名，又因为传说它是某种鱼类的呕吐物，所以才以涎字来称谓吧。事实上，龙涎香与龙和鱼并无关系，龙涎香的真正制造者是抹香鲸，一种大型海洋哺乳动物。

抹香鲸隶属齿鲸亚目抹香鲸科，是齿鲸亚目中体型最大的一种，雄性最大体长达 23 米，雌性 17 米，体重 40 ~ 60 吨，体呈圆锥形，上颌齐钝，远远超过下颌。

抹香鲸这种头重尾轻的体形极适宜潜水，有潜水冠军的称号，加上它嗜吃巨大的头足类动物，而后者大部分栖于深海，抹香鲸常因追猎巨乌贼而"屏气潜水"长达 1.5 小时，可潜到 2200 米的深海。

抹香鲸常与号称无脊椎动物之最的大王乌贼展开一场刀光剑影的相互残杀——大王乌贼最大者达 18 米，重 1.5 吨。有人曾在热带海洋看到抹香鲸与巨乌贼搏斗的激烈场面，它们从深海一直打到浅海，不是抹香鲸吃掉大王乌贼，就是大王乌贼用触腕把鲸的喷水孔盖死使巨鲸窒息而死——那样，抹香鲸反倒成为大王乌贼的"美餐"了。不过，大多是抹香鲸胜。

对于抹香鲸来说，乌贼的肉比较软，但鸟喙状的颚片和内骨骼却难以消化，通常会残留在胃中。曾经有人在一头抹香鲸的胃中发现两万多个颚片。这些颚片并不会对抹香鲸造成伤害——抹香鲸每隔六七天就会把胃中累积的难以消化的食物残渣吐出来，通常这些颚片并没有机会进入抹香鲸的肠道。

事实上，正是抹香鲸这种独特的排泄方式，使得龙涎香这种珍贵物质得以形成。

因为抹香鲸的正
常粪便是液态的，偶
尔会有些难以消化
的固体物质进入抹
香鲸的肠道并随着肠
道的蠕动进入直肠，与
粪便混合结成半固体状，
而它的肛门不能排出固态
的粪便，所以这些半固体
状物会堵塞直肠，导致排便
困难。

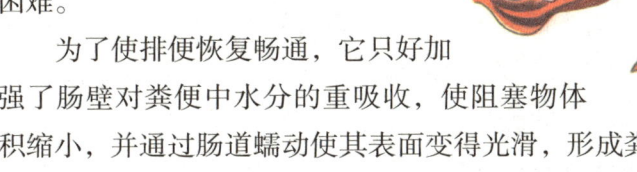

为了使排便恢复畅通，它只好加
强了肠壁对粪便中水分的重吸收，使阻塞物体
积缩小，并通过肠道蠕动使其表面变得光滑，形成粪
石。这样一来，液态的粪便就能通过阻塞物和直肠壁的空隙排出了。但阻塞物就
像一个小水坝，截留了粪液带来的新的固体物，于是粪石越裹越大，并在抹香鲸
的肠道中经过细菌和各种酶的复杂加工，最终形成龙涎香。大约 100 头抹香鲸中，
只有一头体内有龙涎香。虽然粪石本身对抹香鲸没有太大的危害，但如果长得太
大，就可能使肠壁破裂，最终导致抹香鲸的死亡。

香料的演变过程

龙涎香自被发现开始就是交易市场的宠儿。

早在公元 9 世纪，印度洋的小岛上就已经有人进行龙涎香的交易了。当时的
阿拉伯人把它用作熏香和催情剂。中世纪的阿拉伯人还会把它做成食物和饮品的
调料。

到现代，龙涎香因为其香气以及杰出的定香能力获得青睐，使得香水制造商
趋之若鹜。它是如今已知最好的定香剂，用龙涎香配制的高档香水，能在香水中
的其他香气成分消散后，依然保持龙涎香的香韵。

其实刚从抹香鲸肠道中排出的龙涎香是黑色的，散发着难闻的气味。但在空
气中干燥后，表面变为灰色，臭气就被香味取而代之了。这一变化的"始作俑者"
正是龙涎香的主要成分龙涎香醇。龙涎香醇本身不具备香气，但暴露在空气中经
过氧化降解或光降解后，产生了一些具有香味的物质：具有动物粪臭味的（−）-

α–降龙涎香醇、具有烟草味的（+）–γ–二氢紫罗兰酮、具有海水味的（+）–γ–降龙涎香醛、具有臭海水味的 γ–环高香叶氯代物和传说中具有"丝绒般柔感的持久龙涎香气"的降龙涎醚。也正因如此，龙涎香越老越醇香。

龙涎香的性状

龙涎香是一种动物性香料。它和麝香、灵猫香、海狸香，并称为四大动物香料。龙涎香的性状是呈不透明的蜡状胶块，颜色呈黑褐色，和琥珀倒有几分相像，有的龙涎香表面还有五彩斑纹。其质地比较脆，也很轻，放到嘴里嚼下感觉像蜡一样，还能粘到牙齿上。闻起来有些微腥气，味带甘酸。密度为 0.7 ~ 0.9，熔点为 60℃，可溶于纯酸中。

龙涎香燃烧时发出蓝焰，香气四溢，酷似麝香而幽雅，被熏过之物，能保持持久的香气。其中以黑褐色、体松质韧、焚之有幽香者为佳。产生这种龙涎香的抹香鲸主要活动于热带的温暖海洋中，过一雄多雌的群居生活。

龙涎香的价格昂贵，差不多与黄金等价。而且人类对于龙涎香的科学研究从未停止，研究发现：龙涎香主要由三萜醇龙涎香醇（又称龙涎香精）和一系列胆甾烷醇类物质组成，此外，还含有少量对甲苯酚、邻苯二甲酸二乙酯等成分。同时，还从龙涎香酊剂中分离得到纯的降龙涎醚。这些化合物散发出不同的气味。现已证明龙涎香醇经氧化或光降解可产生上述五种具有龙涎香香气的物质。不过，由于天然的龙涎香产量十分少，因此现在大多使用化学的方法来合成龙涎香醇。

真相是这样的 »

龙涎香就是鲸的呕吐物这种说法是不严谨的，龙涎香是抹香鲸的肠内分泌物的干燥品，系抹香鲸病变后肠内形成的一种结石。有的抹香鲸会将凝结物呕吐出来，有的会从肠道排出体外，仅有少部分抹香鲸将龙涎香留在体内。

枪能把人打飞，是真的吗？

随着 3D 特效技术的发展，极大地丰富了影视作品的表现手法。我们经常能在电影或电视剧里面，看到一些比较震撼的场面，比如主角举枪一阵扫射，各路小兵东倒西歪，到处飞。相信这样的剧情大家应该不陌生，那么枪的威力真的能把人打飞吗？

剖析 »

在物理学中，动能和动量是两个完全不同的概念。子弹威力大，是因为它所携带的动能，而不是它所携带的动量。我们不妨以一颗子弹为例，为大家解释一下。

假设有一颗口径5.8毫米的弹头，重5克，子弹初速是895米/秒。发射出去之后，子弹的动能是2003焦耳，而动量仅有4.475千克米/秒。换句话说，这2003的动能全部用来对中弹者的肉体、脏器造成形变和撕裂以及摩擦加热，可以轻易地在接触弹头的小局部形成完全的毁坏。不过这只是对弹头接触面的小局部而言，弹头携带的4.475的动量，若作用于中弹者整体上仅仅会给中弹者（假设重80千克）带来0.05米/秒的速度冲击。

另外还有人说的：发射者承受的后坐力和中弹者遭到的冲击力相等。

这也是不正确的。实际上中弹者受到的冲击力要比发射者受到的后坐力还要小很多。因为发射者承受的后坐力很大一部分是由枪管内的火药气体向前推造成的，而这部分后坐力实际上没有在弹头上形成动量。也就是说，发射者承受的后坐力形成的动量并未完全"传递"到弹头上进而传递给中弹者，弹头携带的动量仅为发射者动量的一部分。另外子弹飞行中也会损失一部分速度，造成子弹动量降低。当然以上是指中弹者全身整体受到的冲击。

真实情况下，中弹毕竟是局部，就中弹的局部来说，还是会有一定的速度。比如说打到胳膊后子弹如果停在胳膊里，胳膊重量相对整个人来说就比较小，那么中弹胳膊受到的冲击还是可以很明显地见到的，比如说胳膊被打得扬起来。

但是像电影里那样一个人被打飞出去是不可能的，发射者都没飞，更不用说

后坐力

承受更小动量的中弹者了。

还有的人说，普通霰弹枪起码都能产生 2700 ～ 3000 焦耳的能量，足以将一个人抬到 10 米以上。而真实情况是这些能量都会转化成撕裂内脏后的形变类的能量，而不会对中弹者形成那么大的整体速度类的冲击。

子弹的速度虽快，达到 3 倍音速，能量也大，但是它的质量毕竟只约为一个人的 1/14000，你将 900 米 / 秒的速度除以 14000 就会发现，一颗子弹仅仅能将一个人以 0.064 米 / 秒的速度推出，而其仅为步行速度 1.5 米 / 秒的 1/23，可见是根本不可能飞出去的。

如果子弹打到人的胯部，人只是会稍后退一丁点，然后坐下去（是因为里面的支撑骨骼都已经碎了）。

真相是这样的 》

从物理学角度分析，子弹发射时能够击穿人体甚至是坚硬如铁的物质，完全是因为它携带的动能大而不是动量大，其对人体的冲击不会像影视剧中所表现的那样飞出去。现在没有那么强力的枪，也没有那么能抗的人，如果你看到镜头中有人中枪飞出去的话，那完全是一种艺术的非合理性夸张。

鲨鱼会怕自己的影子，是真的吗？

鲨鱼是一种非常凶猛的海洋动物，在电影《大白鲨》中，鲨鱼攻击人类的方式聪明而隐蔽。

不过鲨鱼虽然号称水中霸主，然而却也有它害怕的东西。传说鲨鱼害怕自己的影子，当鲨鱼看到水中自己的投影时，会表现出焦虑和恐惧，甚至有和"投影"搏斗一番的冲动。

这是真的吗？

剖析 》

鱼与自己"搏斗"的实验

英国《生物学通讯》发表了一篇研究报告，称当鲨鱼看到水中自己的投影时，常表现出焦虑和恐惧，甚至想和"投影"搏斗一番。报告在解释鲨鱼害怕自身投影的原因时认为，鱼类这种本能反应与人类相似。

为观察鱼在看到水中自身投影时的反应，美国斯坦福大学生物学家朱莉·德雅尔丹和同事安排了一项鱼类"搏斗"实验。

实验共持续20分钟。研究人员选取雄性非洲慈鲷为实验对象，这种淡水鱼有强烈的"领土"保卫意识。

实验中，当两条鱼开始互相"厮杀"时，研究人员把一面透明的"墙"放在水箱中间，以保证两条鱼之间没有发生真正的对抗。有时，研究人员会把透明的"墙"换成一面镜子。

研究人员发现，无论面对的是真鱼还是镜子中的自己，被试鱼都会坚持不懈地和对方"搏斗"。无论水箱中间是否放置镜子，被试鱼都会以同样的动作和姿态与对方"搏斗"。

恐惧影子的原因

随后实验人员还采集了一些被试鱼的血样，以检测它们血液中睾酮和其他侵略性诱导激素的水平。在分析血样和鱼脑反应情况后研究人员发现，所有被试鱼都显示出较高的睾酮激素水平，但只有和镜中自己"搏斗"过的鱼脑部杏仁核区域表现异常活跃。

杏仁核是调节恐惧情绪的脑部区域。它不仅存在于鱼脑中，包括人类在内的

所有脊椎动物脑部都有杏仁核。

德雅尔丹猜测，这种恐惧或困扰情绪可能是由鱼类对遇到的情况不熟悉引起的。一家美国趣味科学网站还引述她的话报道："镜中影像可能超出了鱼的经验范围，这种刺激引起它们在情绪上的回应。"

"正常情况下，鱼在互相攻击时会有撕咬、追逐等各种动作和姿势，这些行为会随着时间减弱或交替，"德雅尔丹说，"当鱼和镜中的自己对抗时，对手总是表现得完美、无懈可击，使它们感到恐惧。"

以鱼窥人

研究人员说虽然高等脊椎动物脑部的杏仁核比鱼类复杂精细得多，不过人类脑部杏仁核区域中有一部分与鱼脑杏仁核功能相似。

研究显示，鱼类和人类的共同点似乎比想象的更多。鱼害怕自身投影的现象和人类一些行为接近。"当一个人还是孩子的时候，如果有人不停重复你刚才说过的话，你很快会感到烦躁和沮丧，"德雅尔丹说，"在这一点上，人和鱼很像。"

因此研究人员猜测，一些低等脊椎动物（如青蛙、蜥蜴、鸟类等）脑部可能比人们想象的更加复杂微妙。德雅尔丹说："人们长期以来对低等脊椎动物的认知显然不够，我们还有很长的路要走。"

真相是这样的 »

鲨鱼只是和人类有着某些相似的行为，之所以害怕自己的影子，是对情况不熟悉，一旦熟悉可能就会改变，所以鲨鱼害怕自己的影子也只是短时间，或者是无聊吧。毕竟，鱼害怕自身投影的现象也只是停留在研究阶段，并未被大量的科研实验证实。正如研究人员所说，人们对低等脊椎动物的认知还不够，还有很长的路要走。

遇到熊时，躺下装死能逃生，是真的吗？

熊在众多的动画片中都是憨态可掬的，现在热播的动画片《熊出没》中，熊大、熊二的形象更是让人忍俊不禁。然而现实中的熊却是比较危险的动物，很多书籍和传言里面都有关于遇到熊的逃生方法。许多人都听说过，遇到熊最好的求生方法就是躺下装死，因为熊不吃死了的动物。这个说法对吗？

剖析 »

熊百科

全世界有 8 种熊：大熊猫、美洲黑熊、棕熊、眼镜熊、北极熊、亚洲黑熊、懒熊和马来熊。

大多数熊食性很杂，既食青草、嫩枝芽、苔藓、浆果和坚果，也到溪边捕捉蛙、蟹和鱼，掘食鼠类，掏取鸟卵，更喜欢舔食蚂蚁，盗取蜂蜜，甚至袭击小型鹿、羊或觅食腐尸。

一般情况下，熊是性情温和的动物，不主动攻击人和动物，也愿意避免冲突，但当它们认为自己的幼崽、食物或地盘受到侵犯时，也会变得非常危险而可怕。

胃口极好的棕熊：棕熊遍布亚、欧、北美三大洲，棕熊体重能达 1000 千克，站立时有 3 米多，体长 2.5 米，现存世界上最大的食肉目动物。而叙利亚棕熊却很小，体重不足 90 千克。中国的棕熊一般在 100 ~ 500 千克。棕熊的胃口可以说是好极了，荤的、素的都爱吃。植物、昆虫、蜂蜜、鱼类，甚至鹿、羊、牛都能一概吃下，所以比较凶猛，枪法不好的猎手往往反会成为棕熊的猎物。

高度近视的亚洲黑熊：亚洲黑熊又叫狗熊、月熊，还有个俗称叫黑瞎子。为什么叫它"瞎子"呢？因为它天生近视，百米之外看不清东西，不过它的耳、鼻灵敏，顺风可闻到 500 米以外的气味，能听到 300 步以外的脚步声。别看它外表愚拙，实际上机警过人。平时黑熊以植物为主食（你一定听过黑瞎子掰苞米的故事），在秋季却大吃昆虫等动物性食品，在体内贮存大量脂肪准备在树洞里冬眠。黑熊的特长是爬树、游泳。因为眼神不济，所以练就了一身昼夜都行动自如的本领。亚洲黑熊分布于中国、印度、俄罗斯、日本、蒙古等国。

喜欢"假离婚"的美洲黑熊：美洲黑熊分布在加拿大及美国中部和东部的森林，别看它叫"黑熊"，其实它的身体颜色有很多种，黑色、棕色、灰色、白色都有。美洲黑熊常在 6 ~ 7 月份"娶妻生子"，不过等小熊过完一周岁生日后，一家子便各奔东西，熊爸爸、熊妈妈也各自生活，看上去像"离婚"一样，可到了下一年的 6 ~ 7 月份，它们就复婚，重新考虑生育下一代的事。

攀爬高手马来熊：马来熊又叫太阳熊或日熊，分布于印尼、缅甸、泰国、马来半岛及中国南部边陲的热带、亚热带山林中，是熊家族中体型最小的一种，体重只有 60 千克。马来熊的看家本领是攀爬，于是它把大部分时间都花在了树上，把家也安在枝叶之间。马来熊主要吃植物果、叶以及昆虫和白蚁。夜间是马来熊的天下，而白天它却会悠闲地躺在树上晒太阳。

熊的本性

虽然大多数熊称不上性格温顺，但也并不会主动袭击人。为什么会发生熊袭击人的事件呢？主要的原因还是在于人。第一，由于人类不断地深入野生动物的栖息地，熊可能为了捍卫幼崽、保护食物、自我防卫等原因而对入侵的人类发起攻击。第二，人类的活动破坏了生态平衡，导致熊的食物减少，不得不到城镇和村庄觅食，与人狭路相逢时可能就会产生袭击事件。第三，熊是一种非常聪慧的动物，聪明的熊可能会记住人类猎杀它们同类的行为，并做出向人类复仇的举动。

熊在饥饿的状态下，不管猎物死活都会直接开餐的。遇到熊时最首要的是保持镇静，不要和熊对视，不要做出突然的举动，大多数时候熊并没有侵略性，它们往往只是站立起来观察你是否对它造成威胁，这时瞪视、奔跑和尖叫都可能引起它的不安而发动攻击。熊善于爬树和游泳，而且奔跑的速度也比人类要快许多，所以面对熊时，不要妄图从任何途径快速逃脱。

偶有"装死逃过熊掌"的报道，往往是因为当时熊并不饿，而当事人蜷缩躺下，用手护住头颈装死的举动，减轻了熊"受到威胁"的感觉，避免了它因受惊而采取自卫行动攻击人。

真相是这样的 »

从上述分析可见，熊是爱吃肉的，在饥饿的时候遇到动物尸体也来者不拒，所以装死并非明智之举，并不能保证不受到熊的攻击。正确的做法是，在与熊狭路相逢时，保持镇静，不要有突然的举动，更不要激怒熊，同时迅速评估周围的环境，缓慢顺风倒退着离开，是普遍建议的应对之策。

加油员反复开关油枪会缺斤短两，是真的吗？

"加油时别像大爷一样，递出几百大洋坐等加油，否则加油员加油时频繁跳枪，揩你的油都不知道。"这样一则提请车主小心的网帖曾广泛传播，不少车主发现，按照这个"标准"，自己曾经中过招。

但这是真的吗？

剖析 》

"跳枪"传闻"重出江湖"

这些年，有关汽油的各种消息一直受到有车一族的关注。而一则网帖吸引了广大车主的目光。

"有车的朋友注意了，加油员频繁跳枪那是在偷你的油！"

帖子称，加油员在加油时突然停掉油枪，然后又打开，又停掉，这样来回几次，那么他就是在偷你的油！以后一定要下车看他操作，有这个小动作马上警告他：加油请不要中间停顿！一般他们会懂的。

有记者调查发现，几年前类似版本就开始流传。这则传言中以"车主"及朋友亲身见闻的方式呈现，称朋友是个二十多年的老司机，且有侄女在加油站工作。发现油枪连续跳停后，大骂加油员，对方却没还口，后朋友道出其中的猫腻。

调查发现，每逢油价上涨时，此类网帖的传播就更为广泛。

实地验证：加油员不会一直握油枪

为了验证这个消息的真伪，有人专程去加油站验证。有车辆来加油时，加油员设定金额后，只是将油枪卡进油箱口，便转身走到一边，并不操控油枪。加完后，油枪自动跳停，加油员再过来拔枪。

在近 20 分钟内，10 辆开进加油站的车，都是自动加油。"设定好后，油枪自控流量，不用一直端着。"一名工作人员解释称。

加油方式不会对油量产生影响

调查人员来到北京东三环附近一处中石化加油站。使用容量为 4.6 升的油桶，通过两种加油方法各购买 92 号京标加剂汽油 4 升，随后调查人员使用 5000 毫升的量筒对比两次加油量的差异。

第一次实验中，加油站工作人员使用"不间断加油法"，往油桶中加了 4 升汽油，费用为 31.80 元，经量筒测量，实际油量体积为 4000 毫升；第二次实验中，工作人员先后停顿油枪 5 次，往同一油桶中加汽油 4 升，花费价格相同，实际油量体积并无差异。

通过两次实验对比发现，油枪一收一放并不会对汽油量产生影响，网络所传"一不小心就会克扣走你的油和你的钱"的说法并不属实。

解读

计量检测部门的专业技术人员称，跳枪偷油这种情况应该是不会发生的。油

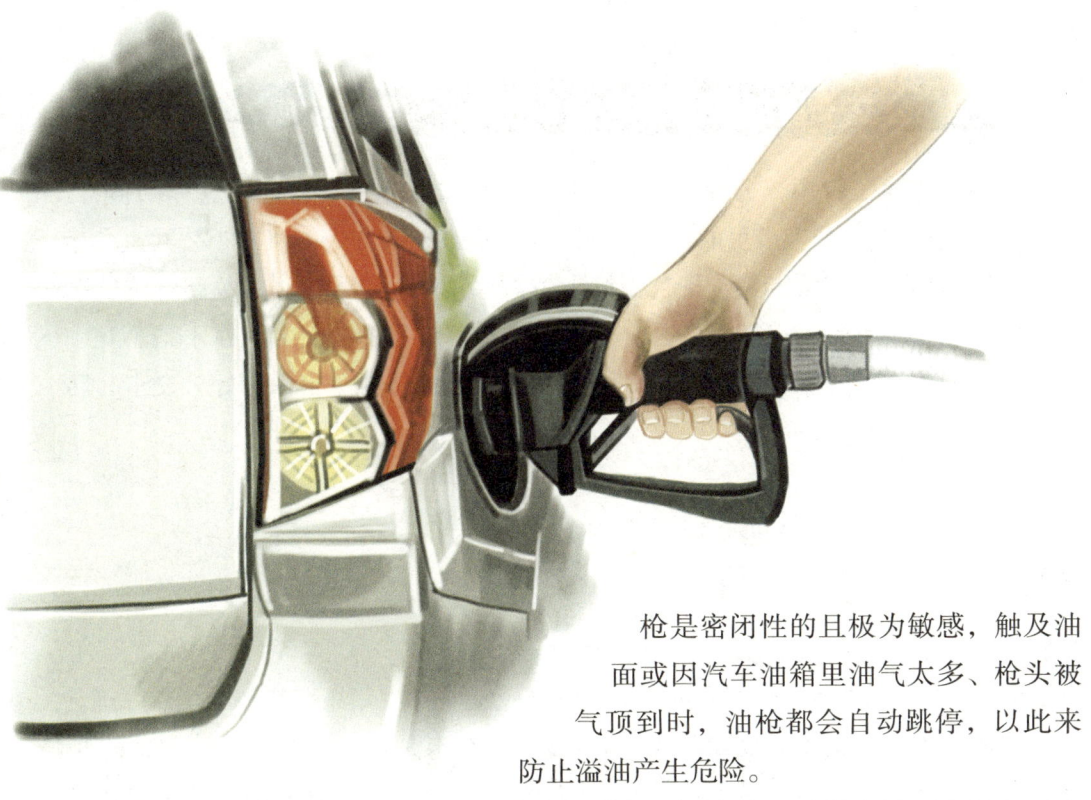

枪是密闭性的且极为敏感，触及油面或因汽车油箱里油气太多、枪头被气顶到时，油枪都会自动跳停，以此来防止溢油产生危险。

至于加油时出现多次跳停，可能与汽车加油管的构造设计有关，有的车型比如夏利，加油管会细一些，还有回路，所以油气不易排出，就会频繁顶到油枪。

还有一种可能，油枪本身磨损过多。据了解，为了达到大气环保的要求，部分油枪已经由原来的三挡控速改成两挡，流速慢了，油枪使用频率就高了，磨损或枪柄的控制按钮不灵活了，也可能会跳枪。

从技术上，加油机也不太存在偷油的可能性。因为为防止加油作弊，加油机电脑主板、编码器、计量变换器都是铅封的，且经过计量检测部门检查。

北京市质量技术监督局提醒消费者，在加油前应注意观察加油机回零装置，等回零后再加油；在加油时除注意观察加油机视油器中有无气泡，还要注意观察加油机流速是否正常。

真相是这样的 »

加油员反复开关油枪会缺斤短两纯属误会，经多方核实并实地验证，传言不靠谱。计量检测部门的工作人员表示，油枪设计敏感，遇到油气上顶就会跳枪。而且从目前的防作弊措施看，加油机偷油不太可能，况且加油枪不是私人制作。所以谣言纯属无稽之谈。

公交卡里的钱会莫名被"挤丢",是真的吗?

在各种交通工具中,公交几乎关乎所有人的日常生活。曾经有这样的传言:"挤公交的请注意:公交卡里的钱会被挤丢!"说某地有神人申请个小公共汽车运营证,然后拆下公交读卡器,把公交读卡器做移动化、信号增强、关闭蜂鸣器改装后装包里,天天到处挤拥挤的公交、地铁,乘客包里的公交卡就在不知不觉中被刷掉了钱!一个月能"偷"上万。因此提醒大家拥挤时一定保护好公交卡,防止公交卡中的钱被"挤"丢!

这是真的吗?

剖析 »

公交卡工作原理

公交卡中的钱能否被"挤"掉我们暂放一边,先来了解下公交卡的工作原理。

城市中乘坐公交车时使用的是一种 IC 卡。IC 卡是指集成电路卡,常见的 IC 卡采用射频技术与 IC 卡的读卡器进行通信。IC 卡与磁卡是有区别的,IC 卡是通过卡里的集成电路存储信息,而磁卡是通过卡内的磁力记录信息。IC 卡的成本一般比磁卡高,但保密性更好。

公交车 IC 卡是一种非接触式数据卡,当 IC 卡接近刷卡机时,卡内线圈产生感应电压,可以对卡与外部数据库的数据进行传输。换句话来说,就是读卡器发射电磁波,IC 卡内部的线圈把收到的电磁波转换成电流,驱动核心芯片工作,将芯片内储存的信息通过线圈再以电磁波的形式发射出去;读卡器收到后再通过后台的软硬件采取某种行动,或是再次发送电磁波改写数据,或是打开道闸,或是从电脑的数据库上调用信息。

读卡器的功用

"读卡器"顾名思义就是一种读取数据的设备,但其不单单可以支持数据的读取,同样支持数据的写入。有些读卡器只可以访问一种存储卡,还有一些是多合一读卡器。现在,一些存储卡已集成了读卡器的功能,用户只需将存储卡插进 USB 插口中,电脑就可以实时访问存储卡内的数据。

提起读卡器,很多人都立即会想到这种产品是配合数码相机而产生的,不过目前已经不再局限于数码相机使用了,而是扩展到了更多的领域。

　　读卡器和公交卡通信的过程中，每次与每张公交卡的通信内容都是不一样的，想要截获信息来逆推读卡器密码是没戏的。

　　而每一台读卡器的内部芯片都有芯片制造商固化在其内部的唯一序列号，无法修改，由运营商对每一个序列号进行认证，因此想做一块别的芯片来偷梁换柱显然是不靠谱的。在芯片内部还有多重的密码，这些密码只有如公交集团之类的运营商知道，由此赋予了读卡器各种权限和读卡能力。

　　乘客刷卡后，读卡器除了对乘客的公交卡信息进行读取和改写操作以外，还将相关的信息写入了读卡器的存储空间内。这些信息包括乘客的公交卡号、扣款金额、刷卡时间等。有些分段收费的线路，还能记录站点号等内容。公交集团和路政部门也正是通过这些数据来调整公交班次和运行线路等，以便使各方面的运营更合理。

　　现在绝大多数涉及金融结算的智能卡都已经由第一代 IC 智能卡升级到了二代的 CPU 智能卡。CPU 智能卡类似一台微型的计算机，拥有处理核心和存储单元，从加密手段来讲，无论在卡与读卡器通信的前端，还是在读卡器与上位机通信的后端都是以密文传输，卡内的保护密码为一卡一密，加密传输信息的密钥只进不出。硬件上复制不出一样的芯片，软件上无法拷贝读卡系统（中间件）和密码，"神人"克隆一台读卡器是不现实的。

钱怎么到手？

　　大家给公交卡充值是到公交集团的指定点而不是交给司机吧？那司机同样也只能每次将读卡器中的数据上传回公交集团的系统，通过系统确认数据有效无误

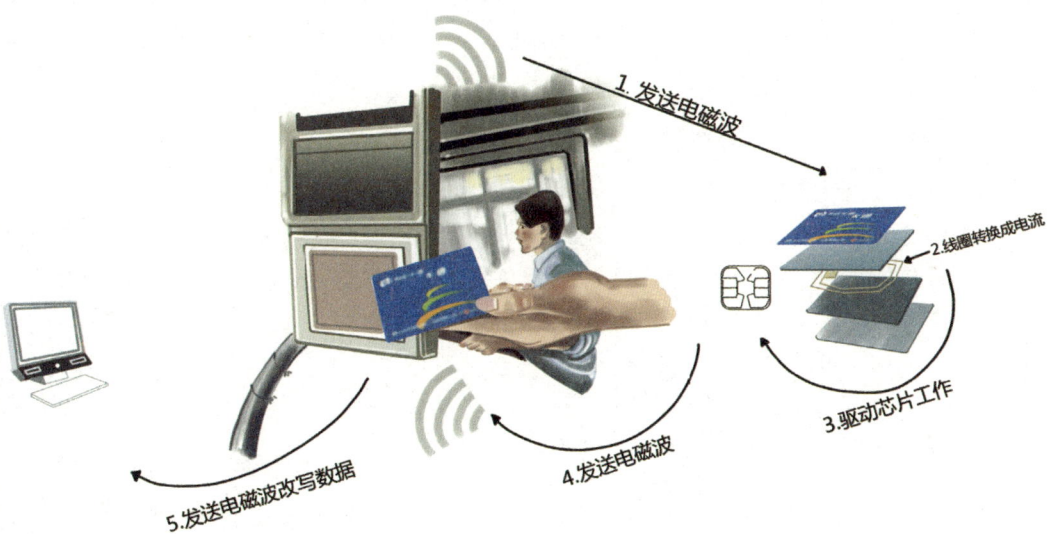

1. 发送电磁波
2. 线圈转换成电流
3. 驱动芯片工作
4. 发送电磁波
5. 发送电磁波改写数据

后，再与司机结算。

另外伪造读卡器中的数据显然也不现实，且不说数据不可能像某个网站密码似的用明文储存，必定是加密再加密的，而且系统软硬件设下重重限制，禁止非法写入数据。

扩大读卡范围有难度

读卡器的读卡过程起始于公交卡进入读卡范围，公交卡一旦离开读卡范围，读卡过程就终止了。公交卡能够获得的能量只是读卡器发射的整个球形电磁场的一个点，这也是为什么刷卡要紧挨着读卡器。

再者读卡的次数取决于进入读卡范围的人流量，而非拥挤程度。挤到人堆里，顶多能反复刷刷身边的几个人而已。

同步功能让盗刷更难实现

目前大多数一线城市的公交系统都已配备或正在配备的同手机 SIM 卡整合的读卡器系统，则让这种盗刷设想更加难以实现。一方面利用手机网络即时回传数据，防止有心人打"时间差"；另一方面通过跟踪手机基站（就是常说的 AGPS）的方式确定行车路线。更有一些城市的公交系统将带有 GPS 的行车记录仪和读卡器合并，想要拆下读卡器挪用他处基本是不可能的。

真相是这样的 »

从以上分析可以看出，挤公交盗刷公交卡之事没有任何依据。大家对自己的公交卡消费怀有任何疑问，都不妨及时查询，及时反馈，及时把坏人抓出来。